U0001688

熄燈後請不要翻牌

Origins, History, and Symbolism

塔羅祕典

★從神話與女神信仰出發，重新認識塔羅的起源、歷史和符號學★

the
Secrets
of the
TAROT

Barbara G. Walker

芭芭拉・沃克———著　林曉欽———譯

星宿老師 Farris Lin———審定・專文導讀

經・典・全・新・中・譯

Contents

Part II

偉大祕密 ———————————————— 97

Chapter 5　大祕儀牌組　99

Part III

小祕密 ———————————————— 221

歷史與神祕交織，
引領塔羅躍升殿堂之境

星宿老師 Farris Lin
占星協會會長

　　《熄燈後請不要翻牌——塔羅祕典》原文書最初在一九八四年出版，是塔羅剛普及全球正受歡迎的時期。這本書從起源、歷史和符號學的層面揭開塔羅的祕密，以文化人類學的角度書寫，將塔羅的領域和視野都推到極限。作者芭芭拉・沃克女士對神祕學獨有體會，這本著作以其豐富的學識涵養而成，開啟紙牌溯源之旅，還原塔羅初始面貌，帶領讀者穿越紀元前探索歐亞非神話淵源，從混沌的古老信仰開始，逐步推導塔羅的演變史。作者將跨越古今眾多信仰與神祇加以統合，以七十八張紙牌道盡千年來不能說的祕密，這彷彿不可能的任務在如此早期的八〇年代業已完成，是當時全球前所未有最詳細的著作。

　　作者也創作繪製了相應的塔羅牌，透過歷史性的研究和還原，順理成章的結合了女神信仰，這些設定並非刻意為之。因而這副牌沒有特別另取名稱，就以作者為名，稱為「芭芭拉沃克塔羅牌」

（Barbara Walker Tarot）。靜態定格的圖案，類似馬賽塔羅的古樸風格，以明確的線條勾勒輪廓，填滿飽和的色彩。乍看之下並不眩惑，然而仔細端詳後會發現神祕蘊藏其中，令人感到冷酷卻充滿生命原力。這副近代鉅作的塔羅，本身就是極具深度的塔羅祕典，成組的牌與書同時問世之舉，造就一段塔羅歷史的里程碑，又跟男神系的透特塔羅（Crowley's Thoth Tarot）可相媲美，也和偉特塔羅（Rider-Waite Tarot）齊頭並論，堪為現代創作的塔羅牌中鼎足而三的經典！

多年後這本書流傳到國內，在一九九八年以「黑皮書」的面貌首度問世，在國內塔羅剛興起不久的時代引起一波震撼。值此時機，經典書籍連同塔羅進入國人的視野，也可算是掀起塔羅風潮的濫觴，這時塔羅玩家們才眼界大開，真正明瞭和確認了一些塔羅知識。然而，這本黑皮書後來在中文市場消逝了，時日既久而形成遺憾。一直有人憶起和詢問，漫長醞釀終於等到緣起的時刻，彌補缺憾的契機來臨。十多年來的殷切期盼下，終於這本《熄燈後請不要翻牌——塔羅祕典》全新中譯書籍出版了，經典重鑄的塔羅盛宴再現。煥然一新的編排和翻譯，更加考究的版本，重新連結了歷史，回溯到原點並銜接和延續下來。

這本書，是解釋芭芭拉沃克塔羅的專門牌書，也是塔羅知識和歷史通論的書。從第一部分開始塔羅的揭祕，詳盡交代歷史變遷，並解說塔羅的結構和通論。以塔羅牌出現和興盛的時期為準，往前追溯淵源、還原成因，再往後推導發展和演變的脈絡。全書的前半部所蘊載的豐富知識量，簡直可視為獨立的一本塔羅科普書。後半

的第二部分「大祕儀」和第三部分「小祕儀」，逐一講述了七十八張牌的內容，這又相當於一本塔羅專門牌書。換言之，等於這本書有著兩本書的功能！

祕儀牌組和元素系統

塔羅祕儀的牌義，大多是從歷史變遷中逐步保留下來，並非直接以理論制定的。因而想要深入運用意象解讀塔羅，還須掌握歷史脈絡才能得心應手，塔羅歷史其實是深度開發牌義的重點方向。

書中談到這副塔羅的設定：每張大祕儀和神祇的連結是多元化的，並不局限於某個神話體系。羅列重要的幾種塔羅版本，共同闡發一張祕儀的內涵，塔羅牌義的沿革清晰可見。揭露塔羅原始畫面的異教真面目，而馬賽塔羅已是偽裝後符合審核的改造版，像審判牌吹響的應是諸神黃昏將至的警示，而不是天使的醒世號角。

每張宮廷牌和 ACE 牌都明確配置一位神祇，根據來源分派於不同牌組。每張點數牌也各有主題，搭配核心故事和相關神祇。整個牌組中的位階和數字編號，也隱約賦予了數字學涵義。元素的概念和塔羅整體架構有關，小祕儀的四牌組向來配置了四元素。書中還一併處理了撲克、甚至「凱旋」牌戲，對這些紙牌的牌組象徵物起源‧進行了抽絲剝繭的探尋。在〈四大元素〉專章，解說了元素的原理和淵源，跨越文化脈絡看四元素的搭配，連結對象從物件延伸到時間和空間，堪稱最極致的四元素對應。這些要點是書中理論性最強的部份，更是少見而難能可貴的資訊。

歷史與神祕交織

書中關於塔羅歷史的內容，緊扣於一個主旨：「為何塔羅具有神祕色彩？」從愚者／小丑的偽裝開始，成為貫穿全書的議題。以外緣與內涵交互講述的特殊象徵手法，描述風起雲湧的十字軍時代，正是兩股男權勢力交會之際，紙牌的傳遞和塔羅的誕生也在同時，隱喻塔羅必然的走向就是深藏原意，圖案因而充滿了神祕性。

流浪的吉普賽人於此際穿梭其間，擔任傳遞塔羅的要角，書中對這部分的著墨有如民族傳記般詳盡，足以盡看吉普賽人和塔羅牌的依存關係。塔羅在迅速發展後遭受猛烈摧毀，已偽裝的塔羅牌仍是禁品，能在檯面上流傳的是遊戲紙牌。隨著聖殿騎士的消亡，象徵宮廷牌中的騎士被盡數刪除，不復見於通行的紙牌中。愚者代表整個大祕儀在撲克中倖存，如同愚人節的奇怪玩笑、萬聖節的兒戲鬧劇、節慶的小丑扮演，在種種宗教節慶中保留下來。

塔羅知識源流

塔羅領域的許多論點和知識來自本書，不少相關題材和議題也都是從這裡流傳開來的，因而本書堪稱是源頭中的源頭：

塔羅牌的結構蘊含重重原理，多以牌陣型態的各式圖徵來呈現各種主題。本書是最早提出塔羅圖徵的著作，而且擁有最豐富的圖徵介紹。赫赫有名的「流變之輪」圖徵，統論大祕儀之間的關係，起始轉折與重新輪迴，著重陰陽雙相的對照。「女陰圖徵」，以三角形象徵女神的三位一體，排列出大祕儀的三階段理論，兼具「人

生推運」的功能，也連帶點出最為人津津樂道的「塔羅愚者旅程」。「聖山」圖徵，是小祕儀和四元素統合的排列。點數牌則有專用的「龍之眼」圖徵，展演數字一到十如何分配牌義。整副塔羅也可全體排出「女陰大三角圓形」圖徵和「大聖山」圖徵。作者特別強調這些圖徵在「冥想凝思」層面的運用。

　　「占卜」是塔羅最典型的應用，本書也闢有講述占卜操作的主題，詳及解牌的前置準備以及占卜收費的探討。其中示範的「古凱爾特」占卜法，就是一般最通行的「凱爾特十字」牌陣。此外還提點了解牌的方針和要項，而牌義的變化旨在發揮個別想像力。書中各張牌沒有逆位牌義的解析，對塔羅牌逆位使用的各種見解集中說明，並強調占卜是否採用逆位是個人化的選擇。

　　塔羅編制的緣由搭上了天文曆法占星術，全副塔羅的張數和大小祕儀各牌組的張數制定，都能從中得到解答。對於特殊的數字像是 0 或 13，也特別加以論述。因應「卡巴拉」在塔羅學理上扮演要角，披露如何以生命之樹和聖名字母建構塔羅。「煉金術」融入塔羅原理中，因而將洗牌視同元素的混合。全書闡發祕儀與神祇的精神連結，即是「密術」心法的應用。一直以來，引人好奇的西洋「三術」資訊難求，本書卻是極少數將塔羅與三術整合的著作。

神祕學百科

　　至此，塔羅應具備的各方面觀念和知識無不備載。對於塔羅運用功能有齊全的揭示：整本書就是「美學集藝」應該了解的背景知

識。「遊戲對局」是書中常提到的塔羅運用型態，藏有許多奧祕。塔羅作為符碼看待，即是「溝通交流」的體現。塔羅用以「祈願施術」、「感應療癒」、模擬「次元穿越」，等同於西洋神祕學領域的魔法、療法、功法，此「三法」在歷史描述中亦偶有出現。

還有很多塔羅領域之外的知識，也都是本書率先提到的，諸如介紹了西洋各種占卜法和各式紙牌，描繪了巫術集會。本書幾乎能回答大半的神祕學問題，猶如一部神祕學百科。

由於書中廣佈世界各地的神話涉及許多文化淵源，因而繁複的名字或稱謂層出迭見，不妨將這些名目和其中關聯當成字謎遊戲，你將會體驗到有如達文西密碼的探險般有趣刺激，而解碼過程就是被說服的進程。此書也稱得上符碼探索熱潮的先驅了。此外也有助於大幅增進對於神祕學圖案的知識，從命運之輪延伸到曼陀羅，從女陰圖徵拓及六芒星，牌背的圖案正是這組陰陽相關符號，標誌著作者闡釋「符號學」的主旨。

本書也被譽為「神話學」殿堂：集結凱爾特的德魯伊教、北歐古老信仰，以及東方的吠陀宗教，打破塔羅對應希臘神話的局限觀念。闡述各古老宗派——諾斯底的思想、奧菲斯神祕宗旨、赫密斯祕教、畢氏奧義、夏克提的啟蒙；引介所謂教內異端哲理——各祕密兄弟會流派、耳熟能詳的共濟會、近代魔法結社，藉以帶領讀者一窺「形上學」的領域。本書如此統合了符號學、神話學、形上學，層層疊起神祕學底蘊三門學問。此外，還與更多現代學科緊緊相扣，採取了心理學、社會學和人類學的書寫視角，整體內容正是三大環節相得益彰的最佳示範！

塔羅的啟迪和洗禮

宗教和塔羅歷史之間的恩怨糾葛，早在本書有了最詳盡說明。許多論述往後都成為定論。誠然作者對歷史的詮釋帶有一定的觀點，而正是因此有了史觀，更增添作為歷史作品的價值，將塔羅帶入了有史可書的殿堂領域。還原從女神過渡到男神的歷程，作者的立場或中心思想興許是女性主義，卻並未妨礙論述的中肯。在這個路線上，芭芭拉・沃克的塔羅和書籍給予塔羅界很大的啟蒙，也帶動後來女神與神話系統塔羅的創作風潮。二十世紀中期之後，女性在世界塔羅領域佔居要角，作者的投入功不可沒。

本書打破固有觀念、拓展眼界，閱讀完並了解這副牌後，對塔羅的評量標準也可能隨之提高。這些基本轉向就相當於神祕學愛好者的基礎洗禮。以歷史和多重文化作為背景闡述塔羅，這是研究學問的精神，也是對人文層面的重視。不但內容記載塔羅牌如何成為歐洲的產物，於外也將塔羅推為全人類的資產。期盼本書引領塔羅融入文化生活，甚至重返神祕精神根源、喚醒女性意識與內在神性。

塔羅界有幸出現這般的跨領域著作，這本書的存在是塔羅發展歷史的見證。正如書中內文說的：「塔羅牌可以流傳，是因為人們想要塔羅牌」，而這本書也如此不可或缺。讓我們共同期待沉浸於祕典帶來的塔羅洗禮！

在此謹向本書作者致敬、感謝與祝福。

星宿老師 Farris Lin
占星協會會長

我很高興能以其他語言在國外分享我的塔羅牌洞察。
欣喜於我提出這個觀點之時，也希望這本書能為讀者
帶來啟發與熱情。

　　　　　　　　　　　　——芭芭拉・沃克／給台灣讀者

Part I

歷史的神祕

吉普賽女預言家，知名的千里之眼，
她罹患一場嚴重的感冒，然而，
她是歐洲世界最睿智的女人，
她有一副邪惡的牌。她說，
這是你的牌嗎，溺死的腓尼基水手，
（看啊，那些珍珠就是他的眼眸！）
這張牌是貝拉多娜，岩石女神，是機緣女神。
這是三根權杖之人，這是輪，這是獨眼商人，
而這張牌，空白的牌，
他放在背上，我不被允許觀看。
我找不到倒吊人。我害怕死於水中。
我看見人群，他們繞圈行走。

—— T.S. 艾略特（T.S. Eliot），
《荒原》（*The Wate Land*）

1
神聖的塔羅

The Sacred Tarot

　　塔羅牌是現代撲克牌的祖先。塔羅的聖杯、權杖、金幣以及寶劍牌組，在符號上與現代撲克牌的紅心、梅花、方塊，以及黑桃有關。現代的五十二張撲克牌是七十八張標準塔羅牌組的縮減版。在二十六張消失的牌中，只有一張依然存在：小丑，或稱愚者（Fool），這張牌通常不會參與撲克牌遊戲，而且不受喜愛。有句俗話對於可疑之事是如此稱呼的：「牌中藏有小丑。」（a joker in the deck.）

　　為什麼這二十六張牌——占據標準塔羅牌的三分之一——遭到移除了？

　　這是一個重要的問題，因為二十六張消失的牌中，其中二十二張曾是最重要的牌。它們是塔羅牌的王牌組（trumps），稱為大祕

儀（Major Arcana，也稱大阿爾克那）或偉大祕牌（Greater Secrets）。現代的撲克牌玩家必須指定其他牌中的某張牌為「王牌」，才能進行吃墩牌局 ❶，因為真正的王牌已經消失了。是誰讓它們消失的？

偉大祕牌的原始敵人似乎是基督教的教會人士。他們反對的理由並非空洞的「紙牌遊戲過於輕浮」。一位學者曾經如此寫道：「傳教人士從不喜歡撲克牌遊戲，原因可能是紙牌敘述的故事違背基督教的基礎信念。」¹ 因此，關鍵的問題是宗教。紙牌顯然傳遞了基督教會厭惡的異端訊息。

這是歷史調查的起點。紙牌傳遞的異端訊息為何？由誰詮釋紙牌的祕儀符號，又是用何種方法詮釋？紙牌的「遊戲」究竟有何意義？為什麼教會的神父認為這些小巧的紙板圖片能夠形成如此嚴重的威脅，必須喚起震天如雷的教儀警告？

毫無疑問的，教會的警告非常嚴重。過去，錫耶納的聖伯爾納定（St. Bernardino of Siena）曾說塔羅牌是惡魔的產物，而大祕儀是惡魔的禱書，「正如基督的禱書，惡魔禱書繪製各種人物，其人物展現惡魔的傳說。」² 另外一位教會人士則說，惡魔創造紙牌，「就能在人群之中輕易形成偶像崇拜」。王牌似乎就是他們所說的「偶像」；各張王牌也被稱為「通往深層地獄的階梯」。³

公元一三七六年，佛羅倫斯禁止塔羅牌。一三七八年，日耳曼

---

❶ 吃墩牌局（trick tacking game），是一種撲克牌遊戲，第一位玩家出牌之後，第二位玩家的出牌必須比第一位玩家大，依此類推，直到出牌最大的玩家獲得該輪勝利之後，成為下一輪首位出牌的玩家。東西方世界皆有類似規則的牌局遊戲，例如西方世界的橋牌，以及臺灣盛行的「大老二」，但各地的牌局遊戲細節不同（例如，有些遊戲規定每輪必須出相同花色的牌）。由於此種牌局遊戲有牌面的大小之分，必須指定牌的大小順序。

也禁止塔羅牌。一三八一年，馬賽譴責塔羅牌。一三九七年，塔羅牌在巴黎和烏爾姆遭到查禁。[4] 一四四一年，威尼斯禁止進口塔羅牌。一四五〇年，一位方濟會修士在北義大利公開譴責塔羅牌。一四五二年，紅衣主教約翰・卡皮斯崔（John Capistran）在紐倫堡的市集焚燒大量塔羅牌，彷彿這些紙牌是活生生的女巫。[5]

在一個世紀之前，布瑞菲德的約翰（John of Brefeld）修士顯然已經學會如何有系統地詮釋塔羅牌的意義，但他犯了一個策略錯誤，就是書寫成文，他寫道：「世界的現狀獲得最完美的詮釋和理解。」然而，其他的教會人士駁斥上述觀點，指責塔羅牌是惡魔之書，也是諾斯底（Gnostic）異端教派的祕密經文。[6]

塔羅牌最初在歐洲流傳之時，所謂「世界的現狀」其實包含反對宗教過於守舊、對於基督教會普遍的幻滅，以及尋求其他信仰的傾向。此時，歐洲已經接近文藝復興浪潮，從東方世界傾瀉而來的新觀念刺激人類對知識的好奇心，古老的印歐異教文明開始復甦，而異教文明曾讓東西方建立語言、文化和宗教的共同遺產。新的觀念滲透至社會各個階層，因此不只是知識分子，即使目不識丁的農民也開始質疑教會控制其心智的權利。

基督教會資助的十字軍送出許多粗魯的歐洲野蠻人，前往當時文明發展程度較高的東方中心城市。十字軍未如預期發現用銀鋪設的道路，但他們確實找到他們的仇敵撒拉森人（Saracen），而撒拉森人善於藝術、數學、代數、煉金術、天文占星，以及許多神祕哲學。這種情景震撼了十字軍的戰士和朝聖者對基督教會的信仰，因為教會依然宣稱自己是全世界唯一正當的「真理」來源。

至少從西元八世紀開始，撒拉森人就已經開始使用紙牌作為娛樂和占卜用途。西班牙的紙牌名稱「naipes」衍生於撒拉森的naib。[7] 另外一個詞源則是希伯來文的naibi，「巫術」或「魔術」的意思。[8] 巫術一字來自猶太基督教傳統，泛指所有異己的宗教儀式，根據《聖經》的規則，「異教的所有神祇」都是惡魔（申命計第三十二章十七節）。

許多歐洲人似乎都認為，塔羅牌面上的人物形象確實是異教神祇。長久以來，東方人將紙板製作的圖片卡牌作為散裝的神聖經書，展現女神和男神的標誌，讓孩童以及文盲在玩遊戲時也能學習宗教原則。[9] 同樣的作法也常見於基督教出現之前的歐洲。

古代時期的 ludi，或說「神聖的遊戲」（sacred games）也被基督教會重新定義為輕浮以及充滿滑稽的慶典色彩，也因此孕育了ludicrous（荒謬滑稽）這個字；但「神聖的遊戲」使用的舞蹈、面具、服裝和遊行隊伍，最原始的目標都是讓崇拜者一睹神祇的面貌。過去，Pageant（慶典）這個字曾有一個意思是神祕劇中流露的神祕啟示，而 pageant 字中包含的 paginae，這個字後來成為中世紀的 pages（書頁）：在神祕劇中可移動的遊行花車或舞臺，各別都是描述神聖人物或符號的戲劇場景。這種戲劇依然可見於東方世界，演繹傳統奇蹟劇和文學作品中的歐洲人物東方起源，例如即興喜劇（commedia）和神祕劇，並且展示過去的神聖意義。[10]

不只東方符號，來自西方異教信仰的相似元素也找到方法，進入文藝復興時期的遊戲和塔羅牌中。令基督教會人士如此厭惡的「王牌」（trump cards），從古代世界熟知的凱旋（triumph）神祕劇

舞台中找到了自己的歸屬。在異教時期的羅馬，獻給神的遊行隊伍和神聖的遊戲都受到高等祭司的指揮，並稱其是凱旋征服者（triumphtor）。[11] 凱旋慶典的核心通常是被尊崇為神的英雄人物、聖王、皇帝，或者模仿神祇者——就像耶路撒冷年度棕枝主日凱旋慶典中的耶穌。而棕枝主日的慶典最初是為了紀念女神以希塔（Ishtar）和她瀕死的神祇配偶塔摩斯（Tammuz）（以西結書第八章第十四節）。

羅馬最神聖的其中一個儀式，凱旋慶典的遊行隊伍巡行整座城市，呼喊拉爾（Lare；先祖的鬼魂），用不同的名字呼喚女神，例如克瑞斯（Ceres）、克爾（Car）、克門塔（Carmenta）或者克爾納（Carna），克爾納是「所有生靈的創造者」，羅馬詩人奧維德（Ovid）描述克爾納為「古昔的女神」，普魯塔克（Plutarch）則稱呼她是「主宰人類出生的命運女神」。[12] 克爾納的女祭司稱為卡門特斯（carmentes），她們的歌詠稱作「卡門」（carmen），這個字傳入了古英文，成為 cyrm，意思是神聖的歌曲。cyrm 隨後演變為charm，就是女巫操持和歌詠的咒語。[13] 卡門特斯的凱旋遊行結尾是凱旋的呼喊（the cry of Triumpe），Triumpe 演變為 triumphi，也就是義大利文的 trionfi，英文的王牌（trump）。[14]

上述的內容也展現塔羅的大祕儀牌與神聖遊行隊伍之間特有的連結。在傳統上，神祇會在遊行隊伍中展現特質（exuviae），[15] 方式包括圖像、面具、服裝、歌曲、舞蹈以及特定風格的姿勢，後來，這些展現手法則淪為慶典小丑的表演——而慶典小丑與率領塔羅牌陣容的愚者非常相似。小丑的表演稱為 antics（英文翻譯為古

怪而可笑的舉動），這個字來自義大利文的 antico，拉丁文的 antiquus，意思是「古代的、神聖的」。[16] 在英格蘭，愚者的舞蹈被稱為「古怪的招呼」（antic hey，一種 8 字形的國際神聖無限符號，我們也會在稍後的篇幅看到這個符號對塔羅牌的重要性）。伴隨這種舞蹈的歌曲，則會在合聲中呼喊「古怪招呼」的人物，例如唱著「嘿！笨蛋！笨蛋！」，或是「嘿！戴瑞快下來！」（Hey Derry-Down）❷。

克爾納女神曾經是主宰慶典之神，在某些古老的區域，克爾納女神的元素遺留在偽裝的小丑表演中。在異教文化中，與基督教的救世主相對應的人物依然會在慶典中成為獻祭，化身於野獸或人偶像，例如綠喬治（Green George）、巴爾王（Lord Baal）、五月之王 ❸、失序之王 ❹、愚者王子、慶典之王，以及其他慶典遊戲的古代之王（rex ludorum），都會在短暫的君臨之末成為祭品。雖然，他們已經不會在獻祭的過程中死亡，但這些祭品依然在每年的狂歡慶典中，以聖王的角色，接受模仿處刑。[17] 倘若基督教的教士從這個懸掛在「天堂和人世之間」，在樹上被釘死，送入地獄，隨後為了承受世人的罪孽而復活的人偶上，嗅出了異端的意味，參與者也只

---

❷ 「Derry-Down」是英格蘭和愛爾蘭民謠中無意義的歌詞，通常是為了押韻，或者齊聲合唱，至於為什麼使用 Derry 已不可考，其中文意思可能近似於戴瑞快下來或戴瑞快過來。

❸ 五月之王（the May King），是英國和愛爾蘭的神話人物，在五月一日，許多鄉村會選出一位五月之王，又稱為綠人（Green Man），作為五月之后的配偶。

❹ 失序之王（the Lord of Misrule），是英格蘭的說法，在蘇格蘭則稱為失去理智的修道院院長（Abbot of Unreason），法文則是稱為傻瓜王子（Prince des Sots）。在聖誕季節，以抽籤選出失序之王，負責主持愚者慶典。

會狡猾地說：「那只是遊戲慶典。」

在東方世界，紙牌遊戲、輪盤遊戲，以及擲骰子的桌面遊戲一直都是極受歡迎的宗教指引傳遞媒介。毗濕奴（Vishnu）的信奉者將神祇的十種化身肖像放在紙牌的人頭牌中。[18] 紙牌也按照順序模仿神聖的遊行隊列，其中包含特定的神聖形象，還有穿戴面具與服裝的人類模仿神聖的超自然存在，希望藉此啟發信徒。在東方寺廟中有所謂「引領啟發的圖像藝廊」，也就是沿著走道放置圖像，最後通往中央地區的「至聖之所」（Holy of Holies）[19]。每一張圖分別代表從皈依宗教開始之後的新啟示。隨後的牌就是仿造這「引領啟發的圖像藝廊」，為了無法親臨寺廟的朝聖者，他們將圖片畫在紙牌上，提供個人冥想。

歐洲人從數個層面模仿了這個重要的東方觀念。東方觀念經基督教化之後的模樣就是我們所知的「苦路」（Stations of the Cross；重現基督前往十字架的過程）。神祕教派的崇拜者通常會引領新人走過寺廟中一連串的「定點」（stations），新人就能看見超自然的存有（可能是神祇的圖像，或者穿戴服裝的寺廟人員）。他接受指引，象徵性地重複救世主之神的生命故事，就是為了和救世主「合而為一」，並且獲得相同的重生。在埃及，歐西里斯（Osiris）的崇拜者也變成一位「歐西里斯」。在希臘，戴奧尼修斯（Dionysus）的崇拜者也會獲得「恩賜」（grace）或「附神」（enthusiasm），代表「神靈進入他的內在，與他同在」。救贖的觀念取決於一個人的自我是否與神合而為一，方法則是吃下神的聖體、模仿神的行為，或者熟記神話和教誨。基督教的這些方法模仿自東方世界，而古老東方救

世之神的信奉者早在更久以前就開始奉行此道了——文藝復興時期的旅人只不過剛開始發現這個真相。

十字軍、商人和朝聖者從聖地回到歐洲之後，他們帶回的不只是思想觀念和商品貨物。他們的船也帶回東方的黑色老鼠與其跳蚤，最後導致十四世紀的苦難：淋巴腺鼠疫（也稱黑死病）。現代讀者可能難以想像這場鼠疫導致的悲慘毀滅。村莊和城鎮的所有居民皆因此而死，數個行政區域荒廢，沒有人照顧農田，黑死病之後立刻出現飢荒。十四世紀結束之後，歐洲人口總數至少減少百分之五十。

在如此痛苦掙扎的環境中，許多人公開質疑上帝之德——正如教宗本人在詔書（教宗親自書寫的信件）所說——上帝刻意讓世間承受如此可怕的浩劫，就是為了「讓基督徒因其罪孽而受折磨」。一位法學教授如此說道：「上帝的敵意，遠遠超過人類的敵意。」[20]基督教會無力力挽這個危機。教會人士逃出瘟疫席捲的區域，內心充滿惶恐與無視。[21] 死者的屍體在街頭潰爛，沒有神職人員赦免他的罪行，亦無人替他下葬。根據當時的民間信仰，若人死後沒有獲得最後的下葬儀式就會遭到詛咒，瘟疫的受害者將進入永恆的折磨地獄，無論他生前有何種作為。倖免於難的家人想起死去的親屬承受如此不公，內心充滿怨懟。

法國的教會人士甚至給予錯誤引導，他們主張崇拜聖洛克（St. Roch）是有效抵抗瘟疫的方法。他們曾說，只要門戶貼上「V.S.R.」三個字母（即 Vive Saint Roch，意為聖洛克萬歲），就沒有任何疾病能夠竄入。[22] 虛假的「聖洛克箴言」貼在許多人家的門

口，屋內空無一人，所有人都死了，彷彿迷思陋習的紀念碑。

基督教的教會加上神祇冷漠對待人類的苦難，這種印象讓民眾想起古老諾斯底教派所說的惡魔之神。一千年前，摩尼教（Manichean）和其他諾斯底教派的古老教會曾說耶和華是一位邪惡的造世主，他創造物質世界的目的就是誘騙靈魂，就像他派出狡猾的蛇誘拐亞當和夏娃。他們引述《以賽亞書》，證明上帝承認自己創造邪惡（以賽亞書第四十五章第七節），主張惡魔臣服於上帝，經由上帝的指派和同意，才得以折磨人類。正統基督教會確實同意這個異端的觀點，卻未曾推導出上述思維在邏輯上的必然結果：一位統治惡魔的神祇必定是大惡魔。然而，隨著文藝復興變得興盛，愈來愈多人相信諾斯底教派的觀點。

在現實生活中，文藝復興時代真正崇拜的神祇似乎就是基督教化之後的偉大母親，亦即茱諾（Juno）、戴安娜（Diana）和克瑞斯，異教崇拜者所尊的「神之母」（Mother of God）、萬福的處女（Blessed Virgin），以及天堂之后（Queen of Heaven）。父權結構的神祇無法撫慰人心，新版的偉大聖母——瑪利亞，就是民心所向。「基督教會的生命力似乎取決於瑪利亞，而非基督本身。」瑪利亞獨自憐憫受苦難的人。傑曼努斯（Germanus）曾說，瑪利亞拒絕上帝的「威脅以及責處……因此，基督之民，尋求庇護的罪人，都將忠誠地信奉妳」。[23] 一位方濟會的修士則寫道：「若我們冒犯基督，我們應將先尋找天堂之后，為她……祈禱、禁食、守夜與布施；她像一位母親，走入你和基督之間，而基督就像想要懲罰我們的父親。她則在懲罰的棍棒和我們之間放下憐憫之袍，主對我們的憤

怒，也將因而軟化。」[24]

　　古老的木刻畫描繪了父神將瘟疫、通貨膨脹與戰爭，像箭一般，射向人類，而人類只能乞求處女聖母替他們發聲，訴諸他們與神之間的親緣關係，拯救人類免於承受神怒。[25] 在絕望之中，男人喚起了「潛意識深處的母性崇拜傾向」，即使這是個男性主宰並且言明否認女神形跡的社會，亦能察覺此種趨勢改變。[26] 聖母瑪利亞被早期的天主教會所禁止，直到西元五世紀之後才獲得承認，因為當時的局勢已經非常明確，即使是皈依者，也無法忍受失去自己的神聖母親。從塔羅牌的女性圖像中能看出明顯的女神崇拜跡象，或許是塔羅牌成功的其一理由。

　　除了半被打壓的偉大聖母之外，文藝復興時期的天主教會幾乎沒有任何撫慰人心的功能。一三六〇年，教宗承認，許多富有的男修道院院長和祭司對信徒出手，「掠奪和占有其財產，甚至造成血腥事件」。[27] 聖伯爾納多（St. Bernard）也曾寫道，幾乎每位高等教士都想掏空教區居民的口袋，而不是緩和其惡行。[28] 錫耶納的聖凱瑟琳（St. Catherine of Siena）對於祭司罪行的描述更是寫實，以致於時至今日，「羅馬教廷的審查機制發行其英文翻譯版本時，依然必須默默地謹慎壓抑她過於率直的描述。」[29] 化緣修士雷蒙・尚（Raymond Jean）公開主張：「信仰的敵人就在我們之中，啟示錄中的大淫婦迫害窮人，而她就是統治我們的教會象徵。」[30] 他被活生生燒死。

　　布魯斯的皮耶（Pierre de Bruys）也因為宣稱向十字架祈禱毫無意義而遭到火燒至死，他說，「上帝已經不在教會，就像上帝不在

市集。」他更指控教士說謊欺騙信徒相信麵包碎片是耶穌的聖體，吃下即可解救飢荒，全是謊言。在十三世紀的巴黎，宗教改革人士譴責教士無端指控「正直已婚婦女」信奉異端，並且判處她們死刑，只因為婦女拒絕迎合教士的淫蕩要求。[31] 布拉格的波西米亞人將教宗詔書綁在妓女的脖子上，再讓妓女用猥褻的姿勢嘲諷詔書之後，公開焚燒詔書示眾。[32] 梅根伯格的康納德（Konard of Megenburg）寫了一篇極受歡迎的諷刺詩，描述「教會女士」譴責其教士有如偽君子、嫖客，簡直是「貪婪虛榮女士」的無恥崇拜者。[33]

基督教聖劍團（Christian Brethren of the Sword）和條頓騎士團（Teutonic Knight）發動可怕的十字軍滅絕之戰，攻擊普魯士、立窩尼亞（Livonia）、庫爾蘭（Courland），以及波蘭的異教徒居民。立陶宛人（Lithuanians）也在十四世紀因為軍事力量而「皈依」基督教。[34] 威悉河（Weser River）河谷所有的史丁格人（Stedinger），男人、女人，以及小孩，都因為信奉非基督教的神祇和向睿智女性諮詢而喪命。[35] 長達兩個世紀的戰爭和暴行，依然無法讓不滿的巴爾幹人信服基督教。直到十八世紀，僧侶史比瑞登（Spiridon）埋怨許多保加利亞人依然崇拜遠古時代的雷神佩龍（Pyerun），而非耶穌。[36] 南法各個城市超過一百萬名卡特里派（Cathari）信徒遭到教宗下令處死，因為他們爭論教廷頒布的神學理論，且拒絕向羅馬繳納什一稅。[37] 巴斯克（Basque）等次國家，或者納瓦拉（Navarre），也都被教廷宣布為異教徒或女巫。[38] 無數教派團結起來反抗教廷，例如自由精神兄弟姊妹會（Brothers and Sisters of the

Free Spirit）、里昂窮人（the Poor Men of Lyons）、瓦勒度派（Waldenses）、胡斯教派（Hussites）、小兄弟會（Fraticelli）、精神方濟會（Spiritual Franciscans）、多希尼斯教派（Dolcinists），還有其他許多教派為了追求非教廷正統的宗教觀念，不惜犧牲了自己的生命。

到了十三世紀，雖然教會依然進行全面掠奪，其主要的手段就是暴力，但局勢已經愈來愈明顯，正統的宗教權威在各方面都受到反叛異端人士的挑戰。縱使教廷達到世俗權力的頂峰，而十字軍在國內外屠殺數以千計的不信上帝的人，但歐洲當地人依然頑固拒絕這位陌生的上帝，因為上帝誹謗他們的遠古神祇為惡魔，並且譴責他們原有的自然想法與感受都是人的原罪。[39]

教會對反抗的群眾施加愈來愈多的壓力，其手段不只是死亡威脅，也詛咒他們將沉淪至比過去其他任何宗教的想像都更為殘酷可怕的地獄。極端的虐待主義浮現於教廷官方想像的地獄。聖湯馬斯・阿奎納（St. Thomas Aquinas）和其他神學家堅持，公義之人（正如他們本身）可以在天堂歡愉地觀望被詛咒的人在地獄痛苦掙扎，對於罪人毫無憐憫之意。錫耶納的聖伯爾納定甚至說，如果天堂沒有「被詛咒之人發出的悅耳掙扎」就不完美。甚者，多數民眾都會下地獄，只有少數人有資格上天堂。雷蒙・呂爾（Raymond Lull）批判基督的「慈悲」居然是把幾乎所有的人類靈魂交給永恆的折磨，因而被判為異端。[40]

教廷並未選擇清理門戶，而是採用暴力鎮壓其批判者，宗教裁判所（The Inquisition）於焉誕生。上帝的祕密警察（God's

Gestapo；上帝的蓋世太保）讓歐洲陷入將近五個世紀的恐懼，這是歷史上已知最可怕的迫害，甚至超過二十世紀的德國猶太大屠殺。宗教裁判所對異端發起的戰爭蹂躪了整個基督教世界。[41] 歷史學家查爾斯‧李（Charles Lea）批評宗教裁判所「是對正義的嘲諷——或許也是人類所設計最不公不義的恣意殘暴系統」。[42] 宗教裁判所創造的警察制度遍佈在歐洲大陸上的所有鄉間和村落。除了斯堪地那維亞（北歐）諸國，直到十一世紀之前，他們從未留意基督教，後來也拒絕承認基督教廷法官和拷打者的權威。[43]

在這種環境之下，其他的宗教或神祕信仰勢必只能用祕密符號隱藏自己，慎重防衛，並且只讓受信任的新人加入。十四世紀的異教信仰在「農村鄉親」之間興盛繁榮，但基督教會的迫害威脅讓異教的儀式成為「隱匿之事」（hidden things; occulta）。德語的 Heiden 同時有「隱藏」（hidden）和「異教徒」（heathen）之意，也顯示當時人民逐漸隱藏自己信奉的神祇。[44]

教會人士從未質疑異教神祇存在的真實性。「正統派基督教信徒堅定相信索爾（Thor）和奧丁（Odin）的存在，就像異端人士一樣；唯一的差在於，異教人士相信索爾和奧丁是神祇，而基督教徒認為索爾和奧丁是惡魔。」[45] 縱使異教的虔誠信奉者被視為巫師和女巫而遭到殲滅，但農民依然不敢放棄祖先遺留的宗教信仰。

女性特別忠於舊宗教，因為它讓女性獲得身為女神祭司的精神地位，而在全以男性為主的基督教並無法提供這種地位。中世紀的神職人員從不尊重古代的母性權利，他們將人性原罪歸咎於女性，甚至否認女人擁有靈魂。[46]

因此，女性保持女神、自然之母、月、地，以及水的種種古老儀式；即使這些儀式的神學重要性遭到曲解或遺忘，她們依然不願放棄。布拉加的馬丁（Martin of Braga）也因此譴責所有奉行傳統儀式的女人，「裝飾桌子、配戴月桂、從足跡尋求命運徵兆、將水果和酒放在火爐圓木之上，又將麵包放入井中，除了崇拜惡魔之外，這些行為究竟有何意義？女人紡紗時呼喊米娜瓦（Minerva），婚禮要選在維納斯（Venus）的日子，只要走在公共道路上就會呼喊維納斯。除了崇拜惡魔之外，這些行為究竟有何意義？」[47] 直到十四世紀，依然有些不受正式承認的女祭司每年都會「向萊茵河祈禱」，祈求不要發生洪災。[48]

即使有些人想盡方法想要鎮壓異教儀式，但特定異教儀式與公共福祉息息相關，也因而得以延續，最後由基督教人士所採用——如果他們不採用，至少也會寬容以待。「一千年前……老人與年輕人齊聚在森林或平原之中，帶著獻給神的禮物，他們用舞蹈、遊戲，以及春之祭典的獻祭品作為慶祝……這些慶祝儀式已經有了基督教的名字，但無數古老異端的儀式和習俗依然藏在基督教儀式之中。」[49]

這些流傳迄今的古老儀式包括：仲夏柱（May Poles）、萬聖節面具、聖誕節檞寄生、冬青植物、象牙、松樹、尤爾木；月兔帶來的復活節彩蛋；豐收慶典；齋戒；仲夏營火；神祕劇表演、嘉年華表演、婚禮禮服，以及圓圈之舞。有些儀式成了兒童遊戲、童謠，或是「特洛伊城牆」之類的迷宮舞蹈。精靈環舞會圍繞著女神的神聖玫瑰，以逆時鐘方式跳舞，並且以英文（Ring-Around-A-Rosy）

或德文（Ringel-Ringel Rosenkranz）詠唱「圍繞玫瑰」。[50] 過去，表演木馬和掃把之舞的不是孩童，而是大人，目的是榮耀馬之女神伊波娜（Epona）。異教的神聖符號也重現於孩童的派對遊戲，例如咬蘋果，以及釘上驢尾巴。捉迷藏也曾經是獻祭儀式。

顯然的，藉由遊戲和其他視覺輔助方式進行的宗教指引，就是為了文盲而存在，因為他們無法研讀經文。為了他們——在古代和中世紀的歐洲，不識字的人占了絕大多數的人口——他們唯一能夠閱讀的「書籍」就是圖片，正是因為這個原因，哥德時期的教堂才會充滿各種圖像，表達天堂、地獄、末日、聖人、惡魔，以及其他教會想要傳達的訊息。而紙牌上的圖畫似乎也表達了類似的訊息。

譴責紙牌的神職人員，通常也會將整套紙牌稱為「書」。[51] 有些教會權威人士曾提到「精靈之書」（Elf-books），「精靈」將精靈之書交給自己深愛的人，「讓這些人可以預言未來發生的事件。」[52] 很明顯的，精靈之書就是占卜預言的紙牌。

塔羅牌過去曾經是，現在也依然用於占卜的事實，強烈顯示塔羅牌曾經被視為聖物。占卜的英文是 divination，這個字來自神聖（divine），理由就是唯有聖物才擁有先知之力。能識字的基督教徒經常使用《聖經》進行占卜，因為《聖經》擁有聖力。他們隨意翻開《聖經》，用手指著特定的段落，從經文中尋找預言。聖奧古斯丁（St. Augustine）曾建議「面對所有的精神難題」，都可以使用《聖經》經文進行占卜。[53]

這種占卜方式需要兩個條件。第一，那個人必須擁有一本《聖經》。第二，他能夠閱讀。在文藝復興之初，這兩個條件都不普

及。幾乎沒有歐洲人可以識字或寫作。即使多數神職人員都目不識丁。成為教士的條件不是識字，只需背誦教義答辯。直到十九世紀之後，歐洲的教育才逐漸普及；即使如此，在一八九〇年代，也只有三分之一的歐洲人口可以閱讀。[54]

由於在宗教改革之前，《聖經》以拉丁文寫成，如果一個人想要閱讀《聖經》，除了自己的母語之外，他還要熟悉外國語言。即便如此，非神職人員也不能閱讀《聖經》，因為教儀法禁止。良久以前，教宗額我略（Pope Gregory the Great）就規定非神職人員不得閱讀《聖經》，以免他們發現與正統神學相違背的觀點。[55] 直到宗教改革時代，任何擁有以方言寫成《聖經》之人，都有可能遭到火刑處死。[56]

不過，猶太基督教《聖經》才是唯一的聖物。異教經文、猶太教神祕主義卡巴拉書籍，以及煉金術文章，其實都是神祕主義哲學的掩飾。當時還有各式各樣的偶像和符號。神聖的圖像和典籍作品從東方傳入歐洲，融入聖杯神祕故事、紋章學，以及宮廷愛情崇拜之中。

紙牌被視為擁有神祕之力，或許是因為東方的「神聖經文」通常採用類似牌組的形式，書頁並未裝訂，彼此交疊，再用細繩固定。東方的神聖經文被稱為「生命之書」（Books of Life）。歐洲用同樣的詞彙稱呼牌組。[57] 在斯拉夫語中，命運占卜牌卡的解讀人被稱為費達利卡（Vedavica），意思是「能夠解讀 Veda 的人」，而 Veda 就是吠陀，印度的神聖經典。[58]

東方世界的聖人不曾認為遊戲不容於宗教。他們用紙牌、骰

子、彩色繪板遊戲，例如現今依然盛行的密乘佛教（tantric Buddhism）的「重生遊戲」（Game of Rebirth），藉此散播宗教觀念。[59] 在西方世界也能找到相似的古代紙牌遊戲。其中一個最古老的遊戲就是歐布里（ombre），來自西班牙—摩爾的 *hombre*，意思是「人之遊戲」，與印度的甘吉法（ganjifa）非常相似。[60] 泰勒（Taylor）在著作《紙牌遊戲的歷史》（*History of Playing Cards*）曾提到，「人之遊戲」改編於更為早期的普里美羅（primero）紙牌遊戲，在所有現代紙牌遊戲之中，最接近古代的塔羅牌。[61]

另外一種早期的紙牌遊戲則是法羅（Faro），意為「國王的遊戲」，名字源於埃及的法老，因為取名的吉普賽人假裝是法老的後裔。[62] 吉普賽人原本被稱為 Egyptian（埃及人，拼寫為 Gypties），因為他們在歷史上第一次出現於日耳曼的文獻時，自稱是遭到埃及流放的貴族。吉普賽人非常清楚歐洲人著迷任何與埃及有關的事物，因為他們認為埃及人與魔法和神祕事物息息相關。

吉普賽人真正的故鄉是印度，他們大約在西元九世紀從印度開始往西遷徙，將典型印度教經文小書冊當成紙牌隨身攜帶。吉普賽人總被認為與塔羅牌緊緊相連，他們不只將塔羅牌視為占卜收入的來源工具，也是他們「神祕信仰的聖經」。[63]

吉普賽人扮演著藉由紙牌傳遞神祕信仰之要角。吉普賽人許多信仰，都集中在一位基督教權威最厭惡的宗教人物上，那就是「偉大母親」，在印度以「百名女神」（the Goddess of a Hundred Names）之名依然受到崇拜。[64] 在埃及，她被認定有一千個名字。她是「偉大的存在……無論其名為伊希絲（Isis）、帕法蒂

（Parvati）、戴華綺（Devaki）、卡利（Kali）、巴法尼（Bhavani）、阿特米斯（Artemis）、雅典娜（Athena）、米娜瓦、戴安娜或馬丹娜（Madonna），她即是萬有……始終如一」。[65]

　　她的畫像也出現在「最後的王牌」──塔羅大祕儀的頂峰之牌──以世界之母或宇宙夏克提（Shakti）之姿，成為所有預言啟示所指向的目標。吉普賽人以「瑪」（Ma）之名稱呼她，瑪塔（Matta）、拉基（Laki；又稱拉基斯米，Lakishmi）、卡利、莎拉（Sara）或泰拉（Tara）。而古代凱爾特人所知道的地球核心遠古母神，其名同為泰拉，也稱泰拉尼斯（Taranis）；閃族（Semites; 即今猶太人和阿拉伯人）以泰瑞（Terah）之名稱呼她；羅馬人稱之為泰瑞之母（Terra Mater）。古代雅典城也會舉行年度慶典榮耀她，並且以她為名──「泰拉瑪塔」（Taramata），意思就是「泰拉之母」❺。[66]塔羅（Tarot）是一個神祕的字，從來沒有人追溯此字的起源，或許就是衍生於這位統治男性命運的女神。

　　泰拉之母的二十一個化身向來與密乘佛教的神聖骰子占卜底板有關。由二十一個方塊構成的紙板被正式稱為「二十一個泰拉」。另外一個由五十六個方塊構成的紙牌則用於占卜「某人來生降世的地區和階級」。[67] 這兩個神奇的數字，二十一和五十六，分別就是塔羅牌大祕儀和小祕儀的牌數。一副完整的塔羅牌還要包括另外一張牌，沒有數字的愚者，不算在牌數之中，因為他永遠是 0。

---

❺　泰拉之母（Mother Tara），也稱為多羅菩薩、聖救度母，其二十一化身以顏色區分，包括綠度母、白度母、紅度母等。本書保持原文音譯「泰拉」或「泰拉之母」，以顯示與其他延伸神祇名字的關聯。

塔羅分配成這兩組的牌數，可能和易經卦象之數一樣，起源於尋求神諭所投擲的木棒或骰子有幾種組合的數量。二十一就是使用兩個骰子時會出現的結果總數。❻ 五十六則是使用三個骰子時會出現的結果總數。兩者相加得出七十七，或者說七個十一（seven elevens），也就是骰子遊戲的首位魔術數字。

　　0 號牌可能是由祕術學家基於占星學上的考量而加入塔羅牌中的，從而得出完全符合黃道星座的總數，將十二個黃道星座的數字逐一加總起來：也就是由一加二，加總至十二，總數為七十八，等於整副塔羅牌的張數。塔羅牌通常被賦予占星學的含義。十六世紀日耳曼的黃道十二宮圖或占星天宮圖（nativity calendars），就直接套用塔羅大祕儀的圖案。[68]

　　吉普賽人非常熟悉密教的信仰，認為女性本源優於男性本源，而女神才是至高無上的神祇，不是男神。[69] 整個宇宙都源自女神的生殖部位，通常以蓮花作為象徵——這個女性符號出現在許多神聖的曼陀羅。最高階級的密宗喇嘛使用一種特殊的「蓮花紙板」骰子戲，同時作為遊戲和神聖的指引。蓮花的每朵花瓣都有一個數字，對應成文書冊的其中一則預言，正如易經，其彙編者是「看透世間之人」——可能就是女神本人。[70]

　　密宗當中的女性主體優越特質，或許可以解釋為什麼塔羅牌大祕儀的女性牌都是王牌或大祕密，而小祕密則是男性牌。在王牌當中，重要的女性人物多過於男性人物——其中還包括一位女教皇。

---

❻ 作者在此的意思是，如果骰子擲出 1 點、6 點，以及 6 點、1 點，視為同一種結果，則兩個骰子最多可有二十一種結果。

小祕儀的塔羅牌數量為五十六張，與男性神祇有關。印度甚至有一位神祇是數字的擬人化，而且承繼了五十六這個數字。[71] 佛祖與這位神祇共享某些特質。佛祖成為「啟蒙覺者」之後，他朝著東、南、西、北方位總計踏出五十六步，朝四個方向各自踏出十四步（七步向前、七步向後），形成十字。[72]

塔羅牌的四個小牌組也能形成同樣的十字形，總計五十六張牌。在十字形的東西兩側，通常都被同化為陽具崇拜之神以及男性主體。五十六也是大地母神（泰拉）生育太陽神的出生數字。太陽神死亡之時，他的光芒形成十字，重新進入大地母神位於地下的陵寢子宮，隨後獲得重生。

五十六也是古代天文大年（Great Year）的數字。在古曆法之中，月亮運行和太陽運行的週期，每五十六年就重合交會。這個現象通常會被神話化為月亮女神和太陽神之間的週期婚禮，以數字十八和數字十九呈現——這兩個數字，也成為塔羅牌中月亮牌和孿生子太陽牌的編號數字。這些數字起源於一個觀察，冬至滿月從天球赤道北緯的最大度數移動至最小度數，週期是十八．六一年，為了將小數消除，必須乘以三，最後得出五十六年的週期。顯然的，在巨石陣神殿的五十六個「奧布里孔穴」（Aubrey Holes），就是用來預測大年日月交會的計算器：

如果祭司……單純以十九年為循環週期，前兩次週期的計算結果可能是正確的，第三次週期過後，計算結果會誤差長達一整年。若硬性採用十九年為週期，很快就會產生嚴重的錯誤。如果將週期

改為固定都是十八年，錯誤的嚴重程度則高達兩倍。能夠在多年計算下仍保持精準的最小時間單位，是以三週期為一輪來計算——十九年、十九年，以及十八年，也就是加總為五十六年……巨石陣的月相變化能夠每五十六年再度重複，呈現良好的一致性。[73]

　　中世紀的曆法計算問題令人煩惱。實際上，當時的歐洲採用兩種互不相容的時間計算系統。教會堅持採用一年十二個月的陽曆——儒略曆（Julian Calendar），而民間人士繼續使用古老異教的陰曆，每月二十八天，一年共有十三個月，據信這種曆法來自女神以月相變化顯現的月事週期。兩種曆法的相互衝突也可見於童謠的兩種版本。第一種版本是，「一年之中究竟有幾個月？我說是十三個月。」另一種版本則是，「一年之中究竟有幾個月？我說，應該是十二個月。」在童謠、精靈傳說故事、民歌，以及其他異教文化遺產之中，一年的標準時間週期是「一年又一天」，意思是以月亮曆法計算的三百六十四天（二十八天為一個月，共有十三個月），加上額外的一天，總計三百六十五天。

　　教會儀法的日曆保留了陰曆以七天為一星期的方法，但拆解了第十三個「月」〔盎格魯—薩克遜語的「monath」有兩個意思，第一個是「月份」（month），第二個則是「月」（moon）〕，這也是星期和月份總無法固定配合的原因。拆解原有的第十三個月之後，這些多出的日子就加入其他十二個月中。由於一年有十三個陰曆月份，十三原本是神聖的數字，然而教會人士定將十三視為邪惡的數字。為了尊崇「命運之后，月之三相女神」，古代的異教十三位女

祭司時常以逆時針方向跳舞，追隨月亮繞著黃道之輪的退行。[74] 這種祭司團體也被稱為「女巫集會」（a coven of witches），而月之女神也獲得了柯文蒂娜（Coventina）之名，意思就是「女巫集會之母」（Mother of Covens）。[75] 女性主體和數字十三之間的連結也反應在塔羅牌：每一張王后牌都是該牌組裡的第十三張牌。

陰曆遭到取代之後，十三也成為了「惡魔的一打」（devil's dozen）。十三號星期五被稱為最不幸的日子，因為這個日子結合了某位女神的神聖數字和神聖日子，星期五（Friday）來自女神的條頓之名芙雷亞（Freya）。在拉丁語系的語言中，這位女神的名字是維納斯。古代人在星期五吃魚，因為魚是海中女神的聖物，而且他們認為吃魚能夠經由海之女神的影響，提升人的愛欲熱情。

諷刺的是，基督教會的其中一個主要祭典復活節（Easter）就是來自女神眾多的名字之一，伊歐斯特（Eoster），薩克遜人所說的艾斯塔特（Astarte）。雖然教會制定了陽曆，但基督教救世主的死亡與復活，從過往至今一直都像是異教神祇，由月所決定。復活節就是遵守前基督教時期的曆法系統而訂出每年日期不定的「可變祭典」——雖然教會並未告知信徒，這個節日的名字其實起源於偉大的女神。[76]

基督教曆法和異教曆法的另外一個差異，則是基督教曆法是從午夜至下一個午夜做為一天，算的是太陽日，而異教曆法則從正午至下一個正午為一天，算的是月亮日。因此，異教慶典都會比相應的基督教版本慶典提早十二個小時舉行，也就是陽曆日期的前半夜或前夕。舉例而言，五朔節是古老五夜節或沃普爾吉斯之夜

（Walpurgisnacht）的基督教版本慶典，也是凱爾特人的貝爾坦火焰節（Beltane）。萬聖節，又稱諸靈節（All Souls' Day），則是萬聖夜的基督教新版本，也是凱爾特人的薩溫節（Samhain），意思是死者的慶典。即使聖誕夜也是獻給女神，而非男神。在中世紀的英格蘭，聖誕夜稱為 Modranect 或 Matrum Noctem，意思是「母之夜」。[77]在莎士比亞的時代，人民依然習於異教習俗，用夜晚做為一天的統整，當時人們道晚安，是用 good den 祝福彼此一天平安（就是good day，意思是祝你有美好的一天）。

印度傳統認為，女神最初分娩了時間，以及所有測量時間的方式：年、月份、季節、月亮日、一星期七天、黃昏、夜晚、黎明、劫（aeon）的三等層級，以及用音樂蘊載時間的方式。卡利母神的偉大顯現就是她的時間之輪卡連尼米（Kalanemi）。[78]於是，以卡利母神之名，「Kalends」的概念流傳於印歐，也就是曆法（calendars），因而可知最早的曆法是以月亮和女性為主體。

吉普賽人於西元十世紀開始往西方遷徙時，在印度當地最受尊崇的宗教經文就是時輪密宗（Kalacakra Tantra），內容為探索時間之輪。至今，時輪密宗依然是「西藏最重要的密宗之輪，位於所有密宗神聖典籍之頂端。」[79]西元十世紀時，有些抵達波斯的吉普賽部族自稱為卡連德人（Kalenderees），意思是時母卡利的子民。[80]

吉普賽人如此虔誠信奉卡利女神，他們甚至聲稱在歐洲找到了卡利，而卡利偽裝為著名的處女生子黑色女神（black Virgin Giving Birth），她就在沙特爾主教座堂（Chartres Cathedral）的前基督教時代地下室。在羅馬時代，這個由女神所統治的地下室被尊崇為孕育

高盧人的子宮。吉普賽人將這個女神的古代形象視為他們的「黑色女神」，稱她為「莎拉卡利」或「卡利皇后」。他們忽視基督教徒堅持那是聖母瑪利亞，認為女神的地下室是「諸位母親的子宮……吉普賽族人體內生命的泉源……她是母親，她是聖女，她是我們的姊妹，她是我們的皇后，她就是芙瑞・戴（Phuri Dai），所有吉普賽人血脈的起源。」[81]

在吉普賽人之中，還有所謂的「祕術配偶」（occult couples），他們接受訓練，成為卡利的祭司和女祭司，實行印度人所知道的偉大儀式（the Great Rite; Maharutti; maithuna），西方世界稱為 *karezza* 或保留性交（coitus reservatus）——也就是避免男性高潮的延長性交過程。正如信奉卡利女神的實踐者（sadhaka）仿效女神的神聖配偶溼婆（Shiva），其與女神進行永恆的結合，吉普賽男人接受的教育認為，「祕術性交是一種增強精神能力的方式」。他們相信控制良好的性愛所創造的愛之能量是訓練聖人的必經階段。吉普賽人說：「如果一個人真心想要擁有愛的力量，他所給予的，必須多於他所獲得的。」[82]

吉普賽人決定崇拜基督教的處女聖母時，他們崇拜的方式與印度人崇拜卡利女神的方式十分相似。他們將家禽的頭顱堆疊在聖母的教堂前作為祭品。[83] 正如卡利女神所說：「獻給女神的祭品應是所有生靈的生命之血——女神將生命賜予萬物……斬首因而是獻祭的形式，因為被斬首的野獸將迅速流血。」[84] 同樣的古代思維也造就了猶太人的潔淨殺生法（kosher killing）。

莎拉卡利也因為少數幾則傳說故事而獲得些許基督教色彩。在

傳說中，卡利從耶穌被吊死的十字架下方，陪伴三位瑪利亞開始海上旅程，最後在濱海聖瑪麗（Saintes-Maries-de-la-Mar）登陸。不過，其他的傳說則相信，在三位瑪利亞抵達法國之前，莎拉卡利就已經是居住在那裡的吉普賽皇后。[85] 吉普賽人宣稱，世上所有的法國教堂建築都是為了仿效卡利皇后位於天堂處女座星系的家園。[86]

吉普賽人明白印度傳統的觀念，將女神視為處女、母親和老嫗的三位一體，主宰所有的創生、保護，以及毀滅（或者說，出世、人生和死亡）。典型的吉普賽祈禱文也暗示這三種功能：

汝摧毀和創造地球萬物；汝眼中沒有老邁之物，因為死者居於汝之體內，汝給允世間萬物的生命……汝是萬物生靈之母，以及萬物之善的起源；汝以智慧摧毀無用或時辰已盡之物；汝以智慧讓地球重生……汝是人類的裨益者。[87]

吉普賽人不相信天堂或地獄。他們與印度的祖先一樣，認為人類生命輪迴在女神的永恆時間之輪。[88] 一位吉普賽人如此描述自己的死亡：「我將赤裸回到母親的子宮……地球是我的母親，正如女性是我的母親。生命的奧祕來自大地。」[89] 吉普賽人擁護密宗的哲學，認為死亡是生命不可分離的必要對照，也將這種精神具現於帶來摧毀的老嫗，相信人類必須用崇拜處女聖母和慈祥母親的方式，崇拜老嫗，即使老嫗是可怕的疾病和分解之神。密宗的詩詞甚至說，直到男人理解女神的死亡面容，曉得女神是他的「撕毀者和吞沒者」[90]，方能真正明白女神。她「吞沒所有的存在」。在末日來

臨之時，她摧毀整個宇宙，創造下一個輪迴的宇宙。在末日之盡，吞沒由她賜予生命的眾神時，她將穿上「血之紅衣」。[91]

在吉普賽人傳統中，帶來疾病和死亡的女神也穿著紅衣。在這個面向，她的名字是比比（Bibi），她是老嫗，「擁有力量可以造就所有的疾病，特別是在月份初始的滿月」。吉普賽人也相信受孕發生於滿月之時；所有女人的受孕都是受到月的幫助。[92] 死與新生的主題，以及逝去的靈魂將回到月球，進入下一次輪迴，也是世界各地神祕宗教的常見主題。

塔羅牌作為「吉普賽人的哲學與宗教綱要」，用一種符號系統拓展了生死的輪迴概念，更讓不識字的人也能閱讀。[93] 為了使用這樣的系統進行溝通，塔羅牌必須成功達成一定程度的符號意義共識。現代心理學家認為，人類的心智普遍建立了一定程度的意義共識，正如所有時代和文明都有基礎的意義原型，而個人的夢境和想像亦如是。塔羅牌的現代詮釋者在原型概念之中，找到一種可靠的詮釋方式，能夠從塔羅牌孕育有用的洞見。沒有意識的語言，蘊含的符號比文字更多；而塔羅牌的符號系統也被認為有能力率領人類的思緒進入隱藏的深邃之處。[94]

許多祕密的宗教兄弟會都使用以古代符號作為基礎的象徵系統，特別是在東方世界，有知識的喇嘛依然相信一種橫跨國際的密碼系統，能夠提供祕教信條的意義。有些學者認為，埃及和墨西哥的象形文字來自相似的祕傳符號密碼。在古代世界有德魯伊（Druidic）、畢達哥拉斯（Pythagorean）、奧菲斯（Orphic）以及柏拉圖（Platonic）等兄弟會，藉由符號形象傳達教條信念。[95] 正如我

們所知，中世紀的歐洲還有許多符號方式，就是為了祕密傳遞異端宗教概念：遊行和神祕劇，慶典遊戲與戲服，書頁的裝飾，甚至連《聖經》書頁的裝飾都有可能，各種形象符號被整合至教會的建築結構，都是祕密傳達意義的方式。正如其他非基督教的團體，吉普賽人當然也需要一種祕密的工具，才能進行精神交流，特別是在歐洲，他們只能公開崇拜一個宗教，信仰其他宗教都會受到迫害。

在這個階段的歐洲歷史時期，教會的祕密警察宛如瘟疫橫行，隨時留意任何攸關異端的耳語，他們的肢刑和指刑工具永遠準備就緒，隨時都能讓異端的耳語變為尖叫呼喊，塔羅牌的詮釋者當然早已明白祕密訊息的重要性。吉普賽人和其他「女巫」一樣，都在宗教裁判所承受苦刑，因為無時都有祕密警察竭盡所能要逮捕他們。[96] 吉普賽人是為人所知的「戴安娜的管理者」或「月臣」（Minions of the Moon），意思都是女巫。有時候，吉普賽人也被稱為「精靈」（fairy）或「妖精」（Fays），時至今日，吉普賽人最常見的姓氏就是「法」（Faa；也就是 Fay 的諧音）。[97] 西元一五〇〇年的奧格斯堡會議（Diet of Augsburg）決議，任何基督徒都可以自行殺死吉普賽人，無須法庭判決。於是有了一句吉普賽諺語：「吉普賽人有兩個敵人，惡魔和耶穌。」[98]

獵巫人從來無法明確得知塔羅牌符號的異端意義，因為圖片的解釋能力不如文字。塔羅牌和《聖經》一樣，藉由許多詮釋者的手法，重新修正其「教儀」意義。這個過程迄今依然繼續進行。塔羅牌的部分魅力來自於如水柔軟的適應能力，能夠配合所有的創意闡釋，無論是口語詮釋，還是符號詮釋。

舉例而言，在十九世紀和二十世紀初期，當時的人盛行將塔羅連結至猶太卡巴拉（Cabala），連結二十二張大祕儀牌與希伯來的二十二個神聖字母，特別強調所謂的聖名四字母（Tetragram-maton，也稱四字神名），或說充滿魔力的「上帝之神祕名字」，即Yod-he-vau-he（縮寫為 YHWH，可理解為耶和華）。[99] 不過，在更早的時代，塔羅和卡巴拉其實來自不同的根源，它們之間唯一的交集就是同為神祕系統。文藝復興的思想家需要這種系統，因此，他們才會親自設計或採用各種神祕系統。

「在歐洲中世紀期間蠻橫迫害的基督教威權統治之下，偉大的知識分子確實在表面上接納了基督教的信條，但都是出於被迫。」[100] 思想家的真實想法必須藏於謹慎防備的語言，或者充滿寓意而難以理解的表達之中。沒有什麼媒介能勝過古代的神話符號形式，人人都能按照他或她的背景、洞見和教育程度，產生不同的理解。有學問的人和市井小民都可以理解類似塔羅牌的符號，正如他們都能領略自己的夢境。塔羅的符號象徵體系深植於人內心的原型意義，就像所有的夢境。塔羅牌的圖片產生演變，不是來自強迫人民接受某種信仰，而是來自人民想要得到的信仰。

塔羅的符號象徵似乎非常明確地表達某種古老循環的形式，以及基督教長期以來對抗的母系自然宗教。在十二世紀和十三世紀，這種古老的女性中心信仰依然在東方受到廣大歡迎。即使基督教會致力於滅絕母性宗教，但母性宗教仍然可以在歐洲世界勉強流傳，並爭取認同。塔羅很有可能就是母系宗教的地下管道。在紐倫堡發生了史上最惡劣的女巫迫害場景，當地繪製塔羅牌的人就是女性。[101]

在比利時的圖爾奈（Tournai），是非常知名的藝術和手工藝重鎮，許多女性也製作塔羅牌。[102]

塔羅的符號象徵特別有發展性，因為非常受到歡迎，而且應用範圍廣大，也能夠從最淺顯的層次發展至最深邃的層次，進行不同的思考。吉普賽人用塔羅牌進行簡單的占卜，藉此欺騙愚笨的人；他們將塔羅牌融入行騙的集體手法，稱為 hakkni panki，流傳至英語就是 hanky-panky，也就是「詭計」或「陰謀」之意。[103] 然而，哲學家也使用塔羅牌，他們在塔羅牌發現一種近乎狂喜的神祕啟蒙。傑拉德・安克斯（Gerard Encausse）如此寫道：「吉普賽人擁有的塔羅紙牌遊戲就是《聖經》中的《聖經》。塔羅是智慧之神赫密斯・崔斯莫圖（Hermes Trismegistus）之書。塔羅是亞當之書。塔羅是古代文明最原始的天啟之書。」[104]

隨後的章節將探索塔羅的各種啟示意義，按照古老符號象徵，以及很有可能屬於諾斯底啟蒙的祕密意義，正如文藝復興時期的人民理解塔羅的方式。塔羅的數字系統、祕儀形象，以及傳統編排，都接連指出一個前提，那就是塔羅牌更深層的意義就是一種非基督教的宗教本質。理解其中的某些意義，確實有助於孕育嶄新的思想自由。

2
四大元素
Elementals

　　紙牌占卜（cartomancy）背後最古老的故事，就是命運的神祕力量引導洗牌和發牌的過程，只要經由適當的詮釋，發牌的結果可以傳遞有意義的訊息。相同的理論也支持許多其他類型的占卜。預言家可以從茶葉、咖啡渣、酒糟（釀酒之後剩餘的殘渣）、動物內臟、骨頭、石頭、種子、沙塵、灰燼，以及擲出的骰子之中，看見明確的隨機圖像，就像易經中的揲蓍。有些類型的占卜則是逐漸演變為高度複雜的符號系統。

　　最複雜精緻的其中一種占卜思維影響了洗牌。洗牌象徵了世界創生的過程：宇宙各種元素的混合和秩序，四元素寓於四牌組中，隨著紙牌洗開而混合起來。

　　從人類最早的文明開始，世界各地的人都相信，一切有生命與

無生命之物,都是由四種元素以不同比例的方式構成,包括水、火、地(earth;土)和空氣(air;風)。這種觀念在已知最古老的蘇美文化(Sumeria)獲得完整的發展。[1] 在中國、印度、阿茲特克、美國印地安、埃及、希臘、羅馬,以及每個大陸的野蠻部落同樣盛行。[2] 塔羅的四牌組也以同樣的四種元素為象徵,所以將牌混合,就可以視為未來即將出現之物的形體構成。紙牌占卜師的符號系統,有一部分來自斯多葛哲學(Stoic),斯多葛哲學崇拜相同的四種元素(*stoicheia*),也用這種元素命名其宗派,他們相信「元素的無限組合孕育所有可感知的現象」。[3] 不過,元素的概念比斯多葛哲學更為古老。

塔羅牌的杯代表「女性」水元素。塔羅牌的五芒星(pentacle;現代也通稱為金幣牌組)則代表「女性」土元素。這兩個牌組分別連結至愛情和財富——這也顯現在對應的現代紙牌的紅心與方塊(方塊的英文 diamond 就是鑽石)。塔羅牌的杖代表「男性」火元素,而塔羅牌的劍則代表「男性」空氣元素,兩者分別連結至權力和死亡——同樣顯現於現代紙牌的梅花(club,意思就是棍棒,可引申為杖)和黑桃(spade,即鏟)。棍棒(梅花)是武器,鏟(黑桃)也是武器,鏟的意象源自西班牙文的 espada,也就是「刀劍」的意思。和平的元素是女性,而好戰的元素為男性。

或許是因為意外的巧合,現代紙牌的顏色符合已經久遠不可考的密宗觀念,將女性視為積極而有創造力的力量——在東方世界,這種特質通常和紅色有關——而男性則是被動且具有破壞力,通常連結至黑色。父權思想刻意地扭轉了男性和女性特質,而這種扭轉

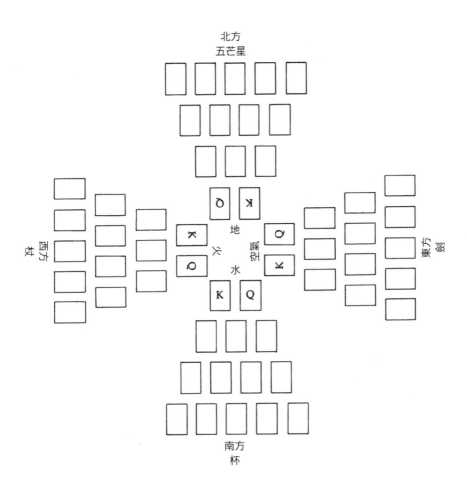

聖山（THE HOLY MOUNTAIN）

迄今依然是西方傳統智慧之中的隱藏教條。[4]

根據創造之言（Logos; Words）最早的概念，女神在原初的混沌之中加諸了秩序，方法就是使用她的魔力音節塑造各種元素。Va 是水，Ra 是火，La 是土，而 Ya 是空氣。這四個音節都與母之音節 Ma 有關，而 Ma 的意思就是「智慧」或「母親」。[5] 密宗佛教徒認為各個元素依然受到女神的統治。[6] 即使在無形無體（formlessness）的遠古狀態之中，各種元素由女神所構成，也在女神之內；而無形無體的遠古狀態進入了希伯來文化的傳統，成為他們所說的 *tohu bohu*（無形的）。聖人曾對女神說：「汝是土，汝是水，汝是風，汝是火，汝是虛空……而汝是最優越的神祇。」[7] 世界末日之時，宇宙將迎接終點，女神恢復原有的無盡無形之黑，直到她決定再度創造萬物。[8]

卡利女神的項鍊由骷髏或珠寶製成，銘刻著神聖的梵文，由女神所發明的文字，藉此念出創世的箴言，其中一半字母是男性的元素——火和風，另外一半字母是女性元素——水和土。據說，如果一個梵文箴言之中的女性元素字母占多數，代表此箴言為仁慈的；倘若男性元素字母占多數，則此箴言是殘忍的，正如梅花和黑桃，分別代表杖（棍棒）和劍。[9]

女神安排項鍊的排序，藉此確保男性和女性元素相互交替，不會主宰彼此。這象徵女神的「正確秩序」，也是女神的男女崇拜者的「魔法圓圈」〔magic circle；也就是脈輪（chakra）〕雛型，魔法圓圈的原型也出現在多種神聖的圓圈儀形中，例如歐洲異教曾經神聖的圓形舞蹈。雖然這種舞蹈已經世俗化，失去神聖宗教意義，但

傳統的民俗舞蹈依然可見女神對於男女性別的安排。另外一個相關衍生物就是希臘羅馬時期建築物的卵錨飾中楣，取用於男女性的符號，也是後人所知道的維納斯中楣和戰神馬斯（Mars）中楣。埃及象形文字的前身，也明顯取用於生殖器的外型。[10]

對於希臘人而言，女神的項鍊也代表「正確的秩序」，而他們用的字是 Kosmos，荷馬（Homer）曾用這個字指稱女性的裝飾品。創世的第一個顯現是「女神的秩序」（Diakosmos）。女神從「永恆無限的母體中擷取萬物之形式，而母體為自存之物，並非世間孕生萬物之所生」，換言之，女神就是宇宙的子宮。[11]《聖經》稱呼這種母體為「深淵」（the deep）──希伯來文也稱為深淵（tehom），衍生於蘇美文化的提亞馬特（Tiamat）女神、埃及的亞圖姆（Temu），以及希臘的泰美斯（Themis），上述都是原古女神之名。猶太基督教傳統小心翼翼隱藏「深淵」的女性性別，刻意忽略更古老的經文曾說，盤旋於深淵深水上面的神靈就是眾神之母。[12]

「水子宮」的概念在奧菲斯、畢達哥拉斯以及斯多葛等傳說中也有相當程度的發展。米利都的泰利斯（Thales of Miletus）曾說水是「本原」（Arché），元素之首，「主宰」所有元素，因為水孕育了其他元素。雖然歐洲人傾向於強調元素的男性特質，但他們也承認：「只有土和水能夠孕育活著的靈魂。」[13]

塔羅四牌組的象徵物似乎直接來自密宗意象，四隻手臂的卡利女神揮舞元素之杯、權杖、戒指（輪），以及劍──兩隻左手拿著女性符號，兩隻右手握住男性符號。希臘人也將自己的元素符號交給命運女神涅墨西斯（Nemesis），即使天界之父也出於恐懼而向涅

墨西斯鞠躬。她拿著杯、木製權杖、輪，以及劍。[14]

因此，塔羅牌組永遠都與四種元素的符號有關連——全世界都相信最原始的四種元素符號，直到十九世紀，人類才開始發現真正的元素。

為什麼是這四種物質，而不是其他物質，成為整個世界的基礎單位？

雖然這種信仰非常普及，但從來沒有人能夠針對這個問題提出真正的答案。不過答案不難。這四種迥異的事物有何共同之處，在世界文明的初期階段，讓各地的先祖都能立刻察覺四種元素的關聯？

關聯如下：各地的人類祖先，除了食人族之外，水、火、土和空氣就是唯一能夠處理屍體的可能方法。屍體可以放入水中、焚燒、埋葬，或者任憑食腐鳥類吞食，正如北美和古代波斯的做法，迄今也依然是帕西人（Parsees）的習俗。在上述所有情況，死者的屍體都會回到「元素」狀態，準備迎接新生。

由於海洋和遠古之母最為相同，船葬也成為沿海民族的常見儀式。威爾斯的吟遊詩人經常詠唱的輓歌稱為「marwysgafen」，意思是「回到海洋母親」。[15] 維京人視海洋為他們的種族之母，所以也會將死者送回母親的懷抱。古代挪威人的「死亡」意指「回到母親的子宮」。[16] 他們的葬船稱為「ludr」，意思是船、棺木，或搖籃，一詞視為三物。[17]

在埃及，王死去之後的屍體進入太陽之船，沉沒至遠方西邊的水之中，就像歐西里斯成為瑞父（Father Ra，他可能也成為印度火

元素 Ra 的擬人化象徵）。歐西里斯可以穿過地下的子宮，回到東方，在太陽升起時重生。在古代曆法的第三個月「阿瑟爾」（Athyr，又稱哈索爾月，Hathor），埃及女人會將歐西里斯的圖片丟入尼羅河或海中，將他送回遠西女神瑪努（Ma-Nu）的陰戶之門，其符號就是一個裝滿水的花瓶或高腳杯。[18] 這也是水元素和「杯」的早期連結。

上一段提到的瑪努（魚之母神）以及吠陀摩奴（Vedic Manu）可能有關連，摩奴類似美索不達米亞平原洪水神話中的英雄，例如蘇美的祖蘇德拉（Ziusudra）、巴比倫的烏特納比西丁（Ut-Napishtim），以及希伯來的諾亞。洪水神話的英雄安然度過摧毀神造世代的危機，順利前往下一次創世。他們和歐西里斯一樣，在船中穿越原初的混沌子宮。摩奴的方舟使其能進入母親（Ma）的體內，於是他成為了初生的魚（Nu）。同樣的字 Nu（魚），是希伯來神聖字母之一，也是閃族語中的「諾亞」，而諾亞的方舟（ark）則是衍生於梵文的「argha」，意思是摩奴的船。

太陽、火焰以及閃電之神——傳統上，這個神與杖的組合有關——通常都是深淵女神的配偶，因為火和水是男性和女性的組合。曾有一個理論認為，生靈的血是來自被天堂之火注入的海水，所以血水才會是溫暖的、紅色的，雖然味道依然像海水。火神從天堂下降至深淵子宮，就在這個受孕過程中，失去自己的生命。吠陀的聖人曾說，外型如陽具的太陽神就像一道閃電「到來」，在女神包覆的陰戶「熄滅」，正如閃電在海洋熄滅。[19] 從此之後盛行一個信仰，特別是在羅馬時代，認為女性的水元素對男性特別危險。[20]

火與水的性符號毫無改變地傳至基督教祝聖儀式的領洗池，稱為「瑪利亞純潔的子宮」，而瑪利亞的另外一個寫法「maria」，就是海洋的意思。一根焚燒中的蠟燭被丟入池中，神職人員就會宣布「因 神 聖 之 火 而 受 孕」（fecundated by the holy fire; *igne sacro inflammata*）。[21] 一般而言，神聖之火是常見的性熱情比喻——但基督教宣布性行為是不神聖的，而且是世代傳遞人性原罪的主要管道。

在密宗傳統之中，一位火之英雄從吞沒他的水中重生，他是蓮花生（Padma-sambhava），「他從蓮花之中獲得自己的存有」，因而被稱為「池生金剛」（lake-born vajra）。[22] 如同藏語所說的 dorje（音譯為多傑，也翻譯為金剛或金剛杵），vajra（金剛）是一種宛如陽具的權杖或法杖，也是一道閃電。[23] 這位充滿男性陽剛氣概的湖生之神，也成為凱爾特故事蘭斯洛特（Lancelot）的前身。而蘭斯洛特之母是百合少女（Lily Maid），又稱蓮花處女（Lotus Virgin）或湖中女神（the Lady of the Lake）。在較為古老的故事版本中，蘭斯洛特的名字是蘭斯洛爾（Lanceor），意思是黃金之槍，也就是閃電。[24]

另外一對元素組合，土和空氣，通常意指大地之母和天堂之父。在塔羅牌和神話學中，劍是男性神祇的陽具象徵。女神的象徵則是中心圓石（*omphalos*），位於世界中央，宛如女性陰部的山丘，以一顆神聖的石頭為標誌，石頭上銘刻五芒星、輪或十字。印度隨處可見的意象「lingam-yoni」（意思是天堂的陽具和地上的陰部結合），凱爾特神話也有參照，就是知名的石中劍，只有嚮往英雄氣概的男人能夠拔出石中劍，例如珀西瓦里（Perceval）、亞瑟

王，以及加拉哈德（Galahad）。

　　即使到了近代，劍依然被視為陽具的象徵。在斯堪地那維亞的結婚習俗，將劍插入大屋的主樑代表「證明新郎的男子氣概」。[25]將劍擲入象徵女性的水元素，象徵受孕和重生，這也解釋亞瑟王為什麼在臨終想將劍擲入女神之湖。[26]唯有如此，三相女神才會以「三位精靈女王」的姿態出現，將亞瑟帶入太陽之船，前往她們位於西方的天堂。

　　大地之母，通常是天堂劍士的伴侶，代表一切富足的給允者。條頓傳說稱呼她為芙雷亞或芙麗嘉（Frigg），頭銜為吉芬（Gefn），意思就是「給允者」，其含義是「富饒」（wealth；財富）。[27]希臘的偉大之母蕾亞（Rhea），是後人所知的潘朵拉（Pandora），意指「一切的給允者」，有時則被視為女性版本的冥王普魯托（Pluto），她的名字意思也是「富饒」。[28]羅馬的泰瑞之母（大地之母）是一切物質財富的來源。在薩賓人（Sabine）古老文化中，泰瑞之母的對照則是歐普斯（Ops），她的名字也成為財富（opulence）的字根。直到天堂之父喬夫（Jove）和歐普斯結為配偶之後，他才想要追求「財富之王」的頭銜，並且改用歐普斯的名字，成為喬夫・歐普連提亞（Jove Opulentia）。[29]大地之母在中世紀的名字是哈波迪亞（Habondia），又稱 Dame Abunda，意思是富足女神（The Lady of Plenty）。[30]而吉普賽人追隨內容完整的神話學前例，用「土地」（earth）稱呼金錢、財富，以及好運。[31]

　　至於塔羅牌中的土元素牌組，五芒星圓盤永遠代表金錢物質。這個牌組有時候稱為第納里（denarii；古羅馬時期的錢幣）。即使

成為現代紙牌中的方塊，依然代表財富和大地。鑽石的名字就是Dia-Mond，原意為「大地女神」。

根據凱爾特神話，大地子宮有時是一座鑽石山或水晶山。在紐格萊奇（New Grange）墓地山丘可以看見古人想要仿效這個神話的意象，此地曾被石英碎片覆蓋，在陽光照耀之下如同鑽石閃耀光芒。[32] 這種墓穴山丘也被稱為「墓地」（tomb），來自拉丁文的tumulus，意思也是「膨脹」或「懷孕」——這是異教信仰的遺緒，他們相信人死後將在大地之母的子宮獲得新生。[33] 希伯來文也有類似的例子，hara 的意思是「山」和「懷孕」，顯然是衍生於吠陀神話的大地女神哈瑞提（Hariti）❶。[34]

羅馬人堅定信奉大地之母。在羅馬人的墓碑上刻著：「大地之母生育我，大地之母也帶我回去。」（Mater genuit, Mater recepit）一位羅馬人曾在公元三世紀寫道：「神聖的大地女神，自然之母，她帶來一切生命，日復一日讓世界充滿生機，汝永遠忠誠供給日常食物。當我們的靈魂歇息，就能停留在汝之中。汝所賜允之萬物，終將回到汝的子宮。」另外一位虔誠的信徒如此描述大地之母：「女神是萬物的開端和結束。」[35]

塔西陀（Tacitus）曾說，所有歐洲的野蠻部落都將大地之母視為「統治一切之神，其餘的神都臣服恭順大地之母」。[36] 異教葬禮

---

❶ Hariti 是一個較難確定翻譯名稱的神祇。常見的名稱是鬼子母，這個名字起源於佛經的故事。在較為正面的描述中，Hariti 是一位愛護子女的母神；但在較為負面的故事中，Hariti 則是惡魔。由於作者在此處希望強調 Hariti 作為古老大地女神的意義，為了避免讀者看見「鬼子母」一詞而產生先入為主的觀念，譯者在此選擇音譯，並且詳盡說明原因。

的祈禱詞甚至進入了基督教的碑文，例如：「請接受吧，噢，大地，因為這個軀體來自您的身體。」（Suscipe Terra tuo corpus de corpora sumptum）[37] 印度的祭司也有相似的葬詞：「去吧，尋求大地，大地是睿智仁慈的萬物之母。噢！大地！請您起身，但不要傷害他的骨。噢！大地！請您像一位母親用衣物保護嬰兒一樣保護他。」[38]

在世界各地，葬禮都被視為回到孕育生命的子宮。美國印地安人認為，所有的人類和動物都在世界開始之初來自地球的陰部之門，「就像孩子從母親體內出生，生靈出現之處，就是地球的子宮。」[39] 美國印地安人和吉普賽人一樣，相信他們死後會重回母親的身體，迎接新生。[40]

中世紀的學者相信四種不同類型的元素精靈是人類出現之前的種族，而這些精靈在許久以前，從大地之母的山子宮中出生，地點就在山上的四條原始天堂之河。水精靈被稱為溫蒂妮（undine），火精靈是沙拉曼達（salamander），土精靈為諾姆（gnome），風精靈則是希爾芙（sylph）。普賽洛斯（Psellus）的《惡行概要》（*Compendium Maleficarum*）將所有精靈列為惡魔和女巫。「精靈之首是火精，因為他們居住在高空空氣，從未下降至人世……第二則是風精，因為他們就在我們周圍的空氣……第三則是地精……有些地精藏在田野，讓夜之旅人迷失方向……有些則躲藏在祕密地點與洞穴……第四則是水精，他們位於河水和湖水下方……水精在海中掀起暴風雨，讓船沉沒，通常是女性多於男性。」[41]

中世紀的作家根據各個國家崇拜的精靈，藉此分類國家，舉例

而言，古典作家曾說，埃及人崇拜水，波斯人崇拜火等等。不過，多數學者都同意，所有的元素都結合於人類身上，因此「藉由體內的小指南針，他（人類）或許可以在自然世界的環境之下，得到所有元素的能量和物質。」[42] 這種觀念可以再度追溯至卡利崇拜，卡利女神以水創造血，用火創造生命之熱，以土捏出肉身，再讓人類呼吸空氣。[43] 即使《聖經》都曾說過，人類的身體是上帝造人的「泥土」（clay），而靈魂則是「空氣」（breath，以西結書第三十七章第十節）。在婆羅門的父權結構中，父親必須對著新生兒的臉龐呼吸三次，才能讓小孩獲得靈魂。[44]

人類的「性格」（temperament）來自拉丁文的「temperare」，混合成身體內的元素「體液」（humors），但這種混合並非均勻。血液質強盛的人導致樂觀有活力（sanguine）或嗜血的性格；黏稠質強盛就會導致冷靜冷漠（phlegmatic）的脾性，也就是世俗（earthly；土元素）的性格；黑膽汁強盛的人容易形成憂鬱性格（melancholic），或者說水元素的性格；以太質強盛的人則是超脫塵世（ethereal），或者風屬性的性格。[45] 同樣地，在牌陣中混合出現的小祕儀四牌組被視為表現元素特徵。四牌組的宮廷牌各代表相符性格的人。在王牌中，節制女神在容器「混合」〔mixing，亦作調節（temperate）〕各個元素，也師法密宗性別結合概念的象徵，呈現「水流入水」。[46]

在歷史的某個時間點，也曾有人想將塔羅牌轉變為基督教的四聖杯聖物，出現於十二世紀，第一是聖杯，耶穌在最後的晚餐使用的聖杯。第二是神祕的聖朗基努斯（St. Longinus）刺穿耶穌身體之

槍。第三則是門徒吃下踰越節羔羊的餐盤。第四則是大衛王傳說中的聖靈寶劍。但是，四聖杯聖物象徵本身沒有基督教色彩，一開始是修道士修改凱爾特異教元素象徵物，也就是圖哈德達南神族（Tuatha Dé Danann）的四大寶藏，他們是女神達南（Dana）的子民，也就是在鐵器時代殖民愛爾蘭的丹麥人。他們的四大寶藏分別是：第一，再生之鍋（Cauldron of Regeneration）。第二，太陽神魯格之槍（Spear of Lug）。第三，費爾之石（the Stone of Fal），又稱主權之石（the Stone of Sovereignty），位於泰拉神聖樹林的圓石。第四，努亞達王的寶劍（the Sword of Nuada）。[47]

所謂「福音書四作者」（the four evangelists）的符號也是「取用」於異教元素系統。蛇是水，獅為火，牛是土，而老鷹（或天使）代表空氣。在埃及，它們則是四種動物頭神靈，守衛神廟或墓塚的四個角落，被稱為「荷魯斯的四個孩子」（the Four Children of Horus）。[48]

相似的，聖經的四條天堂之河也取自密宗傳統來自女神身體的元素之流，分別是：第一，水。第二，酒（或血）為火。第三，蜂蜜是土。第四，牛奶則是空氣。意志堅定的古代印度人也相信元素的顏色，水是藍色，火為紅色，土是黃色，而空氣則是白色——換言之，就是所謂的原色，其他顏色都是由這四種顏色混合而成。[49]有趣而值得一提的是，《聖經》將兩條元素之流放在巴勒斯坦，也就是「奶與蜜」之地，其他兩個元素則來自救世主的身體，他的身體遭到刺穿，流出血與水（約翰福音第十九章三十四節）。救世主的血亦是酒水。

吠陀神祇住在須彌山（Mount Meru），這是宇宙年輕時，以元素之力建造的金字塔。山的南側以藍色天青石或藍寶石打造，代表水元素，神聖的河流流過山頂，「水的泉源……由一位偉大而滿懷善意的女神守衛。」[50] 山的西側則由紅寶石打造，河流為火（岩漿），或血與酒。山的北側為黃金，河流為蜂蜜——在所有古代傳統之中，蜂蜜都被視為大地女神的神聖物質。印度的婚姻傳統要求新娘開始「蜜月」時，必須在生殖器塗上蜂蜜。[51] 時至今日，英語依然將愛人稱為 honey，而古代的大地符號黃金戒指，也依然是婚姻的盛大儀式。聖山的東側為銀、水晶或鑽石，河流是奶，嬰兒的食物，也是瀕臨死亡的無牙長者之食。常見的印歐精靈故事傳統於焉開始，前往死亡（或天堂）的旅途就是爬上一座水晶山，前往頂峰的重生之地（精靈女王的宮殿）。[52]

有些人認為，這座魔幻之山就在喜瑪拉雅山脈（Himalayas）的頂峰，所以日耳曼亞利安人將天堂稱為 Himmel。[53]

數個世紀以來，東方聖人建立了一套符號系統，將元素和聖山連結至生命的四個階段，範圍涵蓋個人的生命以及宇宙的生命，穿過四個漫長的時期，稱為「宇迦」（yugas）。這是希臘哲學家區分世界四個時期的概念基礎。塔羅牌組也很有可能是解釋這個古老符號系統的視覺輔助工具。

密宗聖人認為，生命的第一個時期被水元素（維納斯）統治，又稱為珊荷嘉（Sambhoga），那是愛、歡愉和情感聯繫的時期，也是人類的童年時期，所有人類的社會化都來自情感和感官的接觸，主要建立連結的來源是母親。印度神祇在「母親的大腿上」獲得永

恆的喜悅，因為他們的聖山為女性，正如喜瑪拉雅山脈大多數的主峰都是如此 —— 例如聖母峰（Mount Everest）的名字是 Chomo-Lung-Ma，意思是世界的女神母親。印度神祇的血液有魔力，是藍色的，能讓他們保持青春永駐，因為他們的血液來自珊荷嘉的泉水。所以「藍血」（blueblood）的原意本是神祇，後來才變成貴族的同義詞。在印度神祇的肖像畫中，依然經常畫成藍色。波菲利（Porphyry）曾寫道，可見世界造物主的膚色就是深藍色。54 密宗傳統持續影響至中世紀的煉金術，煉金術士相信一種藍色的長生不朽靈藥（quinta essentia），也就是「第五元素」。55 這種神奇的第五元素應該可以控制其他元素，就像賢者之石❷，所以有時就等同於塔羅牌的第五牌組大祕儀。

生命的第二時期由火元素統治，稱為涅馬安（Nirmana），這是一段建構的過程：也就是人類生命方成年的階段，渴望新奇與改變，專注自我發展，並且尋求力量。塔羅牌的權杖牌組也有相同的意涵，包括尋求力量、建設帝國、商業活動，建立家庭，並且在世界之中尋找適足之地。據說，權杖牌組由戰神馬斯統治，又等同於性動力的「神聖之火」。

生命的第三時期，由土元素統治，稱為阿特（Artha），意思是「財富」（wealth）：同樣的字根也成為其他印歐民族語言中的「土」（大地；earth），以及女神的各種名字，例如伊爾莎（Ertha）、荷

❷ 賢者之石（Philosopher's Stone），字面上的意義為哲學家之石，是一種傳說中的物質，形式可為固體、粉末或液體，能夠醫治百病、長生不老等。在煉金術傳說中，賢者之石就是最頂點的成就。

瑞莎（Hretha）、希爾莎（Heartha）、烏爾莎（Urtha），以及伊爾達（Erda）等等。這個時期是完全成熟，物質豐饒，以及黃金豐收，就像生命的亮麗之秋；蜜河象徵實現目標之後的甜美。阿特與塔羅牌的金幣牌組有明顯的關係，由大地之母（泰瑞之母）統治，她是賜允富饒之女神。金幣牌組的每張牌都以某種方式與金錢和財富有關。在封建時期，擁有「大地」，或說房地產，就是所有富人的終極基礎；因此吉普賽人將土地視為金錢其實是合理的想法。

生命的第四個時期，由空氣元素統治，稱為莫克夏（Moksha），意思是「解放」，或稱「死亡的藝術」。獲得啟蒙之人到了老年，就會開始準備各種神祕的方式，將靈魂送到高聳的天空，獲得自由，就像鳥一樣。[56] 事實上，「鳥」曾經是死去祖先的同義詞，所以希臘人和羅馬人從飛翔的鳥類身上看見許多徵兆和占卜前兆。他們認為，所有的鳥類都是來自精神世界傳達訊息的信使。希臘神話和中世紀的精靈傳說經常使用這個概念：只要學會昆達里尼（Kundalini）的力量，也就是「沉睡之蛇的力量」，就能理解鳥的語言。埃及的象形文字將靈魂（*ba*; soul）賦予鳥的形體，而偉大的女神是死之老嫗，形體如禿鷹，身上帶著權威枷鎖。[57] 偉大女神是埃及眾神的祖母，她將死者靈魂帶往更上層的高空。身為禿鷹的伊希絲展現所有的爪子，形成生命之符「安卡」（ankh），又稱「生命之十字」（Cross of Life）。[58] 因此，塔羅牌的劍牌組，或說「風」牌組，由朱比特（Jupiter）統治，在傳統上他是死亡或災難之神，也有改變或轉變階段的意涵。

聖人描繪時間是一種圍繞在聖山的無盡輪迴。從人類個人和宇

宙整體的角度，一個輪迴的結束，都是下一個輪迴的開始。除了人類生命的輪迴，還有許多輪迴都被分為四個部分，例如人類的生命四個階段，四季，月亮週期、地球與黃道都可以拆分為四，東南西北四種風位和方位，以及塔羅牌的四個牌組。

十五世紀的紙牌遊戲「凱旋」（Triumphs; 又稱 Trumps）受到歐洲貴族的歡迎，但神職人員卻加以譴責，而這個紙牌遊戲的四種牌組特質與密宗的生命四個時期珊荷嘉、涅馬安、阿特與莫克夏相似，其實並非巧合；四個階段分別對應到歡愉、美德、富裕與貞潔。59 美德（Virtue）一詞衍生於拉丁文的 vir，意指「男人」，曾經代表陽具符號，就像權杖或法杖。「貞潔」（Virginity）可能是指聖人在莫克夏時期必須遵守的禁慾生活。

聖人相信，藉由持續冥想可以獲得悉地（siddhi，一種魔力，佛教也稱為「成就」）。除了其他意義，悉地也代表對於元素的知識，以及元素如何用不同的方式結合與再結合，從物質之中創造不同的形式。一位完全啟蒙的聖人，不只可以決定自己來生的形式，甚至能夠控制物質的變形，例如將基礎金屬變為黃金。60 印度的諸位傳奇大聖（mahatma）以及希臘神話的邁達斯國王（King Midas）都能點石成金，雖然邁達斯國王無法妥善控制這個能力。有了這些前例，中世紀的煉金術士才會永不停止地熱情追求其中祕密。唯有少數幾位煉金術士決定不再探索真相，欣然接納其中的符號象徵，將賢者之石視為神祕啟蒙的譬喻。

上述所說的「啟蒙」並非基督教的啟蒙，而是諾斯底神祕主義，內容結合斯多葛的元素與密宗傳統的聖山，所有元素皆有男性

和女性的起源。四個元素之神各自都與夏克提女神搭配,如果沒有夏克提女神,元素之神就會失去行動力量,因為夏克提的定義就是「力量」。

塔羅牌組可以按照聖山形式排列擺放,在頂點展現四元素各自兩位神祇的面貌(王與后),下方依序則是三張、四張、五張塔羅牌。這種「元素」的排列設計能夠用於占卜,同時以圖像方式解釋非常細緻的哲學思想系統。從諾斯底教派的觀點,想要達成apolytrosis,必須理解這個系統。apolytrosis 就是「解放」,幾乎等同於密宗聖人所說的莫克夏。[61]

雖然古典文明消逝,四大元素的崇拜並未因此消失。每個人都相信斯多葛的倫理系統與神祕信仰依然存在,包括基督教會人士。這種系統與四元素相連與共,象徵符號也進入了塔羅牌。

基督教的神祕學家研究古典時代的作家,希望將古典作家的信仰放入當代正統信仰的鑄模,但兩者無法相容。正如一位歷史學家所說:「斯多葛的倫理學能夠自給自足,他們的起點是自然,也就是說,斯多葛不必仰賴神的恩賜,更不需要相信救贖……斯多葛與基督教之間沒有共同處,基督教從斯多葛挪用元素概念之後,就保存了相關概念。」[62] 不過,諾斯底教派依然保持異教傳統,特別是在西西里、西班牙,以及法國南部,這些地區發現許多諾斯底聖物和其他非正統祕教物品。

斯多葛相信,宇宙最終將分解為元素狀態,而這個概念也廣為出現在中世紀的末日神話,甚至也有古代思維認為女神對人類和諸神的殘忍毀滅行為感到厭惡,而決定帶來世界末日。這種傳奇故事

的內容，著重於米納女神（Minne），其名意為「愛」（love），並且強烈認為忽略米納女神崇拜，將會導致自然世界（或精神世界）的巨大災難，這種災難的象徵就是「荒原」。根據東方神祕學者的說法，這個故事已經發生在阿拉伯沙漠。由於伊斯蘭人「遺棄」（desert）了母親，於是母親也遺棄了伊斯蘭人的土地，使其成為沙漠（desert）。十字軍看見這座乾涸的沙漠，也就傾向於相信神祕學者的說法。英國人和歐洲大陸不再崇拜女神時，吟遊詩人也曾警告他們會承受相同的末日：「犯下對女性神祇不敬以及掠奪自然的惡行⋯⋯此種惡行的根源將被視為冒犯精靈世界，實際上，就是攻擊自然世界。」[63] 冒犯者是基督徒，他們將其他宗教視為惡魔，並且施加迫害。另外一個有趣，或許也非常重要的事實則是，基督教的救贖希望讓信徒免於末日的恐懼，在那之中只有少數獲選之人可以得到救贖——湯馬斯・阿奎納和其他神學家堅持，大多數的人類都將進入地獄——而異端的救贖則是希望挽救整個世界。[64] 眾所皆知的古老異端、斯多葛以及諾斯底觀點似乎更為慷慨。

與聖山有關的符號

元素	水 （女性）	火 （男性）	地／土 （女性）	空氣／風 （男性）
須彌山的方位	南方 藍色天青石 藍寶石	西方 紅寶石	北方 黃金	東方 鑽石 水晶 銀
聖河	水	酒、血	蜜	奶
密宗主要顏色	藍	紅	黃	白
季節	春 （播種）	夏 （成長）	秋 （豐收）	冬 （死亡）
時期	幼年	年輕	成熟	年邁
密宗生命階段	珊荷嘉 （歡愉）	涅馬安 （成長）	阿特 （財富）	莫克夏 （解放）
塔羅生命領域	愛	力量	財富	死亡
密宗符號	杯	權杖	戒指	劍
塔羅符號	杯	法杖	五芒星	劍
紙牌花色	紅心	梅花	方塊	黑桃
凱旋紙牌遊戲	歡愉	美德	富裕	貞潔
元素精靈	水精靈溫蒂妮	火精靈沙拉曼達	土精靈諾姆	風精靈希爾芙
羅馬神祇	維納斯	戰神馬斯	泰瑞之母	朱比特
凱爾特傳說中的 對應寶藏	再生之鍋	魯格之槍	費爾之石	努亞達王之 寶劍
月相安息日	新月	上弦月	滿月	下弦月
希臘世界時代	黃金時代	白銀時代	青銅時代	黑鐵時代
黃道星座	雙魚　巨蟹 天蠍	牡羊　獅子 射手	金牛　處女 魔羯	雙子　天秤 水瓶
身體成分	液體	熱	固體	氣息
體液質	膽汁質	血液質	黏液質	以太質
福音書符號	蛇	獅子	公牛	老鷹（天使）
四聖物	聖杯	聖槍（聖矛）	聖餐盤	聖靈寶劍
異教－基督教 節日對應	五朔節 （火焰節） May Eve （Beltane）	收穫節 （豐收節） Lammas Eve （Lugnasad）	萬聖節 （薩溫節） Halloween （Samhain）	獻主節 （聖燭節） Candlemas （Imbolg）

3

流變之輪

Wheels of Becoming

　　每個研習過數學的人都知道無限大符號是數字 8 橫放的形狀
（兩個正切的圓），有時候也稱為雙紐線。其他的數字符號都來自
阿拉伯，而這個符號其實是從印度經由中東傳到歐洲的。[1] 與所有
的數字符號一樣，根源上都有精神性和神聖性。我們從古代的神聖
舞蹈知悉了無限符號的意義，有如數字 8 形狀的「嘿」舞步，順時
針跨出步伐在地面上勾勒出一個圓，接著逆時針踏出另一個圓。

　　無限符號在塔羅牌中有一個獨特的重要性。無限符號第一次出
現在魔術師（第一號王牌）頭上的寬邊帽或光環，這是一張男性角
色的牌，領導第一組十張牌。無限符號第二次出現，則是在力量
（第十一號王牌）的女神頭上相同的寬邊帽或光環，這是一張女性
角色牌，領導第二組十張牌。第三次出現則是在金幣二，過去曾名

為「deuce of pentacles」，是小祕儀的「關鍵」牌，上有紙牌製造者的簽名，就像現代紙牌的黑桃 Ace。

傳統慣例將兩枚五芒星或金幣圍繞以神祕的世界符號，也就是雙蛇吞食彼此，或一條蛇吞食自己的尾巴。蛇的身體盤繞方向，顯示無限符號的其中一個圓是順時針，另外一個圓則是逆時針。代表「二號牌」或「兩點」的 deuce，來自中世紀的 dusius 以及拉丁文的 deus，意思是神（god）。因此，我們也可以預期，除了製牌者的簽名之外，土元素牌組裡的二號牌還有其他重要的訊息。[2]

蛇似乎論證了構成牌陣的兩個交會的圓，第一個圓是「男性的」（魔術師），第二個圓則是女性的（力量）。無限符號的密宗象徵體系提供了理解其中意義的線索。第一個圓是順時針，沿著太陽前進，呈現溼婆神的右手路徑，也就是白日世界的外表模樣。第二個圓為逆時針，追尋月亮，就像歐洲女巫的逆時針舞蹈，呈現溼婆神永恆摯愛卡利女神的左手路徑：屬於神祕、命運、靈魂，以及「真實內在意義」的內心世界，稱為左道性力（Vamacara），也就是女神之道。[3]

全印歐大陸糾結複雜的文化已經普遍接受，朝向右手的運動，也就是「太陽」運行的方向，能夠喚醒男神，而往「月亮」運行的方向的運動，則是喚醒女神的顯現。埃及人認為左手代表「真理之母」女神瑪特（Maat）；右手則是女神瑪特的配偶，魔術師的守護神托特（Thoth）。巴比倫人的祈禱詞則說：「讓女神站在我的左手！讓神站在我的右手！」[4] 印度人相信萬物（Existence）是結合兩種性別的存在，右方是男性，左方為女性。卡利和溼婆的神像有時

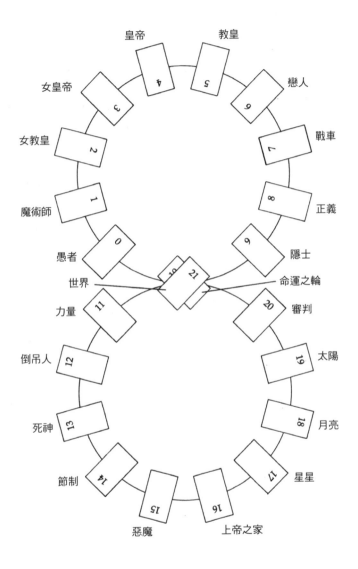

皇帝　教皇　女皇帝　戀人　女教皇　戰車　魔術師　正義　愚者　隱士　世界　命運之輪　力量　審判　倒吊人　太陽　死神　月亮　節制　星星　惡魔　上帝之家

流變之輪

呈現兩位神祇結合在同一個身體。[5] 無限符號代表無限，就是因為這個符號顯現了結合：男性和女性、物質和精神、理性和靈感，意識和潛意識，這些都無法分離彼此而發揮功能。

傳統塔羅牌三度表現無限符號，也稱為解開大祕儀祕密的第一個鑰匙。[6] 我也必須強調，在一九○○年之後，有些塔羅牌組恣意調動第十一號王牌和第八號王牌，因此力量的雙紐線不再領導第二個圓之中的牌組。顯然的，對換順序的想法最早來自黃金黎明協會（Golden Dawn Society），理由則是讓大祕儀牌組可以符合占星學。[7] 更古老的塔羅牌設計永遠都會將無限符號的女性承載者放在第十一號，因為她帶領往左手移動的逆時針第二圓。

以無限符號的牌形擺放塔羅王牌時，第一組太陽之圓的牌，牌面朝外，面對物質世界的關懷；第二組月亮之圓的牌，牌面朝內，面對精神領域的內在意義。第一組的每張牌都有一張在第二組的對應牌。對應的兩張牌編號相加為二十，二十也是人類手指和腳趾相加的數字，印度—阿拉伯數學家認為這個數字是神聖的。[8] 只有一組例外，兩張呈現圓型曼陀羅的牌，分別是命運之輪和世界，在雙圓之中交會。世界（第二十一號）或稱最後的王牌放在命運之輪上方，以她數字中的二十完成序列，剩餘的一，則是象徵新生。

這種排列方法顯現在十四世紀盛行的幾種異端觀點。教皇（第五號）位於物質世界的形象，對應了精神世界的惡魔（第十五號）。這兩位人物的姿勢相似，腳下都有兩位崇拜者。這個形象反應諾斯底教派的觀點，他們相信羅馬教廷是「撒旦的猶太教會」，其教皇就是敵基督。[9]

然而，女教皇（第二號牌）對應精神領域的月亮（第十八號牌），女性的教皇彷彿仍與月亮宗教有關。新月通常出現在女教皇的牌面。神職人員似乎特別厭惡女教皇，導致後來的塔羅牌用女神茱諾取代女教皇，或甚至是一位男性角色。[10] 現代的塔羅牌組稱呼她為女祭司（High Priestess）。

詮釋皇帝（第四號牌）以及第十六號王牌雷擊高塔或上帝之家，需要一定程度對文藝復興時期的知識。中世紀的教會組織有時也稱為「驕傲高塔」。廣為流傳的諾斯底教派預言曾說，驕傲高塔將被路西法（Lucifer）摧毀，路西法的名字意思是「光明使者」（Light-Bringer），他的武器與遠古眾神相同，都是閃電（Light）。據說，十四世紀的義大利和法國諾斯底教派都「崇拜路西法，相信他是上帝的兄弟，遭到不義逐出天堂。」[11] 在如此壓迫的神權政治體系之下，諾斯底教派渴望預言成真，就像上帝之家的牌面所示，一位光（閃電）之神摧毀高塔。詭異的是，漢斯主教教堂（Rheims Cathedral）的鑲板石頭上也雕刻了完全相同的場景，彷彿是諾斯底共濟會的兄弟會成員狡猾地將許多異端概念置入教會的建築。[12]

在高塔塔羅牌和教堂的鑲板中，兩張圖畫都呈現了閃電擊中高塔時，王冠從上方墜落。如果這個圖畫意指教皇，現實世界的對照只能是皇帝（第四號王牌），暗示教會和國家的挫敗隕落。事實上，當時確實廣為相信人民革命將迅速推翻穩固的教會和「一座巨大的王國」——很有可能是指神聖羅馬帝國。[13] 理想實現之後，就會有一個所有階級都能平等與和平的新時代。高塔瓦解之後的第十七號王牌星星象徵或許就暗示了這個新時代，裸體女神將祝福傾入

土地與海洋，她在物質領域的塵世顯現就是第三號牌女皇帝。

因此，塔羅牌的符號系統至少有一部分呼籲人類回到女性本源。事實上，聖母瑪利亞的祕教崇拜確實有此努力，他們認為聖母瑪利亞和女皇帝牌一樣都等同於星星牌，也就是海星聖母或海洋之星（Stella Maris；Star of the Sea）。根據《瑪利亞祝福之鏡》（*Speculum Beatae Mariae*），聖母瑪利亞也被稱為女皇、「全世界的女神」，也是新的古代三相女神：「天堂之后在天使之中坐上王位，大地之后持續展現力量，而地獄之后能夠統治所有惡魔。」[14] 瑪利亞的祕密崇拜信徒將念珠帶入十二世紀的基督教，但念珠其實是仿製卡利女神的玫瑰花環（japamala; rose-wreath），即印度祈禱文所使用的項鍊，數個世紀以來，東方世界都是使用玫瑰花環記錄複述禱詞的次數。[15] 卡利女神的念珠形成無限符號，並成為冥想用途的神聖曼陀羅。

雖然教會人士對於大祕儀的敵意必然基於大祕儀的異端意義，但塔羅牌想傳達的訊息不只是反對基督教的父權結構。無限符號在歐洲的誕生不是為了激怒教會人士，它由東方神祕學者發明，目標是呈現女神業輪（karmic wheels）統治的永恆「流變輪迴」（cycles of becoming；sangsara）。太陽和月亮路徑永恆輪迴，彼此結合，意指典型的東方永恆新生或靈魂輪迴原則。

東方的永恆新生理論相信，所有生靈都在日光世界度過一段時間，這個領域也稱為月下領域（sublunar sphere），隨後在另一個世界度過一段時間，等待新生。這個理論也連帶相信所有的生靈在本質上相似，所有的神靈亦是如此。生靈的形體會改變，但生命的基

礎本質永遠相同。

前基督教時代宗教普遍接納上述原則。畢達哥拉斯的作品也教導：「神靈四周漫遊，來來去去，進入它喜歡的軀體。它從野獸的身體進入人類的身體，再從我們的身體進入野獸的身體，神靈不曾消逝。」[16] 柏拉圖的《理想國》（*Republic*）也提到希臘英雄進入死後的地下世界，選擇來生的軀體。同樣的「英雄」特權也延伸至密宗對於「生死居間之境」的啟蒙之人。希臘的神祕學家跟印度一樣，都經常討論「流變輪迴」（kyklos geneseon）。新生信念在古希臘相當常見，在學習神祕學的有教養希臘人心中，也是非常崇高的哲學原則。[17]

奧菲斯教是其中最受歡迎的神祕信仰，延續至基督教年代，通常也是基督教會神祕信仰之外的另一個選擇。有時候，奧菲斯甚至和耶穌在同一個教堂並肩接受崇拜。[18] 奧菲斯的形象為救世主，也是更古老的「受遴選者」（Christos），他曾殉難，沉淪至地獄，從死後世界重生，帶著祕傳之密，傳授給新進的追隨者。最重要的奧菲斯手稿是《降至地獄》（*The Descent into Hades*），描述地下世界的景緻和重要人物，於是啟蒙之人就能知道如何應對，以及如何得到祝福的新生。[19] 剛開始學習的人要參加聖餐儀式，進入奧菲斯之神體內，分享奧菲斯的新生。奧菲斯聖餐儀式傳入後來的所有祕教崇拜，包括基督教，基督教複製了奧菲斯的洗禮和聖餐儀式。雖然從未有人明白，但奧菲斯對西方宗教歷史付出甚多。[20]

在奧菲斯終於被打壓為「惡魔崇拜」之前，基督教會厚顏無恥地抄襲自己的競爭對手奧菲斯。被認為是其中一位基督教會神父的

俄利根（Origen），有時甚至被視為基督教聖人，雖然他知道輪迴是奧菲斯教義，依然宣布輪迴信仰是基督教會的祕密教義，於是輪迴教義開始傳授給基督教會的核心學徒，他們的層級超過一般的信眾，而一般的教徒只能聆聽通俗公開的基督教義。在俄利根的年代，他受崇為偉大的聖人，熟悉基督教最深層的所有祕密。但是，俄利根死後三個世紀，基督教的官方神學徹底捨棄輪迴原則，認為天堂的美好承諾和地獄的可怕威脅，更能有效控制容易受騙的群眾。公元五三三年的第二次君士坦丁堡公會議（Second Council of Constantinople）宣布，「任何人只要支持靈魂預先存在的神祕信條以及隨後的美妙復活，都將被逐出教會。」由於俄利根的思想被判為異端，他也在死後被逐出教廷。[21]

然而，即使教會宣稱他們已經消除了異教和諾斯底教派的信念，包括靈魂輪迴，祕密兄弟會依然保持這種信念長達千年。[22] 猶太塔木德也採用諾斯底教派的觀點，認為亞當的靈魂轉世成為大衛，最後成為彌賽亞。[23] 困惑不解的基督教神學家實際上也按照諾斯底教派的觀點，將耶穌基督詮釋為「第二亞當」。

異教神祕信仰的常見教導工具是輪形的曼陀羅，多位神祕人物藉此傳授祕密，例如在密宗圖像上，以圓形方式排列那些生死居間之境的神。[24] 東方的「生命之輪」在這種曼陀羅上呈現萬物的各個階段，也用於顯現更大的宇宙。[25] 這種東方圖像與圓形排列的塔羅牌非常相似。

公元一八三七年，一個來自十五世紀的奧菲斯曼陀羅在羅馬尼亞出土。那是一個金色的碗，碗緣有著輪廓鮮明的連續圖像，描述

奧菲斯教派新人的學習過程。第一張圖是一位守護神廟大門的女祭司，她掀開帷幕，讓新人進入——就像塔羅牌的女教皇坐在帷幕籠罩的大門。新人參見女神狄蜜特（Demeter），她就像塔羅牌女皇帝。狄蜜特的身邊是她在地下世界的另外一個自我波瑟芬尼（Persephone），其名意指「毀滅者」，她在希臘神話的地位就像卡利女神掌管死亡。[26] 波瑟芬尼護送奧菲斯教派的新門徒進入她的地下世界，門徒開始複述禱詞：「我以波瑟芬尼的懇求者身分來到此地，在她的恩賜之下，我將前往神聖的座位。」[27] 女神承諾讓他獲得祝福，結束入門典禮之後，他就有資格說：「我已經沉浸在波瑟芬尼的胸懷，她是地下世界之后。」[28]

下降至地下世界的途中，就在圓形路徑的半途，入門之人將看見命運女神的畫像，正如塔羅牌從第一領域前往第二領域時，也會在交界處穿過命運之輪，隨後是阿伽忒俄斯（Agathodaemon）神握著代表死者之眠的罌粟花梗，以及手持路西法閃電的深淵之王（the Lord of the Abyss）。塔羅牌在對應的區域，連續展現死神和惡魔的形象也絕對不是巧合。唯有親自見到他們，才能理解令人害怕的地下世界之王，展開塔羅牌世界的默劇。[29]

阿普列尤斯（Apuleius）曾寫道，入門接觸女神伊希絲的神祕信仰時，他進入了死者的世界，遇見與克托尼俄斯（chthonian；即「地下的」、「冥界神靈」）世界相似的人物：「我靠近死者世界的邊緣。我腳踏普洛塞庇娜（Proserpina）世界的分界，我被帶往超越元素的世界。我看見太陽在午夜閃閃發光，我接近地下世界與天上世界的神祇。我面對面崇拜祂們。」正如波瑟芬尼是女神狄蜜特在

地下世界的另外一個自我，普洛塞庇娜就是天堂之后茱諾（也就是伊希絲）在地下世界的另外一個自我。有時候，普洛塞庇娜也被稱為「地獄的茱諾」（Juno Inferna）。[30] 見過地下世界的神祇之後，奧菲斯的入門學徒就像阿普列尤斯一樣，終於可以回到地上世界，在新的精神之中「重生」，彷彿接受新生洗禮──就像大祕儀的太陽子嗣，歡愉舞蹈。

在奧菲斯金碗中央，有一個獨自存在的三相偉大女神，代表統治自然世界和地獄世界所有輪迴的力量。她是最終的啟示，正如塔羅牌世界中的跳舞裸體女神是塔羅王牌的最終啟示。[31] 裸體女神的塔羅牌有時候也稱為宇宙（Universe），來自三女神的古老拉丁名優尼（Uni），三位一體，同一個字根也是印歐民族的 *yoni*（象徵女性陰部的符號）。優尼是卡比托利歐山命運女神（the Capitoline Triad of Fates）的總稱，其中包含處子尤文圖絲（Juventas）、母神茱諾，以及老嫗米娜瓦──創造者、保存者，以及毀滅者的三位一體女神，正如卡利女神和狄蜜特女神。[32]

為了參見神祇，承受入門洗禮和啟蒙過程，世界各地的人走入神廟或神聖的洞穴，模仿奧菲斯、歐西里斯、閻摩（Yama）、溼婆、阿提斯（Attis），或者其他數十位救世主，包括耶穌基督，體驗相同的進入地獄過程。「根據古老的宗教習俗，入門儀式讓新人下降至地下密室，模擬死亡，接受重要的試煉，並且體驗重生之後的新生命。早期的基督教會延續這個傳統，並將異教的神殿稱為『贖罪煉獄』（purgatory）。」[33]

威爾斯的佩雷杜爾（Peredur）傳說就描述了這種類型的德魯伊

入會儀式，地點就是卡爾悉狄（Caer Sidi）魔幻城堡——悉狄來自凱爾特語的 sidh，令人聯想到密宗傳統的悉地。卡爾悉狄是一座能夠像輪子旋轉的水晶宮殿，顯然呈現了旋轉天堂的其中一個「水晶領域」。地下世界的圓形密室可能也用了圓形的黃道十二宮形象描繪這個場景。女祭司或「女巫」負責主導佩雷杜爾的入會儀式，為時二十一天，就像印度傳統和德魯伊傳統的二十一位泰拉女神，以及二十一張塔羅王牌。

神話故事明確顯示在史前時代，凱爾特和印度之間有許多關聯。佩雷杜爾的精靈愛人（或稱夏克提）用千言萬語要他到印度尋找她。[34] 佩雷杜爾當初的儀式直到基督教時代還存在，因為這個故事後來的翻譯版本顯示，他宣示在試煉途中不能向任何一位基督徒說話。[35] 這種入會儀式很有可能發生在基督教年代，由於害怕遭受教會迫害，而要求保密。

奧菲斯主義在中世紀的英格蘭相當知名，當地的吟遊詩人稱呼色雷斯人（Thracian）的古神為「奧菲歐爵士」（Sir Orfeo），他是普魯托王和女神茱諾的兒子。他的新娘是尤麗狄絲（Eurydice），名字意指「宇宙的命運」（Universal Dike）或命運（Fate），也成為優若狄絲女神（Lady Heurodis）。奧菲歐爵士進入優若狄絲的地下世界，找到永恆泉水仙境以及一座水晶宮殿，宮殿中的人「應該已經死了，卻依然有活力」。後來他回到日光世界，成了神聖之王，在溫徹斯特的皇家神殿進行統治。吟遊詩人高唱這個故事，「此地曾被稱為色雷斯。」[36]

諾斯底教派的救世主和基督教的正統救世主不同，諾斯底教派

救世主的母親不見得是凡人，父親也不一定是神聖之王。正如奧菲歐爵士，諾斯底教派救世主的父母親組合可能完全顛倒：凡人之父與神聖之后按照古代君王的「神聖婚姻」（hieros gamos; sacred marriage）方式結合，而古代君王必須和女神結合之後，方能統治。根據諾斯底教派的文本，猶太—基督教的上帝為了膨脹自己的重要性，刻意誤導初始的女性神聖地位。這個上帝可以統治宇宙，只因為他的偉大母神蘇菲亞（Sophia; 意為「智慧」）讓他獲得觀念和創造力。「由於上帝如此愚蠢，不認識母親，他才會說：『我是上帝。無人與我平起平坐。』」在許多諾斯底教派的文本中，上帝因其傲慢而遭到比他更優越，並且賜予他存在的女性神祇懲罰。早期的基督教修士蒐集這些文本，加以焚燒或用數個世紀改寫，直到相關文獻不復存在，只剩下極少數的斷簡殘篇收錄在當前的教會《聖經》，過去所有的豐富女性神祇形象都遭到貶為魔鬼、譴責，或者完全消失。[37]

教會認可的《福音書》也明確列出教會的政策，主張偉大的女神「得到亞細亞和全世界的崇拜，她應該受到鄙視，其神廟亦當遭到摧毀。」（使徒行傳第十九章二十七節）。

基督徒在公元三八九年，於狄奧菲魯斯（Theophilius）主教的指揮之下，摧毀亞歷山大圖書館時，他們也抹滅了僅存的重要異教神聖文獻 —— 包括獻給女神的經文。[38] 聖約翰一世（St. John Chrysostom）吹噓道，感謝基督徒的熱忱付出，「古代世界的所有古老哲學和文獻都已經消失在地球表面。」[39] 現代學者經常惋惜遭到毀滅的珍貴文獻，若這些文獻還存在，就能夠幫助我們更深入理

解西方思想史。藝術史學家也感嘆數百座美麗的神殿和神廟被摧毀，無法再重現於世。[40]

基督徒的狂熱也毫無疑問地直接導致黑暗時代。在黑暗時代，古典世界的知識和道德發展被抹滅了，所有西方文明都退回到粗鄙的原始狀態。[41] 教會禁止教育，教導人民理解「傳遞知識」只會加速世界末日來臨，帶來更多異端思想。[42] 於是，羅馬帝國成就的高識字率幾乎完全衰退，迷信取代科學，古代的精緻工程技術也遭到遺忘。藝術、工藝、製造，以及建設都退回至更古老的粗鄙水準。[43]

教會向來主張，基督徒鎮壓異教文明並未造成實際的價值損失，但歷史學家不同意教會的主張。歷史學家指出，古代神祇衰落的影響層面已經超過神學意義，直接造成藝術、哲學、世俗文學、數學、天文學、醫學、建築學，以及西方世界的心理狀態退步。[44] 基督教會的摧毀毫無仁慈之心，而是不間斷的暴力。一位老邁的編年史家曾說：「教會的主教祝福水源，讓異端改宗。倘若任何人有異議，就會被燒死，或遭到處刑。」[45]

由於正統信仰的教會毫無同情心，特定的團體希望在地下世界永久保存異教神祕信仰，也是人之常情，他們的祭司和女祭司並未對人類同胞發動宗教聖戰。鄉村居民記得其信仰的傳統，因為他們相信其生計仰賴於在正確的時間和季節，進行正確的儀式。現代的曆法系統始於僅僅兩千年前，也孕育了一種狹隘的歷史觀點，誤導現代人想像由古老宗教統治的空洞世界。現代的偏見特別難以想像更古老的數千年前，主要的神祇是母神，而非父神。自從新石器時代以來，伊希絲女神就在埃及受到崇拜，被視為生命女神，也在希

臘獲得八個世紀的崇拜，在羅馬則至少有五個世紀的崇拜時間。偉大女神希栢利（Cybele）來自史前時代的佛里幾亞（Phrygia），也在義大利地區獲得超過五百年的熱情崇拜。至少從公元前一千三百年開始，狄蜜特女神就在邁錫尼開始支持著愛琴海文明的希望，更在厄琉息斯（Eleusis）獲得超過十一個世紀的崇拜，直到公元四世紀，亞流教派的基督徒（Arian Christians）修士摧毀了她的神殿。[46]

致命殘忍的不寬容始於基督教時期的羅馬，不是異教時期的羅馬。羅馬帝國原本是寬容接納所有信仰，只求人民必須在神聖節日口頭推崇國家崇拜的神祇。但是，後來羅馬帝國的基督教廷堅持迫害所有競爭信仰，以及從基督正統信仰衍生的其他宗派門徒。根據上帝的代言人所說，這個世界沒有其他神祇容身的空間，唯有基督教的上帝。[47]

然而，平民依然頑強地保護他們古老的神祇，特別是曾經主宰流變之輪以及時空輪迴系統的母神。古老的信仰系統從未消失。即使時至今日，依然有人自稱為基督徒，但誠摯相信基督教會嚴厲譴責的輪迴理論。在西方的平民之中，相信東方業輪迴理論的人，可能多過於相信聖餐變體或處女生子理論的人。距今千年之前，即使虔誠的信徒也早已厭倦教會因為他人的原罪而責怪他們，塔羅牌可能讓平民看見了自己也能理解的救贖。因此，正如古老的宗教，無論基督教傳教人士何其厲聲譴責塔羅牌，塔羅牌依然流傳下來。塔羅牌可以流傳，是因為人們想要塔羅牌。

4

女陰符號

The Yoni Yantra

中世紀教會人士最討厭的——至少在官方立場上——就是性。他們特別厭惡的就是女性之性，他們曾說，即使在合法的婚姻之中，也要鎮壓女性的性行為。性的目的就是繁衍，他們宣稱，如果女性在性愛過程中感受「喜悅」，就無法受孕。[1] 有些教會人士甚至堅持，如果一個男人愛著一個女人，想要取悅她，實際上就是熱愛撒旦（Satan）。[2] 教會人士普遍宣教反對與愛有關的萬物，除了熱愛上帝之外，如果男人還愛著其他任何生物，他們也嗤之以鼻反對。[3]

聖奧古斯丁制定了相關教會政策，因為他相信「強烈的性慾」（concupiscence；性方面的熱情）的本質為惡，會將人性原罪傳至所有的世代。[4] 根據奧古斯丁的想法，即使是在婚姻之中，性依然

有罪。[5] 教會神父激烈譴責古代的愛之神殿，在那裡，守護神殿的神聖管理人教導年輕男人如何成功取悅女性。優西比烏（Eusebius）指責古代的愛之神殿是邪惡學院，「崇拜以維納斯為名的邪惡魔鬼」。[6]

東方世界的觀點和基督教會不同。密宗的實踐者（sadhaka）以及維納斯的異教崇拜者，都相信性是崇高的莊嚴儀式。女性也被譽為是創造和羈絆的元素力量。在佛洛伊德的數千年前，聖人早已看見母親和子嗣之間相互存在的感官關係，也就是「嬰兒之性」，以及從最原始的性感受衍生各種錯綜複雜的成人感官。他們將關愛行為模式背後的力量稱為「卡魯納」（karuna），結合了溫柔、欲望、享受、情愛、熱情、同情、分享，以及關愛等意義，全是基於母愛延伸的概念。女性生育子嗣，照顧子嗣，並且關愛子嗣，因此卡魯納代表所有自願的付出，包括相互成全達成的性愛歡愉。

卡魯納的象徵符號就是女陰符號，一個尖端向下的倒三角形，同時代表女性生殖器官（yoni）以及女神的三位一體特質。這也是卡利女神的符號，被描述為「女陰的冥想符號」、生命的三角形，或是原初圖像（primordial image）。[7] 對著女陰符號進行虔誠的冥想是啟蒙聖人的義務：「崇拜女陰符號的目的，是為了與宇宙之母的各種形式結合，包括她的心靈、生命，以及物質……也是在女神呈現純粹意識的自我型態時，與女神進行瑜伽結合的準備。」[8]

相同的女陰符號也出現在古代世界的各地，作為「女人」、「母親」或「女神」的象徵，這是一個象形文字，意思是曼妮佛（Men-Nefer），月之處子女神，她將名字賜給埃及最古老的首都曼菲斯

（Memphis）。[9] 埃及世界的三位一體女神是一位宛如卡利的時間女神（時母），她的三面分別代表過去、現在與未來。賽伊斯（Sais）的三位一體女神神殿銘文寫道：「我是曾有的一切，我是現在的一切，我是將來的一切。」[10]《聖經》啟示錄的基督教作者替他的上帝借用了這個句子，於是上帝宣稱祂是「昔在、今在，以後永在」（啟示錄第一章第八節），而這個句子的濫觴是女神。

異端宗教的許多命運三女神圖像其實奠基於更古老的神聖三位一體女神。希臘的命運女神統治所有生命，包括眾神的生命，其神聖的三角形就是 delta（△），也是狄蜜特女神的符號，她的名字意思就是「三角之母」（Delta-Mother）。根據公元一千年的《蘇達辭書》（Suda Lexicon），delta 就是代表女性陰部的字母。希伯來文寫成 daleth，意思是門（生命之門）。delta 在希臘羅馬女神的符號中有著相當重要的地位。諾斯底教派認為這個符號代表「創造的智慧」，最基礎的三角形永遠是「女性」的符號。[11] 吉普賽人用來代表「女人」的最古老象形文字也是三角形。[12]

既然三角形對女神的崇拜者而言如此重要，正如十字架對於基督徒的重要性，而吉普賽人是女神的崇拜者，三角形成為吉普賽塔羅牌的符號也不令人驚訝。吉普賽人正式使用的塔羅全牌牌陣擺放方式就是女陰符號牌陣：

第一張從牌組抽出的牌放在正中央，再使用十一張牌從上至下形成三角形的右側。第二組的十一張牌從下至上，形成三角形的左側。第三組的十一張牌從右側至左側擺放，形成倒三角的最上方。

三角形的上方代表現在，右側代表未來，左側則是想要尋求命運占卜之人的過去。隨後，使用三十三張牌，或者說三組十一張牌，以逆時針方式，在三角形周圍形成一個圓形。剩下最後一組十一張牌，則放在三角形正中央第一張抽出的牌下方。[13]

這種占卜牌陣不只整合了女神的三角符號、逆時針的圓圈，以及過去、現在和未來的三個範疇，女神的神聖數字三也在這個牌形中，反覆進行倍乘，以及骰子遊戲非常重要的「七個十一」。

還有一種較為精簡的女陰符號圖徵，只現示出大祕儀牌，牌號數字一至二十一自然契合三角形三邊各自為七。長久以來，二十一被視為具有魔力的數字，因為二十一的因數只有神聖數字三和神聖數字七，與三女神和昴宿星團（Pleiadic）的七位女祭司有關，也就是敘利亞人所知道的智慧七柱（Seven Pillars of Wisdom）。根據古代的傳統，每個人的正常壽命都以二十一年為間隔，分為三等分，在此之前，胎兒期也是分作三等分。塔羅牌明確將人生的第一個時期連結至三角牌形的「過去」邊，第二個時期連結至三角牌形的「現在」邊，而第三個時期則是連結至「未來」邊。

第一個三等分時期在二十一歲結束，也是我們將二十一歲視為成人年紀的原因。第二個時期，稱為「中年」，在四十二歲結束。第三個時期在六十三歲結束，歐洲農民依然稱呼這是「大轉折」（the grand climacteric），死亡之年，這個年紀對於男性而言特別危險。[14]顯然的，女性的壽命更長──多了七年──她們擁有《聖經》中的上帝後來才承諾賜予男人的「六十加十」歲。上帝為了讓男性更崇

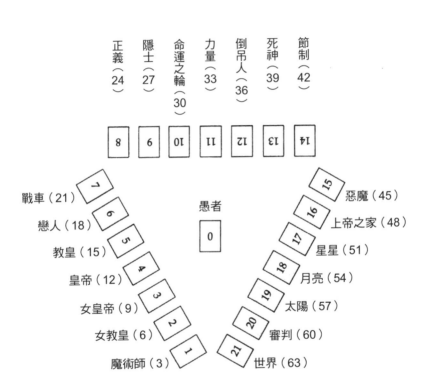

正義（24）　隱士（27）　命運之輪（30）　力量（33）　倒吊人（36）　死神（39）　節制（42）

戰車（21）

戀人（18）

教皇（15）

皇帝（12）

女皇帝（9）

女教皇（6）

魔術師（3）

愚者

惡魔（45）

上帝之家（48）

星星（51）

月亮（54）

太陽（57）

審判（60）

世界（63）

塔羅牌的女陰符號排列

拜他，而不是女神，才提出這個承諾作為回報。

大祕儀形成的女陰符號圖徵，在每張牌上分配了三年。塔羅牌的所有學生都知道，塔羅牌的傳統意義確實可以非常明確地對應至人生階段的事件和內心態度。「大轉折」正好符合裸體女神的塔羅牌，或者宇宙夏克提（世界），也回應東方世界的信念，認為聖人死亡時，性別和精神將在神聖祝福之中與他的女神結合。這也是「大轉折」暗示的最終高潮，這個字來自希臘文的 klimax。古典作家也提到相似的信念，藉由學習女神女祭司教導的性行為，獲得精神恩惠（venia）。[15] 羅馬詩人奧維德入門學習女神的神祕學時，也曾祈禱他可以死於「追求維納斯之中」。[16]

斯拉夫的異教信仰也有同樣的信念。卡利—夏克提和她的荼吉尼（*dakini*；意指死亡的寧芙，death nymph）成為斯拉夫異教信仰中的莎摩維拉（Samovila），也就是「死亡之母」。卡利—夏克提的女祭司則是維拉（vila），又稱維列（Wili）。她們將瀕死之人擁入懷中，使他們可以無痛前往另外一個世界。[17] 這種觀念可以追溯至密宗女祭司用感官歡愉撫慰瀕死之人的痛苦，正如母親安撫嬰兒，讓嬰兒擺脫出世的疼痛。

世界各地的「救世主之神」典型故事，就是他們回到與出世時的相同母體，在無盡的輪迴之中「再度重生」。這種故事通常以伊底帕斯的方式成為神話。兒子是父親的轉世，他與母親成為伴侶，犧牲之後再度轉世。舉例而言，歐西里斯在轉世重生時，人民高喊他將是「其母的丈夫」。[18] 基督教的神祇也不例外。基督教神學家認為上帝等同於耶穌。因此，上帝的母親和上帝的新娘也是同一個

人——瑪利亞。倘若上帝同時是人父與人子，那麼就代表他也同古典的異端方式一般，讓自己的母親生下自己。

神回到母親子宮也呈現在女陰符號一系列的圖像符號安排。在象徵母親的三角形中出現一個明點（bindu），意思是「生命存在的花火」。明點就像胚胎一樣成長，最後終於浮現，成為一個尖端向上的三角形，代表男性本源。兩個三角形逐漸靠近彼此，直到交會，最後貫穿彼此。三角形的完全結合創造兩個相扣的三角形，這個六芒星就是印度人所知道的神聖符號（Sri Yantra，也稱斯里圖騰）或偉大符號（Great Yantra）。[19] 這個符號也象徵「偉大儀式」（Great Rite），神和女神的性交以及完全結合。[20]

西方世界現在將同樣的六芒星視為猶太教的符號，稱為所羅門的封印、大衛之星（Magen David），或大衛之盾（Shield of David）。實際上，這個符號與所羅門和大衛沒有任何關係，在十二世紀之前，也不存在於猶太典籍，直到十七世紀之後，才被採用為正式的猶太民族標誌。[21]

「大衛之盾」藉由中世紀的卡巴拉進入猶太教，卡巴拉是受到密宗傳統強烈影響的神祕學系統。密宗的夏克提被翻譯為卡巴拉的謝基娜（Shekina），意思是「上帝的女性靈魂」，而明點也成為「理」（bina），意思是創造生命的子宮精神。卡巴拉教派的信徒認為，上帝失去了謝基娜，唯有讓上帝和女神再度「合一」，才能重新達到宇宙的和諧。只有謝基娜能夠憑借一己之力，讓「上帝回到原處」，就像卡利—夏克提女神讓溼婆回到死與新生的輪迴。性魔法就是關鍵。正如東方世界，卡巴拉教派信徒也確實明白六芒星代

表性魔法。卡巴拉猶太教傳統發展了一個故事，主張「約櫃（the ark of the covenant，又稱法櫃）應該放置律法以及一張圖片，圖片中的男女親密結合，呈現六芒星符號」。[22]

上帝和謝基娜的形象也無可避免地出現在世俗的性伴侶中。卡巴拉教派猶太拉比艾利亞胡‧迪‧維達斯（Eliahu di Vidas）曾說，沒有任何男人可以獲得上帝之愛，直到他體驗「渴望女性的熱情動力」。謝基娜作為天上之母，顯現於妻子之身，她的丈夫應在安息日與她做愛（與基督教禁止在安息日行夫妻之實的習俗完全相反）。夫婦結合之後，「每週的六天都會獲得祝福。」

《光明篇》（zohar）記載的虔誠追尋方法，就是為了上帝和他的配偶（反之亦然，女神和她的配偶），重新將性交建立為神聖行動。在這個層面，《光明篇》的記載令人強烈聯想到數個女神祕教崇拜的神殿賣淫行為。這種信念發展至全盛時期，就變成狂歡縱慾儀式，也顯示這個儀式非常受到歡迎，一定會有人嘗試，的確，在卡巴拉教派原則更進一步發展之後，確實有人進行狂歡縱慾儀式。[23]

塔羅牌詮釋家艾利馮斯‧李維（Eliphas Lévi）在卡巴拉和塔羅牌之間找出許多能夠相互比擬的對應，甚至更進一步主張塔羅牌的起源就是猶太卡巴拉。他堅持第二十一號王牌是以卡巴拉謝基娜形象出現的上帝新娘，其形式為牌面的裸體女神。「人類存在的崇高目標」就是讓女神可以和神聖的新郎再度結合。[24]

上帝需要他的謝基娜，根據古老的密宗理論，任何男性，無論

神祇或凡人，如果沒有女性伴侶，就會缺乏精神力量。印度的神祇與祭司需要他們的夏克提或妻子，因為女性可以體現其力量，「沒有女性，他們無益於任何事物」。[25] 因此，卡巴拉信仰有許多前例可以參照，他們相信上帝如果沒有女性本源，就無法應對世間之惡。

猶太人和印度人一樣，他們都拒絕讓未婚男子擔任祭司，因為沒有女人的男性，他的祈願和法術都沒有效果。[26] 只有女性可以提供「心靈」（ruach），希伯來文從阿拉伯文的 ruh 衍生此字，意指「心靈」和「血紅色」。阿拉伯人說女性的 ruh 對應男性的 sirr，鮮白，也就是精液。[27] Sirr 與 ruh 因而也是基於密宗祕密教導的兩個偉大儀式元素：sukra，「種子」（精液），以及 rakta（月事之血），兩者永遠同時受到密宗信徒的畏懼和崇拜，是生命所忌諱談論的元素，卻也是在子宮中用神祕的方式賦予子嗣創造形體的力量。

想要進行密宗的偉大儀式，扮演女神的女祭司必須月事來潮，她的月亮能量才會達到頂峰。女性的鮮紅液體與伴侶的鮮白液體，就是「密宗信仰極度重要的象徵結合」。[28]

偉大熱情之火融化的精液落入「母」的蓮花，混合女神的鮮紅元素時，他也達到「啟蒙思想的傳統曼陀羅」境界。「父與母」（Yab-Yum）品嘗鮮白和鮮紅的結合物，液體抵達喉嚨之後，他們將產生具體的特別祝福……也就是 bodhicitta——精液和月事之血結合的滴露……可以增強男人相對應的神祕靜脈與核心，使他獲得佛陀的言說能力。所謂的「祕密入門」，就是來自品嘗祕密的混合

滴露。[29]

上述的儀式當然不是東方世界獨有的觀念。西歐地區早已知道，並且行之有年，早期的基督教教派甚至也參與其中。亞里斯多德（Aristotle）和普里林（Pliny）的教育主張，每個人的一生始於月事之血的神祕魔法，使用精液凝結月事之血，留在子宮中，形成「凝物」（curb），最後發展為嬰兒。[30] 當時也廣為流傳，在男女雙方結合的時刻，吃下男性的鮮白與女性的鮮紅，可以裨益身心，效果甚至勝過象徵救世主身體血肉的麵包與紅酒。

十九世紀的神學家選擇將基督教早期的 agape（愛之饗宴）詮釋為「聖餐禮」（Eucharist）的同義詞。但 agape 實際上似乎是密宗偉大儀式的起點。雖然聖餐禮持續數個世紀，agape 卻像燙手山芋進入中世紀初期，就在基督教會鎮壓諾斯底教派之後，「愛之饗宴」再也不曾被提起。另外一個關於偉大儀式的字詞也遭到棄用，這個字詞更有暗示性，那就是「synesaktism」，意思就是「夏克提之道」。[31]

愛皮法烏尼斯（Epiphanius）以非常明顯的厭惡，長篇大論描述基督教歐菲特（Ophite）教派使用的愛之饗宴儀式，那是近乎純粹的密宗儀式。「他們用放蕩的熱情交合之後……女人和男人將男人射出的液體捧在手中，再起身……將手中之物獻給萬物之父，自然界萬物的原始存有……女人的月事來潮時，他們也用月事之血進行類似的儀式。他們用相同的方式捧起不潔的血，一起吃下。」[32]

諾斯底教派的經文曾透露一位類似卡利的基督教女神，卻在後

來的經文中，又謹慎地隱藏這位女神，竭盡所能消除他們能夠找到的女神描述。[33] 教宗克萊門一世的《克萊門訓教》（*Clementine Homilies*）描述她是「萬有之母」、「皇后」，以及「智慧」（也就是希臘文的 Sophia 以及拉丁文的 *Sapientia*）。「創世紀時，她與第一位上帝同在。」[34] 更準確地說，她「與人子同在」，而上帝就是他的孩子。《論諾斯底》（*Trattato Gnostico*）則說她是「令人尊崇的偉大處女，萬物之父在創造萬物之前，女神就被隱藏在萬物之父中」。[35]

即使上帝已經成為人子，他依然親密地仰賴女神。「人子與其伴侶蘇菲亞合而為一，以雙性之光顯露自己。他的男性本質被稱為『救世主』，萬物之父，而他的女性本質則是『蘇菲亞，萬物之母』。」[36] 這個意象強烈呈現男性和女性的結合原則，正如卡利女神和溼婆神，迄今可見於埃洛拉石窟（Ellora caves），以擬人化的方式呈現，就像六芒星呈現的符號。[37]

有些執行密宗風格「保留性交」（coitus reservatus）的諾斯底教派，可能就是基督教令人難以理解的「信仰試煉」（test of faith）濫觴。信仰試煉宣稱，特定的基督教男性信徒與女性信徒裸體睡在彼此懷裡，並未放縱任何淫蕩的欲望，證明他們的信仰足夠堅強，可以承受極端的誘惑。根據密宗性交原則（maithuna），這些基督徒可能就像密宗聖人一樣，他們控制的不是性慾，而是男性的高潮。

也有其他線索顯示，有些歐洲人是記得東方聖人傳授更為細緻的性交技術，而不是遵守基督教會「性只是為了繁衍」的單純指令。正如吉普賽人實踐「祕教」性儀式，自由精神兄弟姊妹會、反律法論者（Antinomian），以及亞當後裔派（Adamite）等基督異端

也有相同的性儀式。這些基督異端特別崇拜一位祕教英雄，據說他與一位「女先知」進行延後射精的性愛長達二十天，抵達前所未有的精神高度。崇拜聖尼古拉（St. Nicholas）的教派宣揚「得到救贖的唯一方法，就是經常性交」。[38]

教會神職人員非常厭惡中世紀的吟遊詩人，這些吟遊詩人也宣傳一種性愛哲學系統，女情人的角色就像密宗的夏克提或蘇非派（Sufic）的「fravashi」，也就是「指引道路的神靈」。崔斯坦（Tristan）的各種著名愛情故事與吟遊詩人傳說，隱藏了某些狡猾的雙關語，或許就是為了傳遞更細緻的訊息。崔斯坦見到他的情人時，刻意顛倒自己名字的音節，自稱坦崔斯（Tantris）——很有可能就是一種密宗（Tantric）稱呼。[39]

女巫可能也遵守密宗性愛原則（maithuna），據說女巫夜會（Sabbat）就包括縱慾狂歡，但沒有任何女人懷孕。[40] 如果男性巫師扮演「惡魔愛人」的角色，善於取悅伴侶，就能解釋為何基督教會男性堅持女人喜歡與「惡魔」做愛，更勝於與基督教徒男性做愛。與「惡魔」交合之後，女人會認為自己丈夫的性能力「毫無可取之處，完全不能取悅她們」。[41] 印度女人對歐洲男人也有相同的抱怨：「十八世紀的印度妓女取笑歐洲男人可悲的性能力，甚至稱呼數秒鐘就完事的歐洲男性是『破爛老二』。」[42]

基督教或許禁止性愛的樂趣，但使用古代日耳曼語的異教徒認為，性慾（lust）一詞代表「宗教的歡愉」。[43] 日耳曼語的女巫是Hexen，意思是「完成六之人」；傳統常見的六角巫符 ❶ 也有六個頂點，就像密宗的六芒星。六是愛情女神阿芙蘿黛蒂（Aphrodite）

的神聖數字（日耳曼語的米納，Minne）；因此，基督教的權威人士認為六是「原罪的數字」。[44] 基於眾多諸如此類的暗示，似乎都顯現女陰符號籠罩了歐洲以及東方的異教徒世界。

等到基督教終究征服了歐洲，另外一個排斥女性的父權宗教也終究征服了女神過往在中東的疆土。在阿拉伯世界陷入伊斯蘭的枷鎖之前，這個地區的人民也同樣崇拜三女神，名為阿拉特（Al-Ilat）、烏扎（Al-Uzza），以及瑪納特（Manat）。諷刺的是，當今在麥加卡巴受到崇拜的黑石，曾經是象徵女神的生殖器符號。[45] 此地已經不允許女性踏入，男性群聚在此朝聖，向曾是偉大女神象徵的圖像致敬。女神的女祭司早已消失，被男性祭司取代，而他的名號是「古老女人之子」。所謂的「古老女人」就是三相女神，她們的三個名字意思分別是女神、力量，以及命運。因此，早期的女性真主就是同樣的三女神，就像希臘的摩伊賴（Moerae）、北歐的諾倫（Norn）、三位卡利女神，或者羅馬的命運三女神。時至今日，阿拉伯人依然使用其中一位女神的名字，代表幸運女神。[46]

即使在極度父權的伊斯蘭世界，依然有些教派或多或少記得女神，堅持在信仰之中導入一定程度的女性元素。蘇非教派在穆斯林世界占有一席之地，就像瑜伽士在印度密宗的地位，而蘇非教派崇拜女性本源是世界真實的一統之力。蘇非派的吟遊詩人協助了歐洲地下文化的許多教派寫作和概念，在那個時代，大多數的歐洲人都

---

❶ 六角巫符（hex sign），是常見的穀倉裝飾，最基礎的外型就是宛如六芒星的符號，現在也成為文化商品，而且外型多變，也有十二芒星的變化。由於 hex 可能有幾種起源，hex 可能衍生於德語的 hex，其中一個意思就是女巫，另外一個意思則是六（six），由於作者在此處同時分析採納了兩種意義，譯者也將 hex sign 翻譯為六角巫符。

渴望在東方世界找到充滿異國情調、神奇，以及有趣的事物。東方世界是精靈傳說的土地。表面上看似臣服基督教的歐洲，在他們的渴望與想像之中，依然存在精靈傳說的世界，而那個國度與東方世界合而為一了。

正如瑪利亞祕密崇拜吸收女神的許多特質，阿拉伯的女神也轉變為聖母法蒂瑪（Fatima），穆罕默德的神祕「女兒」，卻又被描述為「她的父親之母」。法蒂瑪的名字意思是「女造物主」，亦稱為「命運」、「月亮」、「天堂之樹」，以及「太陽之母」。[47] 法蒂瑪在阿拉伯世界吸引了特定的祕密崇拜，正如瑪利亞在歐洲的地位。

基督的聖殿騎士團（Knights Templar）位於耶路撒冷的第一座總部就在阿克薩清真寺（al-Aqsa mosque），什葉派供奉的這座清真寺是女神法蒂瑪的中央神殿。[48] 有些人認為聖殿騎士發明了塔羅牌，但更有可能是他們從撒拉森戰士兄弟會接收了塔羅牌，並且調整塔羅牌的順序。[49] 塔羅宮廷牌組的四騎士難以解釋地消失了——只剩下現代標準的十三張牌，而不是十四張——與十四世紀時教會消滅聖殿騎士團有關，因為聖殿騎士團被指控採用「東方諾斯底教派的神祕信條」。[50]

這些東方神祕信條是法蒂瑪女神祕密崇拜的遺緒，就像吟遊詩人的愛情故事和宮廷愛情故事崇拜瑪利亞和米納，歐洲吟遊詩人受到摩爾吟遊詩人的啟發，而廣為流傳相關故事。早在聖杯成為基督教文化，並且成為第一次聖餐禮的聖杯之前，阿克薩清真寺已是聖杯聖殿傳說的基礎。古老的聖杯和凱爾特人的「再生之鍋」一樣都是子宮符號，清真寺聖殿呈現了聖杯的外貌，「門」就是女性的陰

部。時至今日，印度的「神廟」一字意思依然是子宮。[51]

根據古老的傳說，聖杯聖殿由一群稱為「聖殿騎士」的英雄守護，他們是女神的僕人，誓言保護女性不受父權邪惡的侵犯，並且維護聖杯之中的女性神祇。根據傳說，他們是加拉哈德、珀西瓦里，以及羅恩格林（Lohengrin），無敵的戰士，騎士精神的追隨者。但在現實生活，他們只是宗教裁判所的受害者。

正如其他基督教組織，起初他們也是致力解決貧困問題的，後來的聖殿騎士團卻變得非常富裕。超過兩個世紀以來，藉由財產贈與、送禮，以及簽署保護合約，聖殿騎士團憑著在法國、西班牙、葡萄牙，以及黎凡特（Levant）等地區獲得房地產和財寶，使他們成為十三世紀的主要銀行家與放款人。由教宗依諾增爵二世（Innocent II）簽署的聖殿騎士團特許令，讓聖殿騎士團不必向教會繳納稅金，教會也不得徵收他們的財富。然而，這種財務獨立最後也導致聖殿騎士團的隕落。

沒收聖殿騎士團財富的行動始於十四世紀，教會指控他們是異端、褻瀆上帝，以及崇拜惡魔。聖殿騎士團的大團長與重要人物紛紛遭到逮捕和虐待，強迫他們承認自己否認基督、踐踏十字架、親吻惡魔的私處，並且強迫新進人員進行同性性行為：在隨後的審判中，教會一再提出相似的指控。審判法官大規模捏造聖殿騎士團的罪行，而每一位遭到指控的聖殿騎士團成員被其中一位法官虐待時，承認自己犯下一組罪名，被另外一位法官折磨時，再承認自己犯下另外一組罪名。[52] 這是極度不公不義的審判。在巴黎進行的一場聖殿騎士團大審中，法官不願聆聽辯方提出的五百七十三位證人

發言。[53] 儘管聖殿騎士團的領導階級公開否認法官逼迫他們做出的認罪自白，在群眾面前主張自己的清白，然而當天下午，教會便宣判他們再度信奉異端，當場火刑處死。[54]

　　有些聖殿騎士團的成員逃往英格蘭，因為當地不允許刑求虐待。但是，教皇克萊門五世（Pope Clement V）卻向英格蘭國王發出非常嚴酷的詔令，要求逮捕並且折磨逃亡的聖殿騎士，如果不從，就將英王和其宮廷成員全數逐出教會。教會甚至以「全大赦」（Plenary Indulgence）賄賂，同意赦免國王艾德華過去所有的罪行。於是，「出於對教廷聖座的尊敬」，英王艾德華更改英格蘭律法，允許教會法官虐待聖殿騎士。[55] 聖殿騎士當然遭到定罪，法庭甚至確認折磨刑求的合法用途。教會驅除聖殿騎士團時建立的迫害與虐待技術，往後也用在女巫身上。[56]

　　如果聖殿騎士團確實是異端，他們信奉的異端可能就是教會最嚴格反對者：崇拜女性神祇。女性神祇的異端信仰一再興起，教會必須持續鎮壓。據說，聖殿騎士團信奉一位雙性偶像巴弗滅（Baphomet），意指「絕對的符號」，其影響力能讓聖殿騎士團變得富有，使花朵孕生，地面生意盎然。這位雙性神祇的意義如此明確，象徵繁衍和富裕，也只有卡利和淫婆類型的神祇符合這樣的說法。巴弗滅之名也被視為是穆罕默德（Mohammed）的口誤發音。但是，聖殿騎士團平常生活在穆罕默德追隨者之中，他們絕對知道如何念出穆罕默德的名字。另外一個理論則相信巴弗滅的名字來自希臘文的「墨提斯的洗禮」（Baphe Metis），墨提斯是智慧女神的另外一個名字——也就是東歐世界諾斯底教派所說的蘇菲亞女神、羅

馬的薩皮安夏（Sapientia），西班牙猶太裔卡巴拉教徒所說的謝基娜，以及蘇非教派和什葉派以「愛之詩」為名稱呼的法蒂瑪女神。[57]

　　既然女陰符號被廣泛認定為女神的符號，代表通往至聖之所的「門」，因此這個符號也必然暗示一種前往女神中央神祕之處的神祕入門過程。吉普賽人保留的女陰符號塔羅牌形模仿了象徵母親的三角形，在這種牌形設計的中央明點，通常放上沒有數字編號的愚者。正如尚未經過祕密入會儀式的聖杯騎士，愚者只是一個小丑，一無所知，彷彿新生的孩子，不知道自己人生三階段即將出現的啟示。因此，從塔羅牌愚者到塔羅牌世界，顯然就是一場啟蒙的旅途。

Part II

偉大祕密

他們前往多多納高山，卻只聽見沉默
風在橡樹林呼嘯，所有的鍋爐轟隆作響，
噴泉高歌，位於中央的中心之石依然沉默，
在諸神訴說古老謊言之處，迴聲沉默。

我在聖壇面前傾訴自己的問題，永不沉默的聖壇，
聖壇的中心將闡述真理，清晰明確地再度闡述真理；
我在神諭洞穴中聽見女祭司吶喊，
她和我必將一死，永遠無法復活。

—— A. E. 豪斯曼（A.E Houseman），
《神諭》（*The Oracles*）

5
大祕儀牌組

Major Arcana

0 號牌：愚者

0

The Fool

在所有的大祕儀中，只有一張牌留在新的標準牌組：愚者，又稱弄臣（jester）或小丑，其他名字包括愚笨的男人（The Foolish Man）、愚笨（Folly），法文的愚者（Le Mat），以及西班牙文的愚者（El Loco）──亦即瘋狂的人（madman）。[1] 這些名字也顯示愚者擁有基督教出現之前的月教色彩，因為月教的所有特質

都在後來被貶低為「瘋狂」。瘋狂或精神錯亂的英文「lunatic」曾經用來稱呼月球女神的虔誠信徒，而月球女神的古典名字就是露娜（Luna），另外一個古老名字瑪尼亞（Mania），也以同樣的方式成了瘋狂的同義詞。

起初，月之母親瑪尼亞孕育人類的先祖，羅馬人稱呼他們為月之子（manes）或先祖神靈（Di Parentes），他們的靈魂依然棲息於地球。[2] 北歐部族將同樣的月之母親稱為瑪那（Mana）；阿拉伯人則稱之為瑪納特。她選擇的先知與女先知稱為「月觸」（moon-struck）或「被月觸動之人」（touched by the moon），後來成為英文口語中的「神經兮兮」（tetched）。瑪那的獨特子嗣則是「月犢」（moon-calves），將月視為母牛，他們就是月之母牛的後裔，這個詞後來也用於指稱戀人和白痴。月之神聖的遊戲稱為 ludi，這個字演化為 ludicrous（荒謬），月儀之王也變成表演古代（*antic; ancient*）之舞的小丑。他們被稱為「silly」（愚笨），然而這個字原本的意義是「受到月之祝福的人」。[3]

塔羅牌的愚者似乎就是古老異教中的「愚笨」（silly）。愚者的經典笨蛋帽（dunce cap）起源於羅馬時代的尖頂帽（*apex*），由羅馬儀式高等祭司弗蘭門・迪亞利斯（Flamen Dialis）配戴的圓柱形斜接帽。[4] 凱爾特伊比利亞人的徽章也有死神配戴相同圓錐帽的圖樣，並且稱呼死神是赫爾人（Helman）——臣屬於地下世界女神赫爾（Hel）之人，赫爾的形象通常等同於月的升降。[5] 北歐世界的死神費瑞（Frey）同樣帶著尖頂帽。[6]

即使在更古老的埃及，愚者之帽也是埃及兩地（Two Lands）

皇冠，放在象徵的儀式之王頭上，儀式之王是一種小型人偶，功能是法老王的替身。直到西元十九世紀，埃及人依然每年焚燒儀式之王人偶，象徵法老從灰燼中如不死鳥重生。[7] 在符號學中，尖頂帽的意義近似方尖塔，代表地神（Earth-God；或稱地表之神）的陽具矗立，想要接近天堂之后（Queen of Heaven）。天堂之后有各種名字，例如努特（Nut）、哈索爾，或伊希絲。「在夢和神話的符號學中，尖頂帽通常就是陽具。」[8] 西藏的密宗法師依然帶著相同的尖頂帽，顯示他們與女神之間的結合。[9] 而中世紀歐洲頭戴圓頂帽的儀式之王人偶，還有一個充滿密宗色彩的名字：「愛之王子」（Prince of Love）。[10]

愚者尖頂帽兩旁的「驢子耳朵」可能與埃及傳統有關。原意為「驢子似的」Asinine 成了貶義詞「愚鈍的」，而驢子淪為貶義動物，其原因正是在前基督教時期，驢子是神聖的動物，特別是在埃及。驢子之神賽特（Set）替神聖之王歐西里斯—拉（Osiris-Ra）獻祭身亡，成為歐西里斯—拉週期出現的另一個自我。即使耶穌成為聖王時，在其他各種用於奉獻的傳統榮耀之中，也騎著一頭年輕的驢子（約翰福音第十二章十四節）。耶穌的蘆葦權杖可能與獻祭身亡的賽特權杖一樣，都有一對驢子耳朵，而驢子耳朵也成為所有王朝神祇的忠誠象徵。[11] 中世紀的弄臣以及儀式之王承繼了相同的驢子耳朵權杖。

愚者的動作和服裝也流露了來自古老東方的傳統。「弄臣」（jester）一字來自西班牙文的 chistu，而 chistu 演變於 Chisti（契斯特），這是一個來自阿富汗的使徒神祕教團。這個教團的成員出

現在十三世紀的歐洲。他們用音樂、鼓聲、詭異古怪的動作，以及惡作劇吸引群眾注意，表現傳遞宗教訊息的神祕把戲。蘇非教派的苦行者也用相似的方式在東方表現神祕的動作，經常故作愚蠢，自稱是「神的愚者」。[12]

有些塔羅牌中的愚者身穿樹葉，就像綠人（Green Man）或綠喬治，他是歐洲民俗慶典的春天象徵。[13]綠喬治之日是復活節星期一，也是月之英雄的月之日。後來，這個日子受到基督教影響，成為聖喬治日（St. George's Day），但是其節日來源基礎相當可疑，據說是喬治用春葉象徵新生的基督。[14]基督教傳統也因而將耶穌視為在春季犧牲的豐產之神。有些人認為耶穌在四月的第一天被釘死，也就是愚人節，這天是異端神聖週的最後一天，過去人們會舉行「愚之祭」，以笑話、惡作劇和遊行，慶祝農業之神阿提斯的復活。而愚之祭又名希拉瑞亞（Hilaria）。[15]

如果愚者等同於異教的耶穌形象，例如阿提斯，愚者也可能是英雄生涯早期尚未啟蒙的幼稚階段。塔羅牌的愚者肩上有一根棍棒，棍棒懸掛著一個袋子。一般認為，愚者的袋子裝著元素（element；亦作 suits）的象徵，元素也會清楚出現在下一張牌魔術師的桌子。由於元素被視為能夠揭露問卜者的命運——而在女陰符號陣形，愚者就代表問卜者——愚者袋子的元素符號也被認為足以揭露其命運，雖然愚者看不見。基督教的圖像同樣描述了耶穌基督從天堂降至母親的子宮，對自己最後的命運一無所知，耶穌基督背後的微小十字架已經洩漏其命運，十字架就在耶穌肩膀的棍棒之上。[16]

在「受祝福之人」或「愚笨的愚者」兩個概念之中，無知是極為重要的，愚者的編號是 0，也就是「小孩在第一個生日之前的年紀」。[17] 橢圓形的 0 起初是「世界之卵」的象徵，代表隨後一切的孕生。諾斯底教派的輪迴原則認為，在所有重生之前，靈魂必須喝下忘河（Lethe）之水，清除前世所有的記憶，讓心智歸零。密宗傳統將這種嬰兒式的無知稱為「Avidya」，意指「渴求知識」，或者無意識的意志，在新生生命理解任何生命的意義之前，就能擁有活力。[18]

在密宗的業力之輪之中，一位盲人走向絕壁，象徵生命之初的無知。[19] 某些早期的塔羅牌將愚者描繪為即將墜落。愚者的另外一個名字是亞當－卡德蒙（Adam-Kadmon），諾斯底教派中純真新生（或重生）的靈魂形象，這個靈魂處於新萬古永世的開端，而這個萬古永世可能是一個人的生命或者全宇宙的生命。[20]

或許就是這種無知的元素，拯救愚者這張牌於遭受教會人士的攻擊，方能存活迄今，成為現代的小丑。愚者也能連結至在伊甸園墮落之前的亞當，亞當因其無知而無罪孽。異教的神祕信仰在節慶的小丑表演中找到庇護，愚者也因其一無所知的性格而存活，就像異教傳統中的英雄尚未獲得啟蒙之前。「追求聖杯的騎士」神話故事的起源也同樣是一位鄉村小丑，他無知且純真，尚未理解自己使命的神祕意義——在基督教的影響尚未茁壯之前，追尋異教傳統不曾遺忘的象徵，亦即代表所有重生的神聖子宮，也就是「再生之鍋」。[21]

我們也能主張愚者象徵了尚未啟蒙之人，他還不知道往後的塔

羅牌即將開展的神祕信仰：身為開展命運之頁的聖王，不代表他知道以後會發生什麼。就算不是進入（in）牌組，愚者也能與其他牌組共存（with），正是因為他無法教導任何異端知識。

由於其他的大祕儀塔羅牌確實想要傳遞特定的啟示，愚者也就暗示了新人剛開始自己的旅程，追求在結局（塔羅牌世界）等候的啟蒙。愚者總是往前走，開啟一場旅程，面對他似乎不清楚的重重困難。

與愚者在精神領域的對應之牌是審判（第二十號牌），我們能夠用幾種層次理解。判斷力（審判的能力）是愚者缺乏的能力，除非愚者獲得啟蒙和經驗。審判塔羅牌也能詮釋為末日的傳統景象，死者從墳墓而起，天使吹響最後的王牌——事實上，審判應該是倒數第二張牌。基督教和異教的末日世界觀是相同的。在深刻的心理層次，末日預言投射了所有人內心對於死亡的恐懼，並且讓這種恐懼獲得了形象。雖然基督教否認重生，但異教和諾斯底相信每個人的末日之後都有重生。[22] 因此，在命運之神的「流變之輪」中，愚者以死者（或未受啟蒙）的地位重生了，開始嶄新的學習人生。

愚者的牌面常見一隻宛如小狗的動物，聞著他的腳踝周圍。根據許多古代傳說，包括埃及的傳說在內，這隻狗象徵了死亡，負責看守進入彼世之門——如塔羅中的「月亮」牌所示。因此，愚者可能也暗示了逃離死亡，正如異教以及基督教神祕學都有的承諾。

有時候，愚者的身邊還有一隻蝴蝶，希臘人稱之為「賽琪」（Psyche），也是靈魂的象徵。在歷史中的某個時期，人們廣泛相信人類的靈魂在死後會進入飛行的生物之中，例如鳥類和昆蟲。有

時候，愚者帶著一朵花，煉金術的玫瑰，也是許多精神使命追尋的女性化世界靈魂的象徵。

正如民俗傳說的其他例子，「愚笨」和「愚者」都比其表面意義更深邃。

1 號牌：魔術師

The Magician

大祕儀牌的第一號人物是一位元素的操控者。各個元素的牌組符號放在他面前的小桌子，就像嘉年華會的騙子或雜耍家使用的小檯子。他的名稱（魔術師）也暗示類似的職業：雜耍家、巫師、吉普賽大師、波斯僧侶（Magus）、藏球遊戲師（Thimblerigger）、法語所說的雜技演員（Bateleur），以及魔術師。[1]

魔術師也經常被視為文藝復興時期最受歡迎的異教神祇轉變而成：無與倫比的元素操控者偉大赫密斯‧崔斯莫圖（也寫為 Thrice-Great Hermes）。夢特格納（Mantegna）塔羅將魔術師描繪成神祇赫密斯，手持希臘神祇的權杖與長笛，頭戴有翼的帽子，腳穿有翼的靴子。[2] 在其他風格的牌組，魔術師的姿勢就像波提且利（Botticelli）畫作《春》（Primavera）

描繪的赫密斯，他的雙臂擺成墨丘利（Mercury）的煉金術符號形狀，墨丘利是赫密斯的拉丁名字，而這個字的另外一個意思是汞（水銀），也被視為赫密斯元素轉化的神聖金屬。[3] 歐洲和阿拉伯的煉金術士都宣稱赫密斯是煉金術的奠基者。[4] 煉金術士經常嘗試讓「墨丘利和雅典娜結為連理」，用硫磺將汞塗為黃色，再想辦法將其凝固，成為合成黃金。

所有人都相信，偉大的赫密斯可以將最基礎的金屬轉變為黃金，因為他擁有可以控制元素，轉變任何事物的賢者之石。神祕學、哲學，以及祕教兄弟會傾心研究《赫密斯文集》（*Corpus Hermeticum*），是一本魔法文選，這本書的希臘版本獻給柯斯莫・迪・麥地奇（Cosimo de' Medici）之後，就成為煉金術的聖經。據說，這些經文的作者是赫密斯本人。文藝復興的學者相信赫密斯確有其人。錫耶納主教座堂（Siena Cathedral）用馬賽克拼貼方式製作赫密斯的畫像，銘文則說：「赫密斯・墨丘利・崔斯莫圖，當代的摩西。」拉薩瑞利（Lazzarelli）在《基督的聖杯和赫密斯之杯》（*Calix Christi et Crater Hermetis*）中主張，書中所有的知識都來自赫密斯之手，在埃及傳授給摩西。阿格里帕・馮・內特斯海姆（Agrippa von Nettesheim）則說赫密斯是亞伯拉罕（Abraham）的孫子。湯馬斯・布朗爵士（Sir Thomas Browne）提到赫密斯的魔法是「摩西孕育埃及象形文字各個學派的神祕方法」，埃及人稱呼赫密斯是墨丘利斯（Mercurius）或阿努比斯（Anubis），「土星的律法者，歐西里斯的顧問，埃及宗教儀式的偉大發明人，埃及的裨益人。」最後，赫密斯以天狼星的名字成神，進入天堂。[5]

長久以來，赫密斯・崔斯莫圖與埃及對應的魔術之神托特經常受到混淆。這種混淆也進入塔羅牌，塔羅牌有時稱為《托特之書》（*Book of Thoth*）。根據埃及傳說，原版的《托特之書》蘊藏極度強力的魔法，可以讓一個人理解鳥類和爬蟲類的語言，使他復活離開墳墓，甚至成為神祇，與太陽和月亮擁有相同地位，可以命令水、土、天堂的空氣，以及星辰之火（也就是四個元素）。[6]

　　埃及基督徒更是認為托特等同於基督。他們將死者之書（*Book of the Dead*）的部分內容改為基督教經文，用基督之名取代托特，再用瑪利亞之名取代托特的對應女神瑪特，或稱伊希絲。[7]

　　早期的羅馬基督教徒也將赫密斯—墨丘利視為基督。《福音書》將基督描述為言靈（Logos），或者擬人化為「神之言語」（Word of God），這想法則是抄襲異教將赫密斯描述為宙斯的言靈（使者）或阿波羅—海利歐斯（Apollo-Helios）。古老的赫密斯讚美詩就像基督教讚美詩的前身，情感非常相似：

　　我將讚美造物主，萬物的唯一之主……他是我的靈魂之光……讚美，噢，真理，讚美真理，讚美美好，讚美良善，讚美生活，以及光芒……您的言語經由我，成為讚美您的言語；經由我，接受您言語創造之一切，那是我合乎理性的奉獻……您的豐盛就在我之中，噢，生命，請拯救我們；噢，光芒，請啟蒙我們；噢，神，請讓我們感應您的精神，請讓精神守護我的言語……我將從永恆之中獲得祝福，我的尋覓也將有結果。我在您之中，找到安息。

　　我們感謝您，噢，至高無上的神，因為我們從知識的光芒中獲

得恩賜，無以名狀的言靈……我們被您拯救，我們因為您向我們完全展露自我而喜悅；即使我們只有會腐朽的肉身，但您用自己的視野，使我們的肉身成為神聖，而我們喜悅……我們終於能夠理解您，噢，光是憑藉感官，我們就能感受您的光芒；我們終於能夠理解您，您是人類生命之光。[8]

　　當時的民眾將魔術師赫密斯視為世界之光，可能也造成塔羅牌的魔術師牌在數字上對應太陽（第十九號王牌）。赫密斯和密特拉（Mithraic）神祕學的入門學徒指出，他們沐浴在陽光，也就是神的精神之中。因此，他們就像神一樣不朽。他們的經文承諾：「獲得知識之人的善終，就是成神（Deification）。」入門學徒必須說出咒文：「我理解你，赫密斯；你也理解我；我是你，你是我……你的名字就是我的，因為我是你的形象（eidolon）。」[9]

　　基督教經文讓耶穌做出同樣的承諾，耶穌告訴門徒，他們將成為他的形象而永生：「因為我活著，你們也將活著……我在我的父親之內，你們在我之內，我也在你們之內。」（約翰福音第十四章十九節至二十節）基督和赫密斯的救贖觀念也有許多關聯。晚至公元十六世紀，日耳曼錢幣的其中一面是被釘在十字架上的耶穌，另一面則是被釘在十字架上的赫密斯蛇，顯示兩位其實是同一個神祇。[10]

　　在塔羅牌系統中，還有另外一個重要的概念，就是赫密斯是一位「良好的牧羊人」，領導著死者的靈魂——赫密斯、歐西里斯、密特拉（Mithra）、塔摩斯、印度的閻摩、波斯的伊摩（Yima），以

及其他神話故事中的救世主人物，都有同樣的地位。希臘人稱呼赫密斯為「靈魂嚮導」。卡比人（Cabiri）說，在母神狄蜜特、她的配偶冥王哈帝斯（Hades），以及赫密斯形成的三位神祇之中，赫密斯是最為近人的第三位神；因此，赫密斯可以在地下世界自由來去。[11] 赫密斯曾是雌雄同體（androgynous）——他與三女神阿芙蘿黛蒂在同一個身體之中結合為 Hermaphrodite，這個字也同樣意指雌雄同體——所以赫密斯具備深邃獨特的女性智慧，以及地下子宮世界的知識，所有的男人都將週期性地在地下子宮世界獲得新生。

　　或許，這個傳說故事解釋了為什麼赫密斯的魔術師是第一號王牌，直接接觸尚未啟蒙的愚者。魔術師是神祕領域的引導者，他的角色必定就像成神之後的艾尼亞斯（Aeneas）之於維吉爾（Virgil）的角色，引導他行經穿梭地下世界的神聖旅程。艾尼亞斯也曾經是阿芙蘿黛蒂身體的一部分，雖然他離開阿芙蘿黛蒂的過程被描寫為出生。後來輪到維吉爾擔任嚮導時，他引領但丁（Dante）走向相同類型的啟蒙象徵之旅，行經地下世界、煉獄，以及天堂。

　　赫密斯永遠都是旅途之神，所以他的陽具之柱（herm）矗立在希臘羅馬時代的主要路口，並連同羅馬人所知道的地下三女神圖像，也就是「黑卡帝—特里維亞」（Hecate Trevia）。[12] 在基督教年代，路邊的陽具之柱被十字架取代了。但是，基督徒依然認為赫密斯和黑卡帝盤旋在各個路口。這些神祇應該是全知的，召喚祂們，可以讓路口變成合適的神諭地點。據說，赫密斯和黑卡帝也會化為細小的聲音，在耶誕夜的路口向旅人訴說他們的未來。[13]

　　既然魔術師等同於身為靈魂嚮導的赫密斯、精神旅途之神，以

及死後神祕世界的嚮導，當然也很適合擔任進入大祕儀世界的起點人物，大祕儀包含犧牲、死亡，以及進入地獄。魔術師顯現愚者隱藏的元素神祕特質。魔術師的頭上帶著雙紐線外型的帽子，象徵無限以及進入兩個世界的權利。他展現啟蒙慶典的前半段元素，但是塔羅牌之外的世界，對於魔術師即將遇到的第一位人物幾乎毫無所知——因為她的起源傳說與符號，都被刻意掩飾了。

2 號牌：女教皇

The Papess

女教皇可能是基督教制度最不願意接受的形象，因為基督教堅信教儀權威專屬於男性。教會的壓力迫使法國繪牌人將十八世紀塔羅牌牌組的女教皇形象轉變為女神茱諾。比利時的牌組甚至將女教皇改變為男性，稱為「西班牙人」（Spaniard）。[1] 現代牌組用更為委婉的方式稱呼她為「女祭司」。基督教正統堅持，過去絕對不曾有，也不可能出現一位女教皇，但其他傳統的意見與基督教相左。

諾斯底教派留存了基督教早期在教儀正統經文中刪除的《福音書》。這些被刪除的《福音書》曾說，第一位「教皇」不是聖彼得

（St. Peter），而是抹大拉的瑪利亞（St. Mary Magdalene），她與耶穌進行了精神權威的跨性別移轉——由男性移轉至女性，也可以從女性移轉至男性——直接獲得權威地位。在耶穌的所有門徒中，他最鍾愛抹大拉的瑪利亞，他稱呼她是「使徒中的使徒」，以及「知曉萬物之女」。[2] 他說她將在未來的光之王國統治其他門徒。[3]「耶穌不曾拒絕賜予她任何恩惠，更不曾拒絕與她有任何情感關係。」[4] 耶穌將天堂的鑰匙交給抹大拉的瑪利亞，而非彼得。彼得曾經憤怒地想逼問她的祕密。《瑪利亞福音》（Gospel of Mary）說，利未（Levi）譴責彼得攻擊瑪利亞的暴行。根據諾斯底文獻《皮斯蒂斯‧蘇菲亞》（Pistis Sophia）的記載，瑪利亞曾說：「彼得讓我猶豫；我害怕彼得，因為彼得厭惡女性。」[5]

有些早期的基督教神父承認抹大拉的瑪利亞的精神權威地位，但後來的教會歷史學家否認，他們認為她只是一位妓女。相較之下，俄利根曾說瑪利亞是「所有基督徒之母」，正如男性教皇理應是所有基督徒的精神之父。俄利根將「教儀之名」獻給抹大拉的瑪利亞，稱呼她為「教會」（Ecclesia），正如處女聖母瑪利亞。他認為抹大拉的瑪利亞是偉大的女神，主張她自時間開始之初就活著，而且是永恆不朽的。[6]

許多人都相信俄利根，於是瑪利亞的名聲鶴起。公元七世紀，一座老舊的羅馬女神殿堂改名為聖母大殿（Santa Maria Maggiore），獻給抹大拉的瑪利亞，紀念她是基督教女性組織的創辦者，特別是教導教義以及創建結合男女的「兩性修道院」。在公元十世紀之前，兩性混合的修道院非常盛行。[7]

抹大拉瑪利亞主義教導修女延續羅馬時代的「結社」（collegia）風格，以「靈魂之母」（alma mater）之名，建立教導女祭司的神廟。靈魂之母一詞衍生於 Al-Mah，是印度—伊朗傳統最古老的月亮之母說法。[8] 希伯來的同義詞為 almah，意思是「月之靈魂體現於年輕女子」，而 almah 在希伯來版本的《福音書》則是指處女聖母瑪利亞。基督徒將 almah 翻譯為「處女」，但這個字並非處女之意。[9] 羅馬時代的 alma 意思是「女性的靈魂」，還有另外一個意涵則是與月亮有關的神聖女人，她是精神的領導者。普魯塔克也說，月亮是所有理性與智慧的起源。[10]

在諾斯底教派的寶石文物中，露娜·瑞吉亞（Luna Regia；月之后）的衣服和姿勢，與塔羅牌的女教皇相同，也坐在相同的神廟帷幕前，頭戴教宗三重冕還有新月形的裝飾品。[11] 一份十四世紀的手稿也記有同樣的女神，她的身分是女教皇、女修道院院長，以及修女。[12] 更重要的是，塔羅牌的女教皇在數字連結至第十八號王牌「月亮」，手持經書也象徵了教導意義。

教會的官方歷史觀點想要隱匿一個事實：即使在基督教會內部，女性精神權威一直到十三世紀都還維持著強烈傳統地位，十三世紀之後，男性修士開始入侵教會內部的教育修會。教育修會原本由地位卓越的女修道院院長所治理，她們過去的職位相當於主教。女修道院院長更古老的職稱包括「精神之母」（Matris Spiritual）、「女高等祭司」（Sacerdos Maxima），以及女統治人（Matriarch）。她們擁有政治和經濟的自主地位，可以統治男性和女性的神職人員。[13]

特定基督教修會的修女原本被譽為教育者，直到特倫多大公會

議（Council of Trent）規定女性基督教修會必須將財產交給男性組織，而且不再允許基督教內部成立教育組織。[14] 舉例而言，貝居安（Beguines）女性修會就被禁止進行神學研究。教會女性被迫交出自己的房屋和土地，被宗教裁判所沒收。修女不得不加入教皇同意的修會，遭到孤立而且不得接受教育。[15]

教會歷史通常經過仔細的編輯，想要消除女性任職高等職位的紀錄。不過，直到十六世紀之前，即使教會歷史學家都堅信，教會曾有過至少一位女教皇，也就是大眾熟知的女教皇瓊安（Pope Joan），她非常勤勉學習，努力獲得紅衣主教地位，隨後成為女教皇。塔羅牌的女教皇有時也被稱為瓊安，她配戴的三重冕與雕刻畫中的女教皇瓊安相同。[16] 女教皇瓊安的肖像就出現在錫耶納主教座堂的教宗半身雕像之列，名稱是「約翰尼斯八世·來自英國的女人」（Johannes VIII, femina ex Anglia; Pope John VIII, an Englishwoman）。[17]

女教皇瓊安初次行使教皇職責的紀錄來自其同代人物圖書館員阿那斯塔修斯（Anastasius，卒於公元八八六年）。編年史家馬蘭努斯·史考圖斯（Marianus Scotus）的教皇編年史也寫道：「公元八五四年，洛泰爾王朝第十四年，瓊安娜，一位女人，繼位教皇里奧（Leo），統治兩年五個月又四天。」迪·尚布魯斯（De Gemblours）的十世紀編年史則說：「根據文獻記載，教皇約翰是一位女人，她懷了僕人的孩子。教皇懷孕之後，生下一名孩子，因此，有些人不承認她是教皇。」女教皇瓊安的紀錄遭到刪除的原因，不是因為她不符合教會的歷史，而是因為她成為人母。湯馬斯·迪·艾爾漢（Thomas de Elmham）在一四二二年的官方教宗列表也提出類似的

理由：「公元八五五年的約翰尼斯不列入教宗記載，因為她是女人。」[18]

　　普雷蒂娜（Platina）是教皇歷史學家和梵蒂岡歷史學家，她在《教皇的人生》（*The Lives of the Popes*）寫道，瓊安是英國人，她對教會經文的理解程度勝過任何男人。她穿上男性的衣服掩飾自己。直到分娩的陣痛來襲時，瓊安的偽裝才遭到識破。瓊安最後死於拉特朗宮（Lateran Palace）和聖克萊門教堂（St. Clement's Church）之間的街道。[19] 馬丁‧波洛諾斯（Martin Polonus）說瓊安也埋在同一條街道。從此以後，所有的教皇都會刻意避開此地，「因為厭惡那裡發生的一切。瓊安的故事並未被放入教皇聖座的行列，不只是因為她的性別，也因為當時的情況過於惡劣。」[20] 所謂的「惡劣」是指瓊安的性別暴露之後，她被拖行至街道上，遭到亂石打死，並埋葬於死亡地點，墓碑也沒有名字。[21] 而後來的教皇避開那條街道的真實原因，似乎是因為出於迷信，他們害怕瓊安的怨靈復仇。

　　瓊安的任期是教廷紀錄中唯一遭到竄改的，雖然已經比許多早期教皇的文獻紀錄更好，早期有些教皇只有名字，甚至是杜撰的教皇，直到數個世紀之後才強制安插至歷史文獻。現在的教會宣稱，女教皇瓊安純屬傳說故事，至多只願意承認過去曾有一位「反教皇」，名字是約翰（也就是瓊安妮斯，John; Joannes），當時受到一般民眾擁護，在違反教廷意願的情況之下成為教皇。[22]

　　一八八六年，希臘作家伊曼紐‧羅伊迪斯（Emmanuel Royidis）出版了《女教皇瓊安娜》（*Papissa Joanna*），表示「書中的所有句

子，幾乎所有描述都經歷了當代作家群的見證」。教會立刻查禁了他的著作，並且將他逐出教會。[23]

無論女教皇瓊安是否只是傳說，就在教會堅持否認女教皇瓊安曾經統治之後，梵蒂岡出現了詭異的習俗。所有的教皇候選人都要裸體坐在中空的板凳，就像馬桶，房間地板底下有一個洞，讓下方房間的主教可以觀看。主教委員必須有一個正式的裁決：「他有睪丸，而且睪丸良好地懸掛在空中。」[24]

縱使教會使用各式各樣的防堵措施，世上曾有女教皇的想法依然不曾消失。有些諾斯底教派承認女性的教義地位和男性相同，也認為唯有女性教皇可以對抗文藝復興時代憤世嫉俗的男性教皇。倫巴底的古莉耶瑪教派（Guglielmites）就是其中之一，一二八一年，波西米亞的聖人古莉耶瑪（Guglielma）在米蘭過世之後，他們選出自己的女教皇作為繼承人。古莉耶瑪教派的門徒相信，古莉耶瑪是聖靈轉世，將在公元一三〇〇年的五旬節二度降臨至世間，於是男性主導的教會將凋落，由女教皇建立更好的基督宗教。古莉耶瑪教派門徒推舉的第一位女教皇是曼芙瑞妲（Manfreda）。富裕的倫巴底家族替曼芙瑞妲的第一次彌撒提供昂貴的神聖器皿，原本預計的彌撒地點是羅馬的聖母大殿教堂。但女教皇曼芙瑞妲的追隨者數量開始增加，成為威脅，當時在位的教皇也認為曼芙瑞妲的信徒熱忱已經造成危險，於是整個教派被教會逐出，不幸的女教皇也被綁在火刑柱上處死。[25]

創造塔羅牌女教皇，使她從大祕儀一開始就成為固定人物的，不只是這些歷史註腳。女教皇也是「睿智的女人」，或稱蘇菲

亞——希臘文中的「女性智慧」。[26] 這是聖靈在原有女性形式的舊名字，也是神的配偶或神的夏克提（力量）。她的其中一種顯現就是煉金術的「智慧之母」 —— 希臘文的 Sophia，西班牙文的 Sapientia。在煉金術的文本中，她是月亮，也直率告訴男性神祇：「如果沒有我展現力量，你們什麼都不是，就像沒有母雞的公雞一般無助。」[27]

有些中世紀的神祕學將她呈現為三女神的整體，包括「創造女神」（Sapientia Creans）、「統一和諧萬物的女神」（Sapientia disponans），以及「治理女神」（Sapientia gubernans），也被稱作「天命之神」（Divine Providence）。她被稱為「萬物的原始基礎根源……存有、生命，以及智慧事物的光芒」，地位等同「本質之神」（Divine Essence）並且與之相稱。艾德蒙·史賓賽（Edmund Spencer）尊崇她是天堂之后、神祇的最高摯愛，以及上帝的配偶，坐在祂的胸懷，「彷彿一位皇后，穿著皇家之袍」。[28]

對諾斯底教派而言，神聖蘇菲亞（Hagia Sophia）就是偉大之母。她生下耶和華，耶和華成為伊甸園的善妒之神，禁止人類獲得他們需要的知識。為了消弭這個傷害，蘇菲亞生下聖靈基督，讓祂以耶穌的肉身進入世間。耶穌死後，蘇菲亞和基督讓耶穌在天堂成為宛如赫密斯的靈魂指引人。有些諾斯底教派認為，耶穌和光之處女結婚，光之處女就是蘇菲亞的其中一種顯現形式，就像異端救世主海格力斯（Heracles）與處女赫柏（Virgin Hebe）結婚，而赫柏是母神赫拉（Hera）的其中一種顯現形式。[29] 早期的基督教神父聖依勒內（Irenaeus）主張所有天使都是蘇菲亞生下的。[30]

為了榮耀諾斯底教派的女神，公元六世紀，神聖蘇菲亞大教堂建立於君士坦丁堡。現在的基督教權威機構否認該座教堂獻給任何形式的偉大女神。他們假裝「Hagia Sophia」的意思其實是「基督，上帝之言」。[31] 我們難以看出「基督，上帝之言」為什麼會是神聖蘇菲亞，而這句話在希臘文中的意思就是「神聖的女性智慧」。

蘇菲亞的另外一個顯現形式，經過基督化之後，成了虛構的處女殉道者，而這位殉道者雖然保有處女之身，依然生下了三位女兒，分別是聖菲絲（St. Faith，信仰）、聖霍普（St. Hope，希望），以及聖崔瑞蒂（St. Charity，慈悲）。容易受騙的聖徒傳作家嚴肅看待這個傳說故事，雖然這個傳說故事只不過是智慧女神生下信仰、希望以及慈悲的譬喻。其中美麗的聖菲絲最受人讚揚，倫敦的聖保羅大教堂（St Paul's Cathedral ）甚至替她建立地下墓室。[32] 異教信仰也有一位「聖菲絲」，她是阿芙蘿黛蒂的三立法女神（Charites；也稱美惠三女神，或可音譯為卡里特斯），是古羅馬的女神，名為「善意」（Bona Fides）。她的僕人是三位元老祭司（flamine），是羅馬正統神職人員最古老的核心成員。[33]

因此，塔羅牌世界的第一位老師，由魔術師引導一無所知的愚者認識的第一位指引，就是女性智慧的神靈，沒有她，即使是神也無法有所作為。她的精神理應體現在女教皇身上，這是典型的諾斯底教派思維。

女教皇的姿勢也對應密宗生命之輪的第三位形象「意識」（vijnana），經由密宗教導而發展個人意識的階段。[34] 密宗實踐者學習的第一堂課，就是神如果缺乏女性「智慧」，無法使用任何力

量，而智慧是偉大夏克提（卡利女神）的顯現。諾斯底教派的祕密傳統顯然也有同樣的啟示。

3 號牌：女皇帝

奧菲斯教派新門徒走進聖殿內部時，他將看見萬物之母狄蜜特和她的女兒柯爾（Kore）的模樣，她們並肩而坐，就像女皇帝和女教皇在塔羅牌的形象。[1] 柯爾代表「處女智慧之神」以及大地母親的神聖心臟（或稱核心，core）。柯爾是母親眼中的蘋果，所以古代人在蘋果「核」中看見代表柯爾的五芒星。柯爾是春天和誕生之神，但她與毀滅神波瑟芬尼經常混淆，波瑟芬尼是同一位女神的老嫗面向。柯爾有許多廣為流傳的名字，包括克爾、卡瑞（Kari）、奎瑞（Q're）、庫瑞（Kauri）、克爾納，以及克爾迪亞（Car-Dia）。羅馬人稱呼她為立法者克瑞斯・拉吉芙拉（Ceres Legifera）。她制定自然法統治古代拉齊奧（Latium）地區的母系社會。[2] 復仇之犬（avenging death-dogs）伴隨在柯爾身邊，她也會以柯瑞斯（Keres）或芙瑞斯（Furies）的姿態顯現自我，追捕觸犯神聖母法的犯罪者。塔羅牌

的女教皇是另外一位處女智慧之神，她的身邊也有相似的月犬亦即她的對應牌「月亮」。

如果處女智慧之神的位置已經屬於女教皇，女皇帝就代表萬物之母。女教皇的對應牌是「星星」（第十七號王牌），也是偉大女神的常見稱號。女神的幾個古老名字意思都是星星，例如以希塔、艾斯塔特、伊斯特（Esther）、艾斯特耶（Astraea）、海洋之星（Stella Maris），或歐斯特拉（Ostara）。歐斯塔拉就是女神伊歐斯特（Eostre），也是復活節（Easter）的名字由來。星形的麝香百合（Easter Lily）曾經是女神的女陰符號，可能取名於亞述語的 *lilu*，意思是蓮花（lotus），來自東方世界的女神生殖符號，梵文的 *padma-lotus*。[3] 而女神的另一個古老名字莉莉絲（Lilith），同樣衍生於蓮花，也是塔羅牌女皇帝的別名。[4]

在埃及，蓮花代表伊希絲或哈索爾，「偉大的世界蓮花，在造物之時，成長於第一次太陽升起。」[5] 萬福處女女神茱諾也因為蓮花而孕育救世之子戰神馬斯。[6] 基督教女神的異教原型當然是來自於此，基督教女神繼承了茱諾的蓮花❶、星辰皇冠，以及她的「海洋之星」名號。相同的星辰皇冠出現在許多塔羅牌組的女皇帝頭上，而同樣的蓮花也常見於標準撲克牌的王后牌上。

身為海洋和土地的女神，狄蜜特拿著一根麥穗以及一隻海豚，作為承諾的象徵，代表她賜給人類麵包和魚；《新約聖經》也模仿

---

❶ 在這兩段的描述中，作者將 lily 和 lotus 視為同樣的植物象徵，並且提出兩者在語意脈絡中的發展歷史。不過在中文，lily 通常指百合，lotus 是蓮花。根據作者的前後脈絡，譯者將這兩段的 lotus 和 lily 都翻譯為蓮花。

了這種來自厄琉息斯祕儀的奇蹟。塔羅牌的版本則藉由諾斯底教派的符號，傳遞相同的海洋與大地富饒意象，共濟會（Freemasons）採用了同樣的符號象徵：瀑布旁的麥穗。[7] 因此，塔羅牌的女皇帝有時拿著一根麥穗，坐在麥田中的王座，旁邊就是瀑布。有些塔羅牌詮釋者堅持女皇帝已經懷孕，藉此強調女皇帝豐饒的能力。

狄蜜特的大神廟名為「厄琉息斯」（Eleusis，意為降臨），神廟重要的儀式是慶祝狄蜜特女神的神子降臨，也就是麥穗從地球子宮獲得新生。這位新生的植物之神是女神的救世之子，他有好幾個名字，包括戴奧尼修斯、特里普托勒摩斯（Triptolemus）、伊阿西翁（Iasion）或伊連爾諾斯（Elenthereos），意思是「解放者」。[8] 他和麥穗一樣，躺在揚穀篩穗的籃子中。[9] 他遭到殺害（收割）、埋葬（種植），並且獲得重生（發芽）。他的肉身成為人類食用的麵包，他的血液化為人類飲用的酒。他在篩穗節（Haloa；halos）成神。基督教的成神象徵「光圈」（halo）就是來自厄琉息斯祕儀的篩穗節——當然，食用救世主肉體儀式的概念，也變得神聖了。[10]

厄琉息斯的最後啟示是麥穗在「寂靜之中收割」，同時代表救世主為人類而死，以及他未來的生命種子。[11] 同樣的符號也代表其他的植物之神，例如敘利亞的阿多尼斯（Adonis）、塔摩斯、歐西里斯，早期的農業之神馬斯，以及中東地區的巴爾王（艾斯塔特的配偶）。在比布魯斯（Byblos）的艾斯塔特神廟，麥穗梗有一個特殊的名字示播列（shibboleth），猶太人採用了這個名字，作為他們的魔法密碼（士師記第十二章第六節）。由於示播列與異端儀式有關，後來也意指偽神。

厄琉息斯祕儀的入門儀式包括「看見祕密、聽見祕密，以及品嘗祕密」，代表眾所皆知的遮蔽眼睛、耳朵和嘴巴的三不猴，可能起源於警告人們不要探索異教神祕信仰。基督教特別反對厄琉息斯的性儀式，從遠古不可考的時間以來，性就是厄琉息斯大祕儀的一部分。特土良（Tertullian）譴責「厄琉息斯的賣淫」，阿斯特流斯（Asterius）也寫道：

光是厄琉息斯的神職人員和女祭司之間的猥褻性交，難道不是沉淪黑暗嗎？難道希望的火炬沒有消失，難道大量無數群眾的救贖，只能仰賴兩個人在黑暗中的行為嗎？[12]

厄琉息斯祕儀的信徒當然沒有這種想法。他們相信自己死後不會遭到最後的分解，因而感到欣慰。莊重的性交行為據說是為了「重生，以及讓人類的原罪獲得原諒」。[13] 詩人品達（Pindar）寫道：「進入地下之前，看見這些儀式，讓他覺得快樂；他知道生命終將消逝，他明白生命的神聖起源。」[14]

後來的基督教諾斯底教派也因為同樣的理由執行神聖的性儀式。瓦倫丁教派（Valentinian）「在婚姻之室執行精神婚禮儀式」，實現方法重視肉體的程度，等同於重視精神的程度。[15] 這個教派的成員信奉古代神祕的聖瓦倫丁（St. Valentine），他是戀人的保護者。聖瓦倫丁的祭典衍生自牧神節（Lupercalia）的異端狂歡儀式，時間則是供奉茱諾・法布瑞塔（Juno Februata）的月份，此時的女神處於性熱情的狂熱。在儀式之後，茱諾・法布瑞塔女神再度成為

處女，重新孕育聖子。公元五世紀晚期，基督教會挪用了這種異端儀式，並重新命名為「處女淨化盛宴」。[16]

女神共同展現處女形象和性成熟形象，傳遞了父權社會特別反對的訊息：原始的女性神靈絕對無法以單一形象呈現，而是一位真正的女人，擁有循環的兩面組合。父權文化，特別是基督教文化，則堅持女性——無論凡人還是女性——都只能是「善」或「惡」。善的典型象徵是沒有性的神聖處女、殉道者，或修女；惡的形象則是淫蕩的女惡魔、誘惑男人的女妖、異教的「愛之女神」，以及擁有正常性慾的大眾女性。因此，多數的女人都會因為自己的生理需求而感到羞恥，但大多數的男性則否。異教的觀點更為實際：相信女神以及所有實現女神精神的女性，都會根據自己的內在循環週期，或者生命時期的不同階段，同時保有精神／處女，以及性／母性的特質。重點在於，女性原始精神的任何層面都不該遭到忽視，或者為了強調其中一種層面，而犧牲另外一個層面。最重要，而且最違反基督教精神的一環，則是女神應該因為她的性慾獲得崇拜，正如女神的其他複雜面向也會獲得崇拜。

縱使基督教會對女神懷有敵意，但民眾在基督教年代依然繼續崇拜厄琉息斯祕儀的女神。狄蜜特女神得到熱情崇拜的時間，遠遠超過猶太—基督教的上帝。公元前十三世紀之前，邁錫尼—埃及地區早已建立狄蜜特女神的祕教崇拜。[17] 希臘農民向來崇拜他們心中的海洋和土地女神，甚至直到十九世紀，兩位英格蘭人克拉克（Clarke）和克里普斯（Cripps）為了劍橋的一座博物館，取走女神圖片時，還引發一場暴動。[18]

雖然並未正式承認，但狄蜜特女神在中世紀時，非正式受封為聖狄蜜崔（St. Demetra），她具有讓死者復活的力量——呼應狄蜜特女神輪迴轉世的古老信條，被基督新教判為異端。象徵重生的白鴿以及永恆生命的蘋果都屬於狄蜜特女神，就像她在亞述以及前希臘時代的雙胞胎女神，阿芙蘿黛蒂以及赫拉。狄蜜特女神在佛里幾亞的對照是希栢利女神，在印度的對照則是庫魯庫拉（Kurukulla，也就是卡利女神），阿爾卡迪亞人（Arcadian）信奉的狄蜜特女神也與洞穴和墳塚有關。身為地下世界之后，狄蜜特女神被命名為梅萊娜（Melaina，漆黑女神）或克托尼俄斯（Chthonia，地下世界的女神）。[19] 有時候，狄蜜特則是被單純稱為戴亞拉（Daeira），意思就是「女神」。[20]

這位古代女神的眾多名字其實只是面具，隱藏一神論世界之中的單一女性神祇，這位女神的本質流露於各種重疊可變的能力，無論後代學者何其努力想要將她歸類至眾多女神的其中一個位置。古代女神在塔羅牌中多次出現。有些詮釋者認為女神就是阿尼瑪（anima），人類靈魂中的女性特質，心理學家榮格（Carl Jung）認為阿尼瑪是人類的創造力來源，演變於人類與母親第一次的個人發展經驗。阿尼瑪也被視為無盡時間的智慧，在符號上連結至兩個女性元素，土和水。[21]

就像女教皇的處女形象，塔羅牌的女皇帝有時候也會因為宗教或政治壓力而遭到修改。法國大革命結束之後的那段時間，由於帝國名聲不佳，女皇帝被改名為「祖母」（the Grandmother）。[22] 然而，這個名字其實很古老了，並非法國製牌人以為的那麼新。自從

有史以來，「祖母」一直都是偉大女神的另外一個常見名稱。

4 號牌：皇帝

皇帝的重要符號如下：一、他只露出左側臉。二、他的雙腿交叉。三、他的盾牌有一隻老鷹，跟女皇帝一樣。四、他的右手拿著權杖，左手則是寶珠。

寶珠和權杖是男性和女性的偉大古老性符號。古代的國王展示這些符號，藉此呈現男性與女性各自的神聖根源達成統一，仿效東方神祇與女神的諸多面向統一，形成宇宙的雌雄同體，右半身是男性，左半身為女性。[1] 因此，權杖永遠都在君王的右手，顯示自身的陽具力量；寶珠則永遠都在左手，作為神聖配偶大地之母的徽章。

《廣林奧義書》（*Brhadaranyaka Upanishad*）曾說，宇宙的雌雄同體「大小和類型宛如一位男性和一位女性的緊密結合」，但其他經文和雕像則描述雌雄同體是一具擁有雙性特質的身體。[2] 希臘人的厄洛斯（Eros）、法涅斯（Phanes），以及赫瑪芙蘿帝特斯（Hermaphroditus）都是相似的雙性神，他們真正的力量來自女性

特質。[3] 根據密特拉神祕學——其信條深刻影響了諾斯底教派——皇帝的統治權來自名為光榮（Glory）的女神。科馬基尼王國的安條克（Antiochus of Commagene）的統治基礎，就是他宣稱女神是他的一部分。[4] 塔羅牌皇帝望著女皇帝時，展現左方的「女性」側臉，或許也是出於相似的原因。

左側屬於女性，右側屬於男性的符號象徵無所不在，可能也在東南亞地區產生漫長的演變。溼婆神的崇拜者認為，他們的神遵守左手路徑，也就是「女神之道」。[5] 在埃及，左手同樣屬於女性，代表女神瑪特。右手則象徵瑪特的配偶托特。巴比倫人禱告女神停留在他的左手，男神停留在他的右手。[6] 希臘珀羅普斯人（Pelopids）的左肩膀有女性符號刺青，右肩膀則是男性符號的刺青。即使猶太傳統也是主張上帝的左手屬於女性。雙手緊握是全世界通行的祈禱姿勢——迄今依然如此——雙手緊握原本是神聖性儀式的符號，代表男性力量和女性力量結合，因為男性身體和女性身體面對面結合。但是，基督教的神父認為，他們不該讓屬於女性的左手完全理解男性手部的作為（馬太福音第六章第三節）❷。

直到最近，我們才發現上述的古代概念可能有現實世界的基礎。人類的左側身體似乎多半交給大腦的右半側控制，而大腦右半側傳統上屬於女性特質，例如直覺、想像力、情感理解能力、認知，以及反應。反過來說，右側身體則是交給負責理性和抽象思維的大腦左半側，傳統上稱為意識或男性特質。當然，沒有任何人，

---

❷ 《馬太福音》此處說道：「當你在施捨的時候，不要讓左手知道右手的作為。」

無論男性還是女性，能夠完全描述為其中一種特質或另外一種特質。人類大腦的兩側永遠都會合作，因此，現代對於人格特質的左右兩側理解，或許就像古代概念一樣簡化。

然而，在基督教年代，關於左手的一切事物都遭到譴責，正如「左側」的所有字詞，拉丁文的 sinister（邪惡）、法文的 gauche（笨拙）、德文的 Linke（左），意思都是不好的、錯誤的，或者退步遲緩。根據宗教裁判官的說法，女巫的舞蹈是逆時鐘往左，魔法的手勢是使用左手，甚至用左腳踐踏十字架。女巫忽略男性的太陽右手路徑，遵循月亮的左手路徑，倒著走回天堂。

統治者右手的權杖來自溼婆神的閃電陽具，同時也孕育了塔羅牌的法杖、桿，以及棍棒。溼婆神最初直直豎立的權杖有三分叉：也就是以三重分叉的陽具與三相女神結合。身為性之神的溼婆神，也因此成為「三叉戟的擁有者」。[7]

西方象徵陽具的眾神也拿著相同的三叉戟，例如朱比特、涅普頓（Neptune）、哈帝斯、波賽頓（Poseidon）、普魯托，以及《新約聖經》的閃電之神路西法。塔羅牌皇帝同樣手持三叉權杖，或是「百合花飾」（flower of light; fleur-de-lis, fleur de luce），展現相似的權力，百合花飾又稱光之花，據說是代表皇家婚姻、閃電，以及男性火元素。[8] 夢特格納塔羅牌將皇帝呈現為朱比特本人，牌面圖片的朱比特位於曼朵拉（mandorla）之中，那是一種雙橢圓構成的女陰符號，也是朱比特配偶茱諾女神，或優尼（宇宙之母）最早期的名字。[9]

在基督教時代，惡魔繼承了三叉戟。路西法本是「風之力量王

子」，可以控制閃電。路西法的閃電形象強烈顯現於皇帝的精神領域對應塔羅牌「上帝之家」，又稱雷擊高塔（第十六號王牌）。如果這張牌暗示皇帝的最終命運，可以追溯至十四世紀對神聖羅馬帝國瓦解的預言，代表這張牌可能想要警告世俗世界位居高位者的過度傲慢。[10] 這是塔羅牌的常見主題，也是諾斯底教派經常探討的。

根據羅馬帝國皇帝（Caesar）的傳統，塔羅牌皇帝盾牌上的老鷹顯示他的生與死，而日耳曼人的神聖羅馬帝國皇帝（Kaiser）也繼承了羅馬帝國皇帝的圖像。羅馬帝國皇帝的屍體火化時，他們會在火葬的木柴上方釋放一隻老鷹，代表其靈魂飛向天堂，加入天上的兄弟諸神。[11] 羅馬帝國的奉神儀式後來也成為基督教受封聖人的雛型，在基督教的儀式時放出一隻白鴿，帶著美麗的靈魂，前往天堂，加入天使的行列。[12]

作為男性精神的象徵形式，老鷹與火焰、閃電、太陽有關。老鷹是朱比特的鳥，在諸位皇帝的體內「長出肉身」。埃及對應的帝國鳥則是荷魯斯鷹，牠是歐西里斯靈魂的轉世。有些古老的塔羅牌組在皇帝的牌面畫出荷魯斯鷹，皇帝的另外一個名字也是歐西里斯。[13] 閃電和鳥類出現在皇帝牌面，讓他明確連結至傳統的男性元素，火和空氣；女皇帝的豐饒土地和瀑布，同樣明確地讓她連結至傳統的女性元素，土地和水。在皇帝和女皇帝，以及其他牌面，斯多葛的成對元素概念都深入至塔羅牌的思維。

皇帝交錯的雙腿是老邁天堂之父朱比特的另外一個標誌，朱比特的配偶是大地之母。朱比特的標誌和赫密斯的 4 很相似；皇帝也是塔羅牌的第四號王牌。這個數字可以追溯至赫密斯崇拜者在頭上

和胸口畫出的十字架符號，時間甚至早於基督教採用相同的標誌，基督教徒假裝這個數字代表耶穌的十字架。但是，早在數個世紀之前，4 就代表赫密斯的十字，在北歐則是奧丁（Wotan）的十字。

皇帝的雙腿交錯也讓我們想起密特拉教派的太陽火炬承載者：晨子的雙腿交錯，朝著一個方向；夜子的雙腿交錯，朝著另外一個方向。[14] 雙腿交錯形成的十字成為塔羅牌符號中的十字元素，出現在面對自身死亡的「倒吊人」牌面，也出現在「世界」——象徵生命女神或重獲新生——的牌面中。

皇帝牌可以連結至象徵週期毀滅和新生，暗示了諾斯底教派經常強調的訊息：物質的成功和驕傲，將會導致業的報應，報應的形式就是隕落。皇帝在光榮之中坐在王位，與女皇帝完成世俗的婚禮，女皇帝接納他的老鷹盾牌，使他成為土地上的丈夫。然而，還有其他跡象顯示皇帝的權力終將消逝，他的榮耀之日也會結束。就像倒吊人，皇帝最後依然要面對終結。有些塔羅牌的牌面畫出皇帝坐在荒涼的山脈前，吞食屍肉的烏鴉在上空飛過，顯示皇帝終將隕落。皇帝的精神領域對應牌「上帝之家」（第十六號王牌），雷擊的陽具高塔，亦有如此隱喻。有時候，「驕傲的高塔」也被視為是對神聖羅馬帝國的描述。

皇帝的另外一個名稱是「聖杯的守護者」（Guardian of the Holy Grail）。[15] 聖杯的守護者，意指聖杯血脈的受傷漁人王（Fisher King），沃夫法蘭・馮・艾森巴赫（Wolfram von Eschenbach）替他取了安佛塔斯（Anfortas）之名。一開始，漁人王的戰吼是愛（Amor）。在基督教會和異端的衝突中，漁人王遭到去勢，愛也不

再是他的指引。正如其他人，漁人王只能等待眾心期待的騎士帶來救贖。那位騎士是誰？根據聖杯神話最早期版本，備受渴望的騎士應該就是一開始的佩雷杜爾或珀西瓦里，他以愚者的姿態開始自己的神祕旅程，經過多次的試煉和危機之後，終於贏得世界。

　　正如女皇帝，皇帝也在法國大革命之後的時期，被奪去名號，改名為「祖父」（the Grandfather）。然而，由於塔羅牌的詮釋者依然將他視為世俗權力的象徵，皇帝很快就取回了自己的名號。

5 號牌：教皇

塔羅牌的教皇是一位特別神祕的人物。這位教皇絕對不是意指基督教正統的教皇。只有極為少數的學者認為塔羅牌教皇等同於羅馬時代教皇，但他們語帶保留。「如果詮釋塔羅牌的作者，將塔羅牌教皇視為代表已經存在的宗教，他們通常暗示真相的尋覓者必須更深入觀察。」[1] 我們已經在古典塔羅牌看見符號象徵的重要性，而塔羅牌教皇背後的「教會之柱」，並未支撐任何事物。[2]

　　從數字上而言，塔羅牌教皇等同於惡魔（第十五號王牌），也

讓我們回想起十三世紀的諾斯底教派，他們相信羅馬教廷的耶和華是惡魔，惡魔創造物質世界的唯一目的，就是困住人類的靈魂。其他類型的塔羅牌教皇設計描述了各種「異端諸神」，也被羅馬教會立刻視為惡魔。法國的塔羅牌牌組將教皇轉變為朱比特，藉此契合女教皇的茱諾女神。[3] 在其他類型的牌組，教皇的模樣是巴克斯（Bacchus），他身上只穿著藤蔓樹葉，跨坐在酒桶上，喝著一瓶酒。[4] 在中世紀的歐洲，許多人都知道並且崇拜巴克斯。義大利農民依然以巴克斯的名義起誓，他們說「Corpo di Bacco」，意思就是「以巴克斯的身體為名」，等同於「以神的身體為名」。直到十九世紀，種植葡萄並且釀造葡萄酒的人，依然會在萊茵河小島上的巴克斯祭壇廢墟，尋找豐收的跡象。[5]

塔羅牌教皇的其他名字，像是「大師」（Grand Master）或吉普賽王子（Gypsy Prince），顯示他與魔法之間的聯繫。[6] 幾位真實存在的教皇都被祕教人士視為黑魔法的大師，特別是篤信《手冊》（The Enchiridion）的里奧三世（Leo III），以及據說撰寫另外一本魔法書《和諾理章程》（The Constitution of Honorius）的和諾理三世（Honorius III）。除了各式各樣的魔法咒語，《和諾理章程》也列出上帝的七十二個祕密名字，讓魔法的實踐者可以施展各種奇蹟。[7] 一般人相信，教宗真正的力量建立在對神祕之名的謹慎理解，而這種想法則是基於古代的姓名魔法，最後演變為基督教的言靈信條（神聖字語）。

從歷史最早的時代開始，印度和埃及的祭司假裝自己可以藉由說出箴言，包括神祇的名字，進而控制神祇。穆罕默德的追隨者也

同樣相信，如果念出阿拉的九十九個祕密名字，就可以強迫阿拉回應任何祈禱。[8] 基督教徒也用同樣的方式認為，神父可以在特殊的聖靈彌撒中，使用上帝的祕密名字，強迫上帝回應任何祈禱。[9]

　　基督教會的「鑰匙」教條很自然就發展為言語的教儀力量。據說，所有的教皇都繼承了通往天堂和地獄的鑰匙，形式或許是祕密的文字或符號，由耶穌交給彼得。鑰匙保證上帝回應教宗的所有請求：祝福或詛咒，赦免或逐出教會。[10]「我要把天國的鑰匙給你，凡你在地上所捆綁的，在天上也要捆綁，凡你在地上所釋放的，在天上也要釋放。」（馬太福音第十六章第十九節）

　　事實上，鑰匙信條的時間早於基督教，在大多數的異教神祕信仰都相當常見。異教的高等祭司扮演看守天堂之門的教儀鑰匙保護者。羅馬時代的密特拉教派就有最高教皇，稱為「眾父之父」（Pater Patri），擁有通往天堂和地獄的鑰匙。[11] 基督教的教皇（Pope）挪用了異教最高教皇的名字和鑰匙，逐漸變成「papa」（教皇），最後才演變為我們現在使用的「pope」（教皇）。[12] 彼得也是另外一個由異端主教職稱衍生的名字。

　　「耶穌並未任命彼得成為教會之首，也沒有『建立教皇權威』。」[13] 馬太福音第十六章對於耶穌任命彼得成為教皇的描述是偽造的，所以後來才有人刻意安插這個段落，藉此支持羅馬聖座，對抗敵對的君士坦丁堡。拜占庭的主教尊崇他們自己的聖人使徒安德烈（Andew，他的名字來自希臘文的 andros，意思就是「男人」），宣稱安德烈才是基督的第一群門徒，他是彼得的兄長，更是第一位殉道的使徒。[14] 他們認為，基於這些理由，拜占庭的教會

必須被視為真正的教皇。安德烈被釘死在 X 型十字架上，這個傳說並非起源於拜占庭教會。這個傳說直到中世紀晚期才出現，顯然來自於北歐，可能是錯誤地重新詮釋奧丁的十字架。[15]

更深入探索羅馬時代的彼得傳說，就會發現彼得、佩特拉（Petra），以及彼特（Pater）的傳統含義令人好奇，他的角色都是被描述為通往彼世鑰匙的擁有人，而且早於基督教年代的數個世紀之前。「神父」（father）以及「磐石」（petra）之間的字源學關係都來自梵蒂岡山丘上的陽具柱石，後來的基督教神話學也在此處豎立聖彼得上下顛倒的十字架。[16] 在羅馬城出現之前，伊特拉斯坎（Etruscan）的高等祭司（vatis）就負責看守這座神聖的山丘。所謂的彼得（Peter）或佩特拉（petra）似乎就是朱比特（Ju-Piter 或 Ju-pater）的陽具象徵，這個名字的意思是「神聖之父」（Holy Begetter），衍生於古代亞利安人的神特尤斯（Dyaus Pitar）。

「紀元磐石」（Rock of Ages）還有其他表現形式。埃及人曾提到守護方尖塔的神靈，名為佩特拉，或許就是以東人（Edomite）在聖城佩特拉崇拜的神靈。《聖經》也寫道這位神祇是「生下你的磐石」（申命記第三十二章十八節）。[17]

聖彼得上下顛倒的十字架，可能來自天堂之父的「磐石」符號從天而降，讓地球之母的子宮受孕。神祇從天上降至地面時，方尖塔或陽具之柱的尖冠也上下顛倒了。上下顛倒的磐石形成天堂和人世之間的橋樑，異教時代的羅馬認為這座橋樑是神聖的守護神（Palladium），有時候也稱為「普里安的權杖」（the Scepter of Priam），「就像男性的性器官」。[18] 大祭司（Pontifex Maximus；意

思就是偉大的造橋者）負責進行性儀式，結合守護神的男性精神以及處女聖壇的女性精神。[19] 這些祭司配戴的教儀帽稱為「尖頂帽」，演變為教皇的三重冕；於是，現代學者才會說「教皇的三重冕就是陽具」。[20] 我們確實有理由猜測梵蒂岡教廷權威甚至在數個世紀以來，用更為圖像的方式保存陽具磐石之神的形象。十九世紀，一位維多利亞的訪客曾說梵蒂岡的神父「刻意隱藏一座擁有創生力量的巨大磐石圖像，外型非常特別」。[21]

因此，聖彼得建立羅馬教會的基督教傳說，可能沒有歷史事實基礎，而是移植於更古老的羅馬男性神祇傳統。塔羅牌教皇至少在某種程度上表達這個古老的傳統，雖然沒有精準呈現過去的傳統內容。在異教的詞彙學中，教皇是 eidolon，意思是「神的形象」，就像古代的高等祭司。有趣的是，有些現代塔羅牌組將教皇的頭銜改為「高等祭司」或「聖職者」——在厄琉息斯祕儀傳統中，這個頭銜屬於被選為與狄蜜特女神成為伴侶的男人，或者是伊希絲祕儀傳統中負責模仿歐西里斯的人。[22] 常見的民間故事通常將高等祭司視為神祇的化身。

塔羅牌符號系統將教皇連結至惡魔，可能起源於幾位羅馬教皇為了掌權與惡魔簽訂契約的傳說。[23] 中世紀的民間故事似乎合理地假設，教皇大位掌握在惡魔的手中。惡魔最有名的門徒或許是葛培特·迪·奧瑞拉克（Gerbert de Aurillac），他後來成為教宗思維二世（Pope Silverster II）。葛培特成長於公元十世紀的法國，當時依然盛行戴安娜精靈宗教（Dianic fairy-religion），他可能也曾經一度加入崇拜戴安娜·希爾維亞（Diana Silvia）的宗教團體。據說，即

使葛培特成為教宗之後，依然有一位精靈情人，名為梅利戴安娜（Meridiana，也就是 Mary-Diana），並教導他學習魔法的祕密。[24] 他成為教宗之後選擇的名字是 Silverster，也曾經是戴安娜・希爾維亞配偶的名字。

教宗思維二世傳說的真相則是，他比同時代的教會同袍更聰明，也更有知識，而那些人習慣將所有超越自己理解範圍的一切事物，歸咎於惡魔的影響。「在那幾個世紀，被指控使用魔法之力的人數……非常驚人，包括所有真正卓越之人，其中之一就是思緒縝密的教宗思維二世（葛培特）……當時的人相信，只要一個人想要研究上帝，他的第一步必定是與惡魔結盟。」[25]

在所有可能的選項中，誰才是塔羅牌教皇形象的來源？教宗思維二世？教皇和諾理？里奧？朱比特？巴克斯？歐西里斯？「磐石」？密特拉教派的彼特？成為教皇（pontiff）的異教大祭司？惡魔？這個詮釋多半取決於個人選擇。我們只能從這幅詭異的聖人肖像，猜測他們在十三世紀學習的啟示。

6 號牌：戀人

6

The Lovers

在密宗的生命之輪，第六幅出現的圖像是親吻彼此的兩位戀人。這個圖像的意思是「接觸」（sparsa），也就是一個人第一次接觸另外一個人。下一幅圖像則是「感覺」（vedana），代表一個人經由感官而覺醒的認知，其象徵則是一隻弓箭穿過男人的眼珠。[1]

塔羅牌大祕儀的第六張牌也是一對戀人，愛神正在用弓箭瞄準他們。早期的格蘭高尼（Gringonneur）塔羅牌的戀人則是親吻彼此的男性和女性，愛神阿莫雷提（amouretti）用弓箭瞄準慶典或遊行隊伍中的其他戀人。[2]

這些圖片傳遞了一種典型的密宗哲學：唯有與女性進行實際的生理結合，一個男人或一個神，才能真正「接觸」現實，並且獲得面對現實的能力。「女人是神聖（deva；即女神之意）。」密宗聖人曾說：「女人就是生命。」[3] 女神以巴法尼（Bhavani；存在之意）之名，代表現實世界。直到生命之中的「丈夫階段」（Bhavanan），一個男人或一個神，與女神精神結合才能完整。[4] 對於啟蒙之人而言，生命的意義就是尋找女神，唯有「感覺」才能領略女神。詩人蘭瑪普拉撒達（Ramaprasada）曾說：「女神憑藉感覺而知，缺乏感

覺，又要如何找到女神？」[5]

世界各地的神祕學，對於女性在聖人生命中的影響力，都有相似的觀點。蘇非教派認為每個男人都要找到自己的女性 fravashi，指引道路的神靈，等同於密宗聖人的夏克提。這位神靈是每個男人的 Qis-Mah，月亮（Mah）指定的女情人，而她的名字因為土耳其人的使用方式變成 kismet，意思是「命運」。

奧菲斯教派也認為每個人必須接受自己的「狄刻」（Dike）或「命運」，就像奧菲斯本人的尤麗狄刻（Eurydike），她的名字意思是「宇宙的命運」，就像密宗所說的業之神靈。奧菲斯神聖儀式的新人將會見到自己的狄刻，狄刻的模樣就像精靈女王，她用法杖觸碰新人，讓他的眼界大開，能夠看見現實世界。[6]

東方世界的常見規則主張，薩滿、祭司、聖人以及其他聖職男人獲得完整的力量之前，必須完成精神和性的婚姻。「『女性的神話學』也成為重要的分支，用於展現永遠都會有一位女性協助英雄征服不朽或戰勝最初的磨難。」[7] 正如美洲印地安的巫醫，婆羅門、古代以色列人，以及羅馬的祭司，都要經由婚姻才能獲得精神權威地位。羅馬時代的高等祭司弗蘭門・迪亞利斯，只要與茱諾女神的高等女祭司弗蘭米尼卡（Flaminica）保持婚姻關係，就能一直維持自己的地位。如果女祭司身亡，高等祭司也會立刻失去自己的地位。[8]

這種習俗可以追溯至神聖婚姻的古老概念，男人、國王或神藉由性的結合，發展自己的力量。所羅門王藉由女祭司，和女神以希塔─艾斯塔特（Ishtar-Astarte）結合，在《聖經》依然記載的婚禮歌

曲中，女祭司也被稱為書拉密女（Shulamite）。獲得力量之後，所羅門王每年都得到六百六十六單位的黃金（列王記第十章第十四節）。六百六十六不是真實的數字，而是魔法數字，在《聖經》的其他篇幅都被列為知名的「野獸數字」（啟示錄第十三章第十八節）。

野獸六六六來自擁有兩個背部的野獸，又稱「原始的雌雄同體」，也被視為與男人女人的性結合相似。[9] 正如六芒星的描述，六六六是阿芙蘿黛蒂三女神（艾斯塔特女神）的神聖性符號。畢達哥拉斯教派的神祕學認為女神的數字六是完美的數字，又稱為「母親」。拉丁文的六（six）就是 sex，埃及文則是 sexen，意思是「接納」和「交配」（copulate）。相關的衍生埃及文字是 seshemu，意思則是「性交配」，其象形文字就是陽具插入拱形的女陰之門。[10] 蘇非教派的愛之儀式反覆呼喊這個字，成為阿拉伯精靈故事當中打開祕密子宮洞穴的魔法咒語，也就是「芝麻開門」（Open, Sesame）。因此，數字六（sex）成為基督教教廷權威的原罪數字，也特別適合塔羅牌第六張王牌傳遞的愛之訊息。[11]

在中世紀，教會開始輕視愛的宗教，但半信奉異教的抒情詩人和吟遊詩人依然相信愛的宗教，崇拜女神米納，米納的意思是「愛」。一位詩人如此描述米納：「她與任何能夠想像的事物都不一樣。我們知道她的名字；但完全無法領略她……她從來不會出現在虛情假意的人面前。」[12] 對於每個男人而言，米納女神化身為他的愛人。但祭司和修士反對，「遺忘上帝的戀人在骯髒汙穢的情況下，讓他們愛的女人成為女神」。他們說，吟遊詩人「用罪惡的方

式愛著女人，讓女人成為神祇……崇拜女人者，必定也崇拜撒旦，讓最邪惡的惡魔成為神祇。」[13] 格呂內瓦爾德（Grunewald）的畫作《戀人的毀滅》（*The Damnation of Lovers*），就用圖像的方式展示犯下愛情罪的情侶承受何種悲慘的命運，奉行禁慾主義的修士也描述戀人的行為褻瀆上帝的雙眼。[14]

教會人士厭惡的不只是非法的通姦行為，也包括婚姻。早期的基督教神父相信，為了實現救贖，全世界都應該禁慾，他們反對婚姻，因為婚姻是「一種敗壞邪惡生活方式」。[15] 特土良批評婚姻是一種道德犯罪，「比任何懲罰或死亡更可怕」。[16] 俄利根則說「夫婦關係既不純潔，也不神聖，只是發洩性熱情的方式」。聖耶柔米（St. Jerome）更主張，信奉上帝者的主要目標就是摧毀婚姻制度。[17]

在基督教年代的前半段，婚姻不是基督教的神聖標誌。學者認為，教會心不甘情不願地被迫進行結婚典禮，「最值得注意的是，結婚神聖典禮的演變非常緩慢」。[18] 直到公元十三世紀，天主教神父才可以祝福新婚夫婦。即使在當時，婚姻依然「敗壞」，不能進入教會。婚禮祝福只能在「教會之前」——在教會門口的臺階，也就是教會大門之外。[19]

教會人士反對婚姻儀式的原因，來自一個長達數世紀的傳統，過去的婚姻典禮由女神的女祭司主持，女神主導人類愛情生活的所有階段：性結合、懷胎、分娩、哺乳，以及母親呵護。時至今日，婚禮的裝飾和打扮依然充滿異教色彩，即使基督教會已經大幅接納傳統的婚禮。「基督教會的宗教服務其實是一種介入，並不是婚禮儀式的真實本質，而是用一種精心設計的方式，懇請上帝祝福婚禮

儀式或迄今依然存在的婚禮真實本質，但這些本質才是真正的婚禮。」[20]

在基督教之前的時代，真正的婚禮由女祭司或部族中的睿智女人舉行。抒情詩人的浪漫故事就講述了一位年長的女人讓戀人結合，而她有時是部族中的女醫者，或可以治癒族人的女魔法師，這也是吟遊詩人轉變女祭司功能的典型敘述方法。知名的戀人崔斯坦和伊索德（Iseult）在女魔法師布蘭文（Brangwain）的見證之下結合，實際上，布蘭文就是女神布蘭溫（Branwen），她守護再生之鍋。[21] 女性對於婚姻的法定管轄權在吉普賽人之中相當常見，他們的婚禮也包括交換血液，以及諸如跳過掃帚的女巫儀式。由信奉月亮的女性長者教導夫妻學習婚姻中的義務。[22]

雖然塔羅牌戀人的牌面是一對戀人面對一位年長女性，這位女性看起來正在與他們說話，用半舉的雙手祝福他們，這張塔羅牌也經常直接命名為「婚禮」，但男性詮釋者通常拒絕承認牌面的場景就是婚禮，因為主持儀式的長者是女性。[23] 為了否認戀人牌非常明確的意義，他們提出某些相當曲解的詮釋。他們宣稱，塔羅牌戀人展現一位男人在妻子和母親之間、美德和惡行之間，或者熱情和良知之間，做出艱困的選擇。[24]

然而，作為引領新人接受啟蒙的象徵，塔羅牌的王牌必定會有一場婚禮。浪漫傳說和東方信仰都主張，神聖的婚禮是獲得「感覺」（Vedana）的第六個必要階段。我們可以在歐洲和東方世界都看見這種啟蒙系統。珀西瓦里在人生的早年只是一位來自鄉村的愚者，隨後在女情人白朗琪芙蘿（Blanchfleur; 意指白花）的指導之

下，學習騎士精神的祕密。基督教修士非常憎恨白朗琪芙蘿，宣稱她是惡魔的新娘，也是敵基督之母。[25]

幾乎沒有人懷疑白朗琪芙蘿就是西方版本的夏克提，歐亞大陸的西北角和東南角都曾經非常熟悉夏克提這個概念。珀西瓦里的古老版本是威爾斯的佩雷杜爾傳說，他也接受精靈情人的指導，他的精靈情人來自印度，她的色彩就是偉大夏克提的三特質：白色、紅色，以及黑色。薩克遜人最古老的民間史詩《貝奧武夫》（*Beowulf*）曾說，印度是薩克遜人復活節女神伊歐斯特的故鄉，伊歐斯特就是艾斯塔特，與三女神卡利非常相似。[26]

塔羅牌和密宗符號系統的另外一個對應之處非常精確，不可能只是巧合，也就是戀人牌與數字對應的節制天使（第十四號王牌），節制天使將水從一個瓶子注入另外一個瓶子。密宗聖人曾說，理想的性結合，獲得愛神的祝福，讓戀人之間完全符合「水流入水」。[27] 因此，節制天使代表世間戀人的精神理想。

有些塔羅牌的詮釋者用現代的「節制」意義，解釋節制牌的名字。不過，在七個世紀之前，節制牌的本意並非如此。節制（Temperance）來自拉丁文的「temperare」，意思是「混合或結合元素」。❸ 另外一個衍生字則是「性格」（temperament），四個元素進行特殊的結合，創造各種人格特質，指引理解此道的戀人，與特

---

❸ 從本段的意義而言，塔羅牌的 Temperance 應該翻譯為「融合」或「結合」，才能呼應 Temperance 在塔羅牌和密宗傳統之中結合四個元素，以及讓戀人結合的特質；為了避免讀者產生誤會，譯者在此選擇翻譯為最常見的「節制」，也請讀者留意作者的縝密詮釋。除此之外，在一般的敘述脈絡之下，為了避免讀者誤會，譯者依然按照中文的常見方法，將第十四號王牌翻譯為節制，但在作者強調之處，則會保留作者的原意。

質相容者相互結合。[28] 融合各個元素的天使，在世間的代表人物就是古老時代的睿智女人，她協助戀人找到彼此。

7 號牌：戰車

7

The Chariot

第七張王牌的其他名字是「戰車的駕馭者」（The Charioteer）、「凱旋之車」（The Triumphal Car），以及「凱旋之王」（The King in Triumph）。[1] 在傳統的牌面設計，這張牌是一位年輕的英雄在情場和戰場兩得意，進入新人儀式的第七階段——或者說，根據女陰符號的牌面設計，他已經進入二十一歲的早期成年高峰。戰車的四個柱子以及有星星裝飾的藍色車頂，清楚呈現了「世界」。[2] 這位年輕的英雄似乎大權在握。塔羅牌的進展和人生的經驗平行發展，就在象徵婚姻的塔羅牌之後，出現了短暫的時刻，讓他們相信自己找到了某種程度的天堂，也挪出空間容納年輕成人的傲慢。

卡利女神的配偶濕婆神在完成婚姻之後，獲得賈格納森（Jagannatha）的地位，意思是「世界之王」。他的世界成為一臺巨大的戰車，在時間之軌上移動。克久拉霍（Khajuraho）和科納拉克

（Konarko）兩地建造了巨大的密宗神廟，呈現這座巨大的世界戰車以及命運之輪。[3] 在溼婆神的年度凱旋遊行典禮中，溼婆神的形象被供奉在另外一臺巨大的戰車，溼婆神的崇拜者拉動戰車，某些崇拜者希望自己被巨大的車輪輾死而殉道。英文的 Juggernaut（世界主宰；重型戰車）就來自於印度的自我犧牲儀式，這原本是戰車之神的頭銜（Jagannatha）。[4]

世界之王代表稍縱即逝的塵世榮耀。正如所有的東方神王，榮耀之日過後，他必將隕落。死亡和新生的另外一次輪迴就在他的勝利之後。或許，是這個原因讓塔羅牌戰車在數字上對應至塔羅牌死亡（第十三號王牌）。塔羅牌認為，即使在榮耀的頂點，英雄依然要注意自己的業。死神潛伏在他身後。

雖然東方世界的朝臣虔誠祝福統治者「吾王萬歲」，但他們都知道國王終將一死。務實的羅馬人從未假裝自己不知道君王終究會死。羅馬英雄在凱旋遊行中獲得榮耀時，一位帶著面具的人會假扮為死神，站在他的身後，從他的肩膀悄悄地說：「人類，記得你只是凡人。」[5]

羅馬時代的戰車駕馭者原型英雄就是戰神馬斯，他是萬福處女茱諾之子。十二世紀的《諸神群像》（*Liber Imaginum Deorum*）則說駕駛戰車的馬斯象徵領導、光榮、戰爭和死亡。[6] 羅馬時代的馬斯就是從早期薩賓人的豐饒神演變而來，他是卡比托利歐山知名三女神尤文圖絲—茱諾—米娜瓦之子。每一年，馬斯都會死亡，隨後迎接新生，就像其他的植物之神。因此，馬斯也能追溯至前吠陀時期的「紅神」魯特羅（Rudra），他的頭銜是崔安巴卡（Tryambaka），意指「三母神之子」。在魯特羅祖國，他、溼婆神以及黑天神（Krishna）結合，以神聖戰車駕駛者的模樣，向阿周那王子（Prince Arjuna）解釋命運女神的祕密。[7] 早在公元前三世紀，位於印度和歐洲之間的阿卡德帝國（Akkad）就已經清楚記載命運女神的祕密牽涉死神的意識。在阿卡德帝國，通往死亡之路也被稱為「無法返回之路」或「戰車之路」。[8]

　　駕駛紅色戰車的英雄，從至高榮耀進入烈士之死，通常象徵著太陽，正如希臘神話希波呂托斯（Hippolytus）、法厄同（Phaethon）以及海利歐斯。北歐人稱呼太陽戰車的駕駛者為尼奧爾德（Njord），「瑞典人的第一個神，早於奧丁從亞洲帶來其他眾神。」[9] 尼奧爾德代表每年下半年的衰退太陽，而他的另外一個自我費瑞（Frey）象徵每年上半年正在成長的太陽。尼奧爾德和費瑞一起成為血神（blotgodar），他們將犧牲彼此，就像埃及的荷魯斯與賽特。每年的耶魯節（Yuletide），費瑞在冬至的十二天重生時，任何人都不能因為任何理由，讓戰車的輪子實際在路上移動。[10] 亞利安人從印度遷徙至愛爾蘭的神聖君王也被吸收至神聖的戰車神話。即使是各個文化的君王頭銜，也展現同一個來源，吠陀的 raj 是君王，也就是 king，與拉丁文的 reg 或 rex，還有凱爾特人的 rig，以及法蘭克人的 roi，都是一樣的。[11]

　　異教的太陽戰車駕駛者與戴安娜·尼米托娜（Diana Nemetona）女神祕教崇拜的神聖森林之王結合，也進入克雷蒂安·德·特魯瓦（Chretien de Troyes）知名詩《戰車騎士》（*Le Chevalier de la Charrette*）的世界。正如所有的浪漫故事，這首詩也用譬喻的方式

談論被禁止的宗教信仰，並且挪用至宮廷愛情故事。

　　根據《費德羅篇》（*Phaedrus*）開展的柏拉圖觀念，由中世紀的學者廣為流傳，其概念指出戰車的駕馭者其實代表了人類的靈魂。天上的戰車駕馭者奔馳在天上的空氣，直到他們失去有翅膀的戰車，墜落至人間，以人類的姿態出生，隨後「被困在人類的身體，直到厄洛斯讓他們的靈魂擁有足夠的力量進行新的升華」。[12] 東方世界的哲學家經常將靈魂（或心智）比喻為身體的戰車駕馭者，感官慾望則是拉動戰車的馬匹。[13] 從宇宙整體的角度而言，偉大的賈格納森神是駕馭世界身體的超靈（Oversoul）。根據《石氏奧義書》（*Katha Upanishad*），內在的戰車駕馭者必須牢固控制象徵慾望的馬匹。[14] 真正的聖人「可以控制感官，他是一位真理追尋者，實際參與崇拜，並且犧牲色慾以及所有熱情慾望」。[15] 卡爾・榮格也指出，在夢境和幻想的符號之中，馬通常代表無法控制的情感動力。[16]

　　牠們永遠呈現對比色，就像白晝和黑夜，外表有時是清晰可見的馬，有時則是宛如犬的動物，例如月之死犬，有時候是擁有女性乳房的人面獅身獸，有時又是詭異的雙頭動物，有四隻前腳，沒有後腳，雙頭面對不同方向，就像彼此拉扯的連體動物。這個模樣可能來自埃及的象形文字 xerefu 和 akeru，代表「昨日和今日的獅子」。[17] 其中的祕密意義在於，人面獅身的哈索爾女神統治時間的通道，最後都將以人面獅身的模樣，吞食英雄——無論英雄達成何種光榮，或是他們塵世作為的成就有多不朽。

　　詭異的是，戰車駕馭者鮮少駕馭他的戰車。在大多數的塔羅牌組中，戰車駕馭者手上都沒有韁繩。他只是站立在戰車上，放任兩

頭野獸朝著相反的方向奔馳，彷彿牠們終將撕毀戰車。這個圖像傳達的訊息可能是塔羅牌死亡的必然結果：無論人類以為自己是誰，終究無法控制命運。

東方世界的聖人一再強調塵世榮耀的驕傲其實徒勞無功，只是被命運（業）一手掌握，很快就會被取代。一位驕傲的英雄尚未獲得「真實自我」的智慧，無法領略業輪的無情轉變就像賈格納森的戰車之輪，根本無法阻擋。「看見真實自我之人，能夠俯視輪迴的生命，正如觀看戰車之輪的轉動。」[18]

在文藝復興時期的歐洲，慶典和遊行的布置方式就像古代羅馬的凱旋慶典，讓名人與其他神話起源人物裝扮者，一起公開亮相。有時候，戰車遊行隊伍的目標不是經過公共街道，吸引群眾的仰慕，而是作為城堡居民的私人娛樂。裝飾華麗的戰車在城堡的中央庭園繞圈移動，讓城堡居民從內部窗戶觀看。這種戰車移動就是我們所知的「旋轉木馬」（carrousel），意思是「繞圈移動的戰車」。[19]

正如其他的異教符號，旋轉木馬不只是慶典習俗，也成為孩童的玩具。時至今日，旋轉木馬的戰車靜止在轉盤之上，馬匹改為機器運作，英文也用 merry-go-around（愉快轉圈）稱呼。然而，旋轉木馬的本意，其實衍生於看見命運之輪的轉動，並非真的如此愉快。

如今想要登上戰車，已經不是過去的「危險之位」（Siege Perilous），但塔羅牌戰車傳遞的訊息依然適合現代的英雄。戰車之後的塔羅王牌已經愈來愈清楚地表達，取得世俗成功的新婚年輕英雄，必須謹慎注意，不要讓「戰車之路」最後通往地獄。

8 號牌：正義

8

Justice

戰車旅途稍縱即逝的光榮之後，塔羅牌大祕儀出現一位相當殘忍的人物：正義女神，她用自己的尺度平衡喜悅和痛楚，明確要求我們償還業債。

東方世界的聖人曾說，生命中的痛苦，總是在喜悅之後到來；相對的，一個人獲得的榮耀愈是亮眼，隨後贖罪的痛苦就愈是深邃。業債平衡的觀念也讓我們看見諾斯底教派對路西法的傳統認知，傲慢之後必將隕落。縱然男人以為自己成為諸神，但擁有數個名字的命運女神，將根據她賜予的恩賜，要求男人償還。駕馭此世最高榮譽戰車之人，終將承受最痛苦的犧牲。「所有的行為都會導致等同的結果。」[1] 這就是業債法則。

諾斯底教派看待掌管平衡的正義女神，本質上等同於東方世界看待執行業債法則的命運女神。她用數個名字出現在古典的希臘哲學，例如狄刻（正義）、阿南刻（Ananke；必然）、涅墨西斯（報應），以及赫瑪墨涅（Heimarmene；分配）。上述的女神都不只是抽象的原則起源，而是有明確具體人格的女神，同時以創造之母和毀滅之母的姿態獲得崇拜——掌握生死的女神原本非常普及，但她的形象卻在西方諸神形象中遭到完全的抹滅。斯多葛哲學家認為女

神是全宇宙的統治者，她創造且毀滅諸神。奧菲斯教派採納斯多葛的觀點，並主張女神的配偶就是時間之神克羅諾斯（Chronos），在克羅諾斯的領域之中，正義原則終將實現，只是時間早晚的問題。宇宙的創造就在女神的掌握，在她面前，無法隱瞞任何事物。[2]

　　無可阻擋的命運女神或正義女神，其實比斯多葛哲學更古老。她出現在埃及、巴比倫，以及腓尼基的早期文化。她是埃及人的瑪特，母神，她的名字等於真理或正義。[3] 在女神的天秤中，一個男人的心靈將與女神的符號「真理羽翼」秤重。如果他的心靈「在天秤中秤重之後，發現虧欠」，正如《聖經》對於相關埃及文字的翻譯描述（但以理書第五章第二十七節），他就會在地下世界被女神的毀滅者吞食，那是一隻野獸，名為「阿米特」（Ammut），意思是「心靈的吞食者」。[4]

　　在埃及的西方，腓尼基人和迦太基人建立的社會崇拜艾斯塔特，他們也有相同的女神報應二元概念。身為星辰女神，艾斯塔特是天堂的處女皇后，與處女星團有關，身旁則是一頭黑色的母犬梅拉（Maera），狂怒的「律法之犬」。[5] 在《荷馬史詩》的神話中，梅拉的復仇精神附身在特洛伊的王后赫庫芭（Hecuba）〔或赫庫比（Hecabe）〕之後具體呈現，而赫庫芭原本是月之女神黑卡帝的「肉身」。赫庫芭死後，靈魂以梅拉的姿態出現，讓謀害她的希臘士兵非常害怕，擔心自己成為復仇詛咒的受害者。[6]

　　在羅馬人的理解中，迦太基人的天堂之后就是利比亞（Libya）母神或利博拉（Libera）母神，她是解放自由慶典的主祭神。利比亞女神的配偶是巴克斯，他的頭銜則是自由之父。[7] 利博

拉的名字有時寫成 Libra。她也因此成為天秤女神，手持天秤和寶劍，正如她在塔羅牌中的形象。占星學世界的利博拉永遠都與維納斯有關，維納斯則是同一位女神在拉丁文的另外一個名字。[8]

在迦太基遺跡的一個石碑上，女神的身邊有象徵「完美平衡」的數字 8，也成為無限符號，以及塔羅牌正義的數字編號。[9] 相同的符號也出現在第十一號王牌力量，可能造成正義和力量之間的混淆，導致黃金黎明協會在特定塔羅牌組中調換了正義和力量。從諾斯底教派的觀點，正義原本的第八號位置比較合理，介於第七號的輕浮草率戰車英雄，以及即將開始朝聖之旅的孤獨隱士（第九號王牌）。這三張牌依照順序強烈呈現典型的東方世界概念，一個男人達成 bhavanan——成為丈夫以及取得世俗成功——致命的報應降臨至他的家人之前，業債法則要求他放棄物質財富。他應該獨自進入荒原，禁食且冥想。他或許能夠進入生命之中更為精神的階段，獲得更深刻的成熟啟蒙——也就是塔羅牌隱士的基礎精神。

塔羅牌正義也是我們所知道的「審判」、「瑪」（瑪特），或「抹大拉的瑪利亞」。[10] 抹大拉的瑪利亞出現在塔羅牌傳統，是因為諾斯底教派相信她才是耶穌直接賜予精神宗教權力的人，不是聖彼得，而她又將這個權力傳給諾斯底教派的門徒。《救世主的對話》（The Dialogue of Savior）稱呼抹大拉的瑪利亞是「知曉一切的女人」，又說她的智慧、遠見，以及洞見超越耶穌所有的男性門徒。[11]《瑪利亞福音》認為她等同於天堂的處女之后，三位一體女神，主張《福音書》裡的三個瑪利亞都是一樣的。用耶穌的話來說，她是「幸福的瑪利翰（Mariham the Happy），光之王國的女繼承人。」[12]

其他的諾斯底教派書籍則說她是「原始的女性力量」，她是始，也是終，她是蕩婦和神聖之女，她是妻子也是處女，她是母親和女兒。[13] 中世紀的基督徒供奉她為聖人，再度轉變了異教的偉大女神，宣稱她統御智慧、愛、出生，以及死亡。她主宰地面的食物生產，也可以讓死者復生。[14] 因此，她手持的天秤，就像許多早期女神形象的天秤，她控制命運的平衡並且執行正義。

更為近代的西方聖像描繪讓正義女神戴上眼罩。眼罩的起源已經不可考。可能是教會額外增加的元素，想要暗示女神的審判是恣意盲目或無知。但是，塔羅牌符合更早期的女神形象。塔羅牌正義展現的女神擁有直率、銳利，而且洞悉一切的雙眼，這雙眼睛原本是屬於瑪特女神的特質。

女性應該擔任男性行為的審判者，這是非常古老的概念，可以追溯至新石器時代的母系社會，甚至更久遠以前——當時，女性選擇自己的男性伴侶，就像其他的母性動物，嚴格評估男性在日常工作或彼此競爭的表現。最古老的神話也認為山頂的律法石板來自女神，而非《聖經》描述的上帝。蘇美人曾說，提亞馬特女神是世界的女造物主，她將律法石板交給自己的長子金固（Kingu），世界的第一位君王，金固的獻祭之血孕育了未來的世代子孫。[15] 愛琴人的偉大女神狄蜜特，以「立法者蕾亞」（Rhea Dictynna）之名，在世界聖山狄刻帝山（Mt. Dicte）將自己的律法口述傳達給邁諾斯（Minoan）時代的君王。[16] 長久以來，狄蜜特都以涅墨西斯或「法定仲裁」的名義擔任最高仲裁者。[17]

在父權時代之前，以色列地區的裁定者是母系統治者（士師記

第四章第四節），在前基督教時代的歐洲亦是如此，直到教會侵占女性的權威並且稱呼她們是女巫。即使如此，她們依然長時間保持裁定地位。契斯特大憲章（Magna Carta of Chester）提到「iudices de Wich」，意思是同時身為法官或裁定者的女巫。[18] 也就是說，這些女巫其實是母系社會時代「睿智女人」的後裔。直到文藝復興時代，法官的形象依然等於艾斯特耶—艾瑞哥妮（Astraea Erigone）。詩人菲爾福（Filelfo）說她是「高貴的偉大女神，保護許多城市和帝國的榮耀；沒有她，沒有任何王國可以長久」。[19]

9 號牌：隱士

9

The Hermit

密宗傳統相信，完成婚姻的世俗生活以及塵世種種之後，應該進入隱居和冥想生活，作為平衡的補償。[1] 在後續的階段，一位睿智的男人必須親自面對死亡即將到來的想法，遇見終究在這場致命旅途奪走他靈魂的神靈。

希臘的奧菲斯教派也傳授相同的教條。奧菲斯教派的「小赫密斯」就是來自「隱士」（hermit），因為赫密斯是引導靈魂前往妥善安息之地的神靈。教徒獲得適當的教育，

思考正確的神祕學故事，就能夠和赫密斯神一樣，接受波瑟芬尼的歡迎，前往「神聖之座」。[2] 基督教也有極為相同的概念，相信一位神聖隱士知道通往天堂的捷徑，但他們用「上帝右手的座位」取代波瑟芬尼提供的神聖之座。

塔羅牌的隱士似乎永遠都在開始一場旅途，方向與愚者完全相反。隱士與赫密斯一樣持杖，有時候則是拿著赫密斯教派的雙蛇杖（caduceus）。赫密斯教派的蛇通常會引導隱士。[3] 身為大祕儀的第九張牌——啟蒙人心的繆斯關鍵數字也是九——同時準備進入第二領域，也就是月之領域的牌，隱士似乎正要開始進入無意識與神祕內在世界的旅途。隱士在數字上對應至力量（第十一號王牌），力量女神代表孤獨的尋道者追尋其 I-dea，字面意義是內在的女神，也就是古典時代稱呼夏克提的詞彙。

預言家、聖人、薩滿、救世主、賢者、先知，以及其他神聖男人的習俗，永遠都是獨處，地點最好是荒原，通常在象徵精神重生的地穴或洞窟。「宗教和神祕符號有無數的內傾意象，例如死亡、下降、地下墓穴、地窖、黑暗神廟、進入地下世界、地獄，以及海洋等等；被怪物或巨魚吞食（例如約拿）或者留在荒原等等。」[4] 榮格指出，這種孤獨和內傾（內向）可能有非常明確的心理因素。「為了取代自己再也無法接觸其他人，所以引發精神的活躍並且啟動無意識。」[5]

即使基督教的《福音書》也記載施洗者約翰（John the Baptist）和耶穌都曾經有過一段禁慾的孤立時期——學者相信，他們兩個人都屬於艾賽尼（Essene）教派。在荒原中經歷漫長的冥想是艾賽尼

教派的入門儀式，艾賽尼教派的每個團體都有一個職位稱為「基督」或「正義導師」，這個職位接受訓練，承擔痛苦的懲罰，擔任其他人原罪的替罪羔羊。[6]

東方世界的瑜伽士也會訓練自己承受生理的試煉，例如飢餓、飢渴、身體無法移動，甚至截肢，藉此克服生理欲望並且強化內在感知。他們通常使用的技巧就是控制呼吸，精神啟發或靈感（inspiration）這個字也暗示相同的觀念——字面意義就是「將神靈呼吸至體內」。希臘人所說的「enthousiasmos」是「內在有神」（divinity-within），也是一種附身狀態。基督教會將可以造成「內在有神」狀態的古神貶為惡魔之後，靈感也被視為惡魔附身。直到現代，以團體形式進行「內在有神」儀式，依然常見於震教徒（Shaker）以及聖潔運動教派（Holy Roller）、營會狂熱儀式，以及巫毒儀式。

塔羅牌的隱士通常等同於第歐根尼（Diogenes），一位知名的瑜伽士聖人，居住在偉大女神神廟門口的巨大陶甕。據說，第歐根尼提著燈籠，尋找一位誠實的男人。希臘的傳說故事鮮少闡述第歐根尼尋覓誠實男人的真正理由。第歐根尼的信徒犬儒學派主張，如果在活人之中，再也找不到任何一位誠實的男人，世界末日就會降臨。只要世上還有一個誠實的男人，世界末日還不會到來。其他文獻顯示，艾賽尼教派也教導同樣的教條。

在希臘，據說信奉赫密斯的隱士實行一種儀式性的手淫，由赫密斯本人發明，也是尋求內在神靈的另外一種技巧。印度也有許多獻給黑天神的自體性行為，並稱黑天神是自愛之神。異教和東方世

界宗教相信，手淫能夠淨化身體，與基督教認為手淫是一種原罪和「汙染」完全相反。[7] 有些學者據此將赫密斯教派的雙蛇杖詮釋為象徵手淫的陽具符號——因為手淫幾乎是所有獨身男人必定會有的行為——也將這個符號意義連結至塔羅牌的隱士。[8]

有時候，聖人的自體性行為應該是為了呈現他與精神妻子或夏克提的神聖婚姻：也就是聖人自己的靈魂與女神的性結合。聖人奉行禁慾生活最常見的推測理由，則是體會女神之愛以後，他再也無法欣賞世俗女人相對平庸的魅力了。[9]

基督教也使用了相同的概念。修士將戒指送給處女瑪利亞的肖像，宣稱自己成為她的新郎。[10] 正如賽普勒斯祭司畢馬龍（Pygmalion）與阿芙蘿黛蒂—葛拉蒂亞（Aphrodite-Galatea）的雕像結婚，布列塔尼的黑衣修士直到十五世紀依然與天堂之后結婚。艾連狄拉羅許（Alain de la Roche）弟兄也曾經描述自己和瑪利亞的婚禮：在眾多「天使」面前，瑪利亞將自己頭髮編織的戒指送給他。[11]

基督教的女性禁慾信徒則裝扮為「基督的新娘」，因為修女模仿羅馬時代的維斯塔貞女（Vestal Virgins）），也就是羅馬時代陽剛精神的 amatae，「被愛之人」，體現男子氣概守護人的概念。[12] 從許多層面而言，性愛和精神修煉的緊密關係遠遠超過父權宗教願意承認的程度。基督教教士聽見修女告解自己和基督性交，批評這種女人已經遭到惡魔附身，但其實這並不符合基督教義。根據基督教義，修女確實是基督的新娘，她們與基督的交配其實符合教義邏輯。

密宗傳統聖人的精神妻子應該來自生死居間之境（Intermediate State）的荼吉尼。荼吉尼是死亡的天使，也是美麗的精靈，溫柔地將愛人帶往天堂的極樂至福；然而，她們或許也是吞食男人的可怕魅魔。《度亡經》（*Bardo Thodol*）記載一個極為重要的洞見：死亡世界的所有神靈，都是一個人內心的投射。

> 我能否認出思維構成的種種一切……
> 我能否知道它們只是居間之境的亡靈幻影……
> 不要害怕平靜和憤怒，他們只是你的思維構成。[13]

如果隱士即將下降至無意識的地下世界，他確實將面對自己的思維構成，即使它們隱藏在傳統的符號背後。塔羅牌符號的詮釋自由，讓語言正式構成之前的所有神話藝術都有寬闊的空間提出自己的詮釋。有些人甚至主張，這就是塔羅牌的祕密。正如荒原中的隱士沉思，獨自思考塔羅的意義，或許能夠啟發嶄新的洞見。

10 號牌：命運之輪

The Wheel of Fortune

命運之輪的名字，來自拉丁文中統治命運的三女神，衍生於更為早期的伊特拉斯坎偉大女神福圖娜（Vortumna），她的名字意思是「轉動年時之女神」。[1] Fortuna-Vortumna 代表的命運女神，就像卡利女神，她們是所有時間和存有的擬人化存在。福圖娜的處女型態是福圖娜・普雷米吉妮亞（Fortuna Primigeneia），「向所有崇拜者賜予身體的恩賜和靈魂之美」。福圖娜的母親型態則是波納・福圖娜（Bona Fortuna）或波納・迪（Bona Dea），意思都是「美好善良的女神」。她的老嫗型態則是馬拉・福圖娜（Mala Fortuna），代表摧毀者，終將帶走所有男人的生命。[2] 在艾斯奎林（Esquiline）的神殿中，女神的形象是輪型的全知之眼。[3]

正如其他的古代社會，女神在羅馬時代也是統治權力的基礎，女神的統治地位是羅馬人知道的福圖娜・奧古斯提（Fortuna Augusti）或福圖娜・雷吉亞（Fortuna Regia），意思是「王權之命運」——這個詞翻譯自希臘文的 Tyche Basileos。即使睡眠或旅行途中，每位羅馬大帝也都會隨身攜帶一幅黃金製作的女神圖片。羅馬人也用帝國命運女神的名義發誓。[4] 羅馬人相信奇數是命運女神

的神聖數字，他們只會在奇數日安排宗教儀式，因為這些日子更吉祥。[5]

命運女神在全世界通行的象徵符號是時間之輪，原本起源於標誌地球四季和循環的天堂星輪，名為「銀河」（The Milky Way）。大多數的神話相信，這個天堂星輪用宇宙創造者的乳房之奶（milk）做成。希臘人宣稱，銀河從赫拉的乳房噴出。銀河系（Galaxy）這個字來自希臘文的 *gala*，意思是「母親之奶」。[6] 義大利文的 *latte*（奶），來自拉特（Lat）或拉托納（Latona），古代拉齊奧地區的女神。阿拉伯人稱呼女神為阿拉特（Al-Lat），意思是月亮，後來才男性化為阿拉。埃及最古老的其中一座神殿是拉托波里斯（Latopolis）就是獻給女神，並且將女神稱為「遠古天后」。[7] 埃及人將她的神殿取名為 Menhet，意思則是「月之屋」。[8] 大約公元三千年前，統治者麥納（Mena）統一了埃及的兩個王國，學者稱呼他是第一位法老。但「他」的名字意思是月，其象形文字甚至有女性的乳房。[9]

換言之，我們可以在世界各地發現天堂星輪女神統治時間和命運，無論她的名字是拉特、命運女神、福圖娜、赫拉、伊希絲、麥納、太姬（Tyche）、阿特米斯、波納·迪、卡利，或者其他名字。她的主要符號是月，有時候也被想像為維持世界的乳房，其星光之乳創造了銀河系。

在塔羅牌傳說中有一種經典的迴文（正反前後都能閱讀的文字），也就是將 Tarot 迴文閱讀為 ROTA（輪）、TARO（塔羅）、ORTA（口述），以及 ATOR（埃及女神），塔羅之輪闡述了哈索爾

女神的律法。[10] 正如伊希絲女神和奈特女神（Neith），哈索爾女神也是另外一個可以完全替換名字的賜奶女神，她經常化身為白色有角的月牛形式，在世界各地都受到尊崇，迄今依然代表印度的神祇。[11] 倘若女神的心情較為殘忍，就會化身為吞食男性的人面獅身，那就是所謂的母親之時，循環吞食她生育的所有生靈──或許，這就是人面獅身獸主導命運之輪的原因。

塔羅牌的命運之輪讓女性的人面獅身獸位於輪頂，身旁還有兩個時間循環的擬人化象徵。鷹頭荷魯斯，代表上升的半年，爬上正在上升的半側輪。驢頭的賽特則是荷魯斯的競爭對手，賽特代表下降的半年，他滑下往下轉動的半側輪。在哈索爾的律法中，荷魯斯和賽特相互競爭，永遠不會停止，也成為永恆戰爭的神話。賽特似乎是吠陀神話中被黑天神屠殺的驢神。[12] 吠陀神話的驢神在頭部中央有一個驢子的頭，其他十個頭都是人類，代表他至少轉世為十位君王。

擁有驢子頭部或驢子耳朵的符號是威斯康提─斯佛薩（Visconti-Sforza）塔羅牌的基礎符號，一位剛長出驢子耳朵的人物，在威斯康提塔羅牌的命運之輪往上爬，手中旗幟寫著「我將統治」（Regnabo）。下降中的人物則長出驢子尾巴以及「我曾統治」（Regnavi）。在兩人之中，一位男人就在命運之輪的正上方，他的驢子耳朵已經完全成長，他說「我正在統治」（Rgeno）。在命輪之輪的下方，一位男人將命運之輪扛在肩上，我們能辨識的唯一人類特質就是四肢在地面上爬行，他的旗幟則說「我與統治無關」（Sum sine regno）。[13] 顯然的，在威斯康提塔羅牌中，驢子耳朵構成了統

治徽章，正如驢子耳朵在古代埃及的功能，當時的法老同時採用賽特與荷魯斯的徽章，展現自己神聖的統治權利。

威斯康提塔羅牌傳遞的訊息，也出現在十四世紀的義大利文獻手稿，其中四位男人騎著命運之輪。[14] 一個世紀之後的英格蘭，則有六個人搭乘命運之輪，最上方是登基的君王，最下方則是爬行的農民。命運之輪的軸心位於女神的巨大身體中央，女神轉動身體並且支撐命運之輪。[15] 還有一幅諷刺木刻畫，一位驢頭男人正在爬上命運之輪，一位驢腿男人正要爬下命運之輪，而完全化身為野獸的驢王站在命運之輪的正中央。[16]

驢神君王賽特（Set）是《聖經》中的賽特（Seth），羅馬人稱呼他為巴勒斯（Pales），他曾是與巴勒斯坦同名的神祇。驢子是錫安新郎（Bridegroom of Zion）祕教崇拜的聖物，耶穌在凱旋遊行騎著神聖的驢子時，也讓驢子獲得了特殊地位（馬太福音第二十一章第五節；約翰福音第十二章第十五節）。驢子和「猶太之王」之間的關係不曾被人遺忘。中世紀教會永遠都會在仲冬舉行驢慶，信徒打扮為聖母瑪利亞和人子耶穌，騎著驢子進入聖所，為了回應連禱，其他人發出驢子的 hee-haw 叫聲。[17]

雖然命運之輪（Rota Fortuna）起源於異教，依然成為最受歡迎的中世紀符號。十二世紀的手稿作品《歡愉庭院》（Hortus deliciarum）描繪命運之輪的轉動者是命運女神，而不是上帝。許多西方教堂圓形窗的裝飾風格都是形似命運之輪，輪的一側是想要攀爬的人類，另一側則是墜落的人類。中世紀的作者認為「教堂和皇家修道院」刻意留下供奉異教的命運女神（Dame Fortune）的空

間，可能是因為諾斯底教派的石匠工會在教會中打造的祕密符號。雨果（Hugo）曾說：「有時候是一根火把、一條走廊，或者整座教堂都代表完全不屬於基督教的意義，甚至對教會有敵意。」根據神學家奧頓的和諾理（Honorius of Autun）的說法，在教會以及世界各地出現的命運之輪，代表「世界的光榮」。攀爬命運之輪的人以及跌落命運之輪的人則是因為「藉由權力和財富攀爬命運之輪的人，通常很快就會迅速墜落至貧困和悲慘之中」。[18]

中世紀日耳曼的黃道星座圖設計呈現塔羅牌大祕儀的輪型排列，非常像佛教的生命之輪，把象徵「權力」和「無能」的符號放在輪型排列的左右對立側，借用登基的驢王和人類奴隸代表。皇帝坐在輪型排列的其中一側，手持權杖和寶珠。另外一側則是被刑枷囚禁的骯髒罪犯。[19]毫無疑問的，相較於基督教會對於君王神聖權利的教誨，東方世界和諾斯底教派主張統治者的光榮只是稍縱即逝，更能吸引一般民眾。在但丁的時代，命運之輪一共有八根相對立的輻條，其中四根仿效佛教主張的啟蒙美德：平靜、耐性、謙遜，以及貧窮，對立於命運之輪的另外四根輻條，分別代表戰爭、慾望、光榮，以及富裕。[20]

塔羅牌的符號似乎非常明確奠基於東方世界與諾斯底教派的二元循環概念，死亡之後就是新生，世間萬物都在命運之輪升起和墜落。命運之輪位於物質領域和精神領域的交界正中央，形成第九號王牌隱士和第十一號王牌力量的轉折。正如埃及的傍晚日神拉—哈—瑞克提（Ra-Ha-rakhti），隱士以虛弱的老人姿態，仰賴拐杖才能走向命運，就像人面獅身獸知名謎題的第三階段。❹命運之輪轉動

之後，力量女神出現在隱士面前，提供精神世界蓬勃發展的新生活力。埃及人、波斯人，以及艾賽尼教派都曾經相信，同一位太陽神在每天早上名符其實地重生為拉─荷魯斯（Ra-Horus），也就是旭日。他被譽為光榮之王，正義之陽，以及海利歐斯〔《聖經》中的以利亞（Elias）〕。現代人耳熟能詳的《新約聖經》的句子：「他已復活。」宣告了他的降臨。[21]

凱爾特異教信仰認為，所有死去的英雄和聖王都會在銀河中重獲新生，他們將銀河稱為亞利安羅德的銀輪（Silver Wheel of Arianrhod，亞利安羅德就是亞利安人信奉的女神），有時稱為槳輪（Oar Wheel），由三女神偽裝成三位「德魯伊女祭司」所製造的銀河船。[22] 基督教權威厭惡此種異教形象，堅持將德魯伊的天堂樂輪船稱為「愚者之船」。但是，就像旋轉木馬以及其他異教習俗，愚者之船依然留在民間習俗、嘉年華會，以及愚者慶典，成為摩天輪（原本的英文是 Fairy's Wheel，字面意義是精靈之輪，後來改寫為 Ferris Wheel）。亞瑟王夢境對精靈之輪的描述，符合現代嘉年華慶典中使用的摩天輪。[23]

命運女神經過世俗化的影響之後，成為幸運女神（Lady Luck），管轄大的摩天輪轉動，以及嘉年華遊戲中的小輪子「輪盤賭」（roulette）。幸運（Luck）一詞可能來自梵文的 Loka，意思是天堂助產女神的化身，她統治行星領域或「提升平淡輕盈的感官經

---

❹ 在希臘神話中，人面獅身獸詢問路人的謎題是「什麼東西只有一種聲音，一開始用四隻腳走路，後來用兩隻腳走路，最後用三隻腳走路」？謎題的答案是人，嬰兒時期用雙手雙腳爬行，後來用雙腳走路，最後靠著拐杖走路。

驗」。[24] 直到十九世紀的仲夏夜慶典，民眾仍會點燃幸運女神的輪盤，將其滾下山丘。「夏至時刻的異教儀式，可能是與冬至耶魯節相對應的儀式……民眾認為，所有的厄運都會跟著輪盤一起離開。」[25]

四季符號也與命運之輪相連，由春分、夏至、秋分和冬至，以及四個時節的慶典符號標示：公牛、獅子、老鷹，以及蛇，有時候蛇會被人或天使取代。基督教採用這四種圖像，藉此解釋在神聖藝術中的四福音書著者。[26] 一開始，這四種符號標示代表一年的四根「支柱」，就像埃及荷魯斯的四名兒子，或者不列顛凱爾特人傳說的摩高斯（Margawse）四子。這個起源或許可以解釋塔羅牌的命運之輪通常會有四個男性人物站在四個方位。如果命運之輪只有三名人物，四季的符號就會出現在塔羅牌的四個角落。經過對應的修正之後，相同的符號也出現在第二十一號王牌世界的四個角落，世界圓滿完成塔羅牌的第二次十張王牌旅程，正如命運之輪完成第一次的十張王牌旅程。

命運之輪標示了塔羅牌入門旅途的轉捩點。的確，命運之輪可能就是「轉捩點」（Turning Point；字面上的意義是旋轉點）一詞的來源。命運之輪位於順時鐘的太陽領域在空間和時間逆行旋轉的關鍵點，導向逆時鐘方向的月之領域，就在無限符號的正中央，也顯示「兩個旋轉世界的靜止點」。[27] 古代文明認為命運之輪的所在位置是所有神祕的核心，例如神廟的至聖之所、銀河系的軸心、翁法洛斯圓石（omphalos），以及女神身體的中心或生殖器官區域。

正如古代神祕學在深刻的冥想中接近這個核心位置，隱士靠近

命運之輪的方式，宛如下降至命運之輪的另外一側，開始逆轉原有的方向。人類的生命發展早已能夠感知這種方向的逆轉，不只是古代的神祕學，也包括現代的心理學家。「日正當中之時，生命開始墜落。」榮格曾如此說。[28] 生命的前半段向外發展、學習、適應，並且操控物質世界；然而，幾乎所有聰明人都會在生命的中間點轉向內在，探索生命的意義，面對死亡的不可避免，並且渴望新的洞見。

根據塔羅牌的符號象徵，下降是精神旅程的重要關鍵。在命運之輪呈現的轉振點之後，就是生命和死亡的真正意義，藏在月之領域（或無意識領域）的圖像語言。塔羅牌大祕儀的第二群王牌當然比第一群王牌藏有更多神祕難解的典故；更為細緻，也更需要縝密細心的詮釋。第二群王牌具備只有真正的宗教概念才能講述的普世特質。在無限的第二個圓，塔羅牌的王牌開始成長茁壯。

11 號牌：力量

自從基督教時代的社會將女性視為較次等的性別，身為女性的塔羅牌力量女神象徵異教和密宗影響力的事實，就更有說服力。古典時代的多數神祇，以及密宗傳統的所有神祇，如果沒有女性夏克提的幫助，就束手無策，因為夏克提體現他們的力量（strength），或者有時候稱為權力（power）。這個觀念的意義在於，瑪那（mana）的力量，或者說魔法能力，只屬於永恆的女神。

北歐地區的亞利安神祇也因為與女性結合而變得強壯。北歐神話最強壯的其中一位神祇就是索爾，他與斯露德（Thrud）結婚，斯露德的名字意思是力量。斯露德擁有索爾居住的土地，稱為斯露德萬（Thrudvangar），意思是「斯露德的土地」。[1] 斯露德似乎代表地球無可阻擋的力量。另外一位英雄曾經想要將斯露德從索爾身邊奪走，卻因為無法接觸地面而遭到擊敗，就像希臘神話中必須接觸地面才能獲得力量的巨人安泰俄斯（Antaeus）。[2]

許多其他版本的大地女神都會連結到力量的概念和獅子符號，就像塔羅牌的力量女神。在埃及、佛里幾亞、迦南、巴比倫、腓尼基，以及利比亞，偉大的大地女神馴服了獅子，駕馭獅子，或者在

進入女神的毀滅者階段時，化身為獅子。女神眾多化身的其中之一是亞馬遜女王昔蘭尼（Cyrene），她建立了相同名字的昔蘭尼城。昔蘭尼在希臘神話中是一位仙女，能與獅子搏鬥並且獲得勝利。當然，昔蘭尼不是真正的仙女，她是女神在塵世的化身，昔蘭尼的名字意思是「至高無上的天后」。[3] 希臘神話的故事可能演繹於女神馴服獅子的圖示。希臘人和腓尼基人所知道的力量女神稱為雅典娜（Athene）、雅斯恩娜（Ath-enna）、雅納森（Anatha）、雅納特（Anat）或奈特，意思是生命的力量。在拉美西斯二世（Rameses II）的時代，埃及人稱呼女神為「天堂之后以及眾神的女主人」。[4]

塔羅牌的力量有時候承載了女神的埃及名字：奈特。[5] 這個名字可能來自於女神非常古老的梵文頭銜原始深淵（Primordial Abyss）或卡拉—奈特（Kala-Nath），女神偽裝成這個形象，吞食她生育的後裔。[6] 在拉斯珊拉（Ras Shamra）遺跡的文獻中，將她描述為無情的雅納森（Anath）或雅納特，在神廟中大肆屠殺獻祭者：「雅納特暴力毆打祭品，心滿意足看著他們，切下他們的身體，凝視他們；她的肝臟雀悅無比……她跪在犧牲士兵的鮮血之中，她的腰部沾染戰士的血跡，直到她在神廟之中獲得屠殺的滿足，直到她在獻祭桌上劈砍足夠的祭品。」[7] 然而，這位無情的毀滅者其實是諸國之母，「她是諸神之母，在任何人生育子嗣之前，她生育諸神。」在埃及，女神就是「神聖的母牛，生育拉神（Ra）。」[8] 閃族的經文稱呼她是「巴勒斯坦的童貞之女」以及「錫安的智慧處女」。[9] 女神的神殿貝斯—雅納森（Beth-Anath）❺ 也出現在《聖經》約書亞記的第十九章。

女神也出現在《聖經》中，她是珊迦（Shamgar）的母親（士師記第三章第三十一節），以及奧恩城（City of Aun）的亞西納（Asenath；伊希絲—奈特），希伯來人稱呼這座城市為盎恩（On），希臘人則說海利歐波里斯（Heliopolis）。[10] 後代的猶太作家刻意將女神凡人化，描述她只是「祭司的女兒」，藉此掩飾女神在公元前五世紀是與耶和華本人相配的天堂之后。[11] 她的閃族名字用於《福音書》的死亡詛咒（哥林多前書，第十六章第二十二節），也就是瑪—雅納森（Mar-Anatha）詛咒，或說瑪利—雅納森（Mari-Anath）詛咒。

　　在利比亞，這位女神以「殘酷女神雅典娜·格果」（Athene Gorgo）的名號代表死亡詛咒。[12] 賽伊斯的女神神殿銘文寫著「尚未有任何凡人能夠掀開遮掩我的面紗」，因為面紗遮掩可怕的戈爾貢（Gorgon）臉龐，能夠將人化為石頭。這段銘文可能指涉葬禮意象，因為世界之母在老嫗型態時將化身死亡女神。古代世界還有另外一個習俗，在成為祭品之人遭到儀式殺害之前，都要念出老嫗女神的死亡詛咒。[13]

　　戈爾貢的另外一個名字是美杜莎（Medusa），這個名字的詞源來自雅典娜的希臘母神墨提斯（Metis）。實際上，美杜莎和墨提斯是同一位女神。美杜莎和墨提斯的意思都是「女性智慧」，與梵文的 Medha 有關，意思是卡利女神的智慧。雅典娜的盾牌上就有戈

---

⑤ Beth-Anath 出現在《舊約聖經》約書亞記的第十九章第三十八節，和合本的翻譯為伯亞納，為了讓讀者便於理解本書脈絡，譯者在此翻譯為貝斯—雅納森，配合本書對於女神之名的探討。

爾貢的臉龐。雖然古典時代的作家假裝雅典娜生於萬神之父宙斯的頭部，但更古老的神話則承認雅典娜來自利比亞三后神殿（Libyan Tritonis），這座神殿供奉三女神。[14] 埃及人則相信雅典娜是奈特女神的另外一個名字，也主張這個名字的意思代表雅典娜是自生的。[15]

思考後續的塔羅牌內容，第十一號王牌帶領第二組的十張塔羅牌，由代表力量和死亡的殘酷女神進行領導，也是非常自然的安排。下一張牌就是象徵性的犧牲，隨後則是代表死亡和地下世界居人的死神；代表復活與永恆不朽的牌隨之而來。無論異教還是基督教，「死亡與改變」的主題出現在所有神祕學傳統。不過，在塔羅牌的系統中，死亡與改變的動力是女性。力量的數字也是「殉道」的傳統數字——太陽英雄在十二點接受死與重生之前的「第十一個小時」。[16]

黃金黎明協會為了符合希伯來卡巴拉教派的字母順序，將塔羅牌力量和塔羅牌正義的順序對調，這種舉動似乎不合理。[17] 力量女神穿戴與魔術師相同的雙紐線帽子或光環，而魔術師開啟神祕色彩較為淡薄的生命旅程。在愚者啟蒙旅程的第十一個階段，力量女神開啟更為神祕的月之領域。力量女神打開獅口——宛如獅子的生物，牠的口就是地獄入口。如果一個人想要探索地下世界的祕密，或者那些遭到教會汙名為地下宗教的祕密，他都要面對如此可怕的景象。

十二世紀的《溫徹斯特聖經》（Winchester Bible）用與力量女神相同的姿勢描繪大衛王，他打開獅口，於是獅口生出一隻新生的羔羊。[18] 羔羊是傳統的祭品，代表精神的新生，通常被視為耶穌的象

徵符號。但早在基督教出現的數個世紀之前，羔羊就是中東世界救世主墨特（Mot）的象徵符號，雅納特、雅納森，或奈特女神將墨特作為祭品。[19] 墨特自稱是「死亡期限」之內必須被犧牲的祭品。許多異教文明或諾斯底教派都有救世主，他們相信救世主教導救贖的真意，墨特就是其中之一。

有些塔羅牌組描繪不同外型的力量女神。在查爾斯六世（Charles VI）或夢特格納版本的塔羅牌組中，力量女神不是打開獅口的女人，而是女獅，戴著奈特女神的獅面具，打破手中的大理石柱。[20] 有些現代牌組顯然受到父權社會想法的影響，將力量女神轉變為充滿男子氣概的海格力斯或參孫（Samson）。不過，整體而言，即使詮釋者無法理解這張塔羅牌的意義，力量女神的象徵依然相當一致。神聖的古老傳統經常用這種方式獲得保存，因為抄襲者害怕擅自更動其意義。

12 號牌：倒吊人

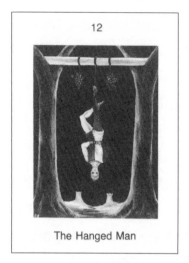

倒吊人一直被視為塔羅牌系統中最清楚的非基督信仰系統跡象，來自明確的異教符號。[1] 倒吊人的門形絞刑架是奧丁的典型古老祭品，而奧丁是絞刑（吊死）之神。這種絞刑架有時也稱為木馬（Wooden Horse）或耶格之馬（the Horse of Yggr）——耶格是奧丁的另外一個名字，意思是「恐怖」，在基督教後來的詞源學中，成為食人魔或怪物（orge）。[2]

奧丁的神話故事讓世人明白，他們必須藉由自我犧牲，走向死亡和新生，才能獲得神祕啟蒙。奧丁在絞刑架上犧牲生命之後，終於理解命運、魔法、盧恩符文（runes）、言語魔法，以及詩文鼓舞的祕密。他說：「整整九夜，我懸掛在強風吹拂的樹上，全身都是槍枝刺傷，將生命獻給奧丁，我將我的生命，獻給自己。」[3]

直到公元十世紀，烏普薩拉（Uppsala）的奧丁聖所依然還有奧丁獻祭儀式。[4] 奧丁崇拜的符號此後長存數個世紀。在《愛達詩經》（Edda）中，奧丁提到第十二個盧恩符文可以讓一位被吊死的人在絞刑架上說話，回答一切能夠回答的問題，或許與塔羅牌的第十二號王牌倒吊人有關係。[5]

世界各地的文明都有瀕臨死亡之神，奧丁的版本就像其他信仰傳統的相似故事，都是基於相信一個人穿過了生命和死亡的分界，能夠看見兩個世界，傾訴永恆的祕密。由於這種信仰，倒吊人的古物也成為常見的要素，用於實現女巫魔法，或者和奧丁一樣獲得「言語之力」的祕方。知名的榮耀之手（Hand of Glory）或惡魔的蠟燭（Devil's Candle）都是塗滿蠟的倒吊人之手，點燃榮耀之手或惡魔的蠟燭，其光芒可以揭露「隱藏的事物」。由於某些時代的習俗將被吊死之人的屍體放在絞刑架上腐爛，藉此警告其他罪犯，因此絞刑臺的泥土、絞刑臺的木頭、死者的遺骨、血肉，或衣物都非常容易取得。

不過，塔羅牌的倒吊人不是一般被處刑的罪犯。更好的描述方法是「主動吊起自己的人」，而不是「被吊死的人」。倒吊人從未死亡。他懸吊自己的方式不致命，不是綁住脖子，而是綁住其中一隻腳。他的雙眼張開，臉上的表情平靜而毫無罣礙。有時候，倒吊人戴著光環。他似乎正在接受一場審判，雖然他的處境不佳，但不會遭判死刑。

一隻腳被綁在處刑架上，其實是一種中世紀的習俗，稱為「示眾」（baffling）。正如遊民被穿戴刑枷，債務人遭到判處「示眾」，作為公共羞辱的懲罰，叛國罪者在處以死刑之前，有時也會遭到示眾羞辱。[6] 倒吊人的「示眾」姿態也讓他連結至古代神聖之王迎接神聖犧牲之前的儀式羞辱——正如耶穌遭到鞭笞、嘲笑，以及唾棄（馬太福音第二十六章第二十七節，第二十七章第三十節）。儀式羞辱是多數啟蒙入會儀式的重要環節，例如男人的兄弟會從原始叢

林至現代大學校園也有相同的儀式。然而，倒吊人上下顛倒姿勢的意義遠遠超過羞辱。

最後一張塔羅王牌世界中的女性角色與倒吊人的姿勢相同，她的頭部朝上，而倒吊人的頭部朝下。他們的其中一隻腳都在另外一隻腳之後彎曲，雙腿形成一個三角形。倒吊人和最後王牌或許是對密宗六芒星的遙遠呼應：男性的三角形指著一個方向，女性的三角形指著另外一個方向。更引人深思的則是一個埃及象形文字，就像一個線形人用相同方式擺放雙腿。這個字作為動詞，意思是「跳舞」；作為名詞，則代表「心—靈魂」，也就是埃及人七個靈魂最重要的一環：來自母親之血，進入瑪特女神的地下世界之後，心—靈魂也是衡量一個人的標準。[7] 因此，塔羅牌倒吊人在數字上對應至維持平衡的正義女神瑪特，絕對不是巧合。

埃及人與其他古代人都認為心是一個人的本質所在。心跳就是身體中的「生命舞動」。歐西里斯死亡，進入木乃伊階段時，被稱為「靜止之心」。[8] 伊希絲讓歐西里斯起死回生時，他的內在「舞動」再次恢復了。

上述的概念比埃及更古老。印度最古老的神祇溼婆神在宇宙的核心，也就是印度都市吉登伯勒姆（Chidambaram）永恆地跳著生命之舞，這座神祕的都市位於心之洞穴，「人的真實自我所在之處」。[9] 每位崇拜者的胸膛都能感受溼婆神的舞動精神，而他的宇宙靈魂就在世界之母的心中。溼婆神也是一位犧牲神，周而復始地死亡與重生。在沒有活力的階段，溼婆神成為雪婆神（Shava）、屍體，或死者之王，就像「靜止之心」歐西里斯。

其他眾神也渴望得到宇宙之心舞者的頭銜。詩人希薇亞·普拉斯（Sylvia Plath）用充滿詩意的方式，描述對於宇宙之心的誇耀——「我是，我是，我是」——這句話就是梵天（Brahma）和其他眾神的誇耀，他們後來都宣稱自己擁有天堂的至高地位。梵天在《吠陀經》以「我是」宣稱了自己的地位。[10] 相似的，亞伯拉罕的上帝也在《聖經》中用同一句「我是」宣稱自己的地位（出埃及記第三章第十四節）。❻《聖經》的許多故事也許都能援引自《吠陀經》的典故，包括「我是」，而亞伯拉罕名字的意思可能也是「梵天之父」。無論如何，「我是」就是宇宙中心舞蹈之神對東方聖人的啟示。甚至所有的人類在出生之前，都會在子宮聽見這個啟示——科學研究已經證明，胎兒可以持續聽見母親的心跳——因此，心跳也被稱為所有舞蹈、歌曲，以及音樂的基礎。

根據《約翰使徒行傳》（Acts of John），即使耶穌也展露宇宙之心舞者的模樣。耶穌曾告訴門徒：「宇宙屬於舞者，不跳舞之人，無法理解宇宙。如果你追隨我的舞蹈，在你身上能看見我正在說話……跳舞之人，請思考我的作為，因為我即將為了你們而受難。」[11] 基督教的神祕學讓耶穌的神性擁有非常難以理解的女性象徵頭銜，例如「心中之月」、「世界生命的居所神殿」，或者「新娘之室」。[12]

倒吊人和其他的救世者一樣，顯然接受了特定類型的殉道，使

---

❻ 在《聖經》出埃及記第三章第十四節中，根據英王欽定版本，上帝所言為：「I am that I am.」中文可以粗略理解為「我是我所是」，換言之，上帝不必任何人的定義和認知。和合本的翻譯為「我是自有永有的」。

其成聖或接觸塔羅牌死神（第十三號王牌）。換言之，倒吊人的「死亡」，就是為了接觸內心的神性。示眾的過程能妥善完成這個目標。示眾通常是羞辱懲罰（正如吊死在十字架上），但似乎也用於祕密教派的儀式，作為神祕知識入門的開端步驟。一個人被長時間的倒吊，就能敏銳感應自己的心跳，心臟的脈動不停傳達至他的頭部，彷彿在說「我是，我是，我是」。

　　心跳就是東方神祕學追求啟示時的珍貴聲音。他們說：「聲音（nada）代表力量。瑜伽士深入探索自我內在時能體驗這種聲音，在心跳聲中變得清晰明確。一個人的小宇宙終於等於世界的大宇宙，瑜伽士聽見了 nada，力量之聲，他也就是在聆聽絕對的心跳。」[13]

　　基督教文明，以及「東方世界—諾斯底教派—還有異教文明」，兩者之間的關鍵差異，就是在宇宙核心跳舞之神的符號意義。基督教文明堅持，上帝與人類之間有明確的差異，不該混淆。造物主和祂的創造物被視為兩個不同的存有，上帝充滿力量與善良，而創造物則是虛弱和有罪。相較於這種猶太—基督教的觀點，東方世界更為細緻的神學觀念則是默默承認，人才是造物主，而上帝則是被創造者；因為我們只能在自己的內心找到神性的本質。因此，世上沒有外於人類存在的神祇，只有人類願望的神話投射，唯有人類彼此願意繼續維持神祇的形象時，才會相信神祇。

　　或許，倒吊人在模仿殉道的過程中，發現上述的異端祕密，他聆聽自己的心跳，獲得自己的光環，等待下一個人物出現，也就是死神。

13 號牌：死神

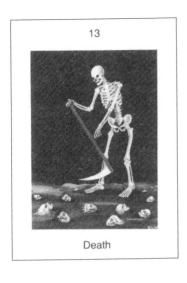

13

Death

塔羅牌詮釋者經常忽略死神牌面的明確意義，更傾向於主張這張牌的主題是「改變」或「轉變」。[1] 有些事物終將走到結局，有些事物則是剛要開始——正如隨後到來的節制天使所暗示的，她有兩個水瓶，其中一個流出水，另外一個則是迎接水。然而，死神牌明確出現了中世紀神祕劇中的無情鐮刀收割者（死神；The Grim Reaper）。在法國，死神被稱為瑪卡伯（Macabre；意思是令人毛骨悚然的），瑪卡伯也成為第十三號塔羅王牌的別名。[2] 每一年，在數千名參與假日慶典的觀眾面前，這位熟悉的人物戴上骷髏面具，穿上骷髏衣服，拿著鐮刀，表演骷髏之舞（danse macabre）。或許，數千名觀眾之中，有些人明白骷髏之舞的祕密意義，正如涅婆神以死者之王身分跳動的舞蹈意義。

「無情殘忍的鐮刀收割者」，其中的「無情殘忍」本來是指面具。死神的骷髏面具有時候被視為「赫爾的面具」，這個面具頭盔充滿魔力，配戴者能夠隨意進出赫爾女神的地下世界之門。擁有赫爾面具的條頓薩滿與地下世界的老嫗女神赫爾德（Hilde）或赫爾關係良好，女神允許他探訪珠光寶氣的死亡宮殿之後獲得新生。[3] 有

時候，這頂魔法之帽被稱為「黑暗之帽」（Tarnkappe），能夠讓配戴者隱形。死神當然也有隱形的力量。根據地下世界的法則，死者的靈魂應該是隱形的。

死神的鐮刀是女神月鐮刀的長柄版本，象徵殘月——也就是古代屬於女神老嫗階段的豐收時期。歷史上第一群使用鐮刀的人可能是斯基泰人（Scythians），他們在公元前第八世紀至第一世紀期間，居住於黑海地區的母系社會，風格趨近於亞馬遜人。他們的偉大女神，希臘人稱之為蕾亞、蓋亞（Gaea）、赫斯提亞（Hestia），或者阿特米斯，由女祭司以及穿著女性衣物的閹人服侍。[4]

歐洲人稱之為赫爾或死亡女神的神祇，還有數個名字可以追溯至斯基泰人。愛爾蘭人稱她為斯卡莎（Scatha），維京人則說她是斯卡蒂（Skadi）或斯卡席（Scathi）。她也被稱為黑色維納斯，或是蘇格蒂亞（Scotia），與蘇格蘭（Scotland）的偉大母神同名——蘇格蘭人認為她是卡爾利區（Caillech），或稱為老嫗女神。[5] 被女神收割或處死，則稱為 scathed。在凱爾特傳說中，她則是天空島（the Isle of Skye；又稱為斯凱島）的女王。庫胡林（Cu Chulainn）與其他凱爾特傳說的英雄都會前往天空島學習戰鬥技巧以及適合戰士的魔法。天空島也被認為是死者之島。英雄在戰爭中光榮戰死之後，可以在死者之島獲得永生。獲得永生的英雄稱為赫爾蘭德（Helleder），意思是「屬於赫爾母神的男人」。[6]

直到現在，西藏人依然會表演紀念死亡女神的神祕劇，演出的人物戴上骷髏面具，穿上骷髏外衣，與中世紀歐洲人在慶典的所見完全相同。[7] 蘇非教派也有相似的神祕劇，將月亮數字十三與魔法

圓圈相連，而魔法圓圈稱為赫爾卡（helka），與密宗傳統的脈輪／查克拉（chakra）是同源字詞。蘇非教派神祕劇的十三個參與者稱為馬斯卡拉（maskhara），代表陰曆（月曆）的十三個月。也有人主張，所謂的女巫宴會（sabbat）衍生於蘇非教派的薩伯特（zabat），意思是「力量慶典」，十三名馬斯卡拉可能下降至地下世界，召喚死者的靈魂，完成神聖的目標。[8]

在塔羅牌系統中，十三通常與死亡（死神）有關，因為在古老的月曆計時中，第十三個月就是死亡和新生的時刻。大祕儀的第十三張王牌通常只有數字，沒有名字，但牌面依然有一位死神。因為迷信習俗認為，書寫神靈的名字就是召喚神靈——沒有人希望召喚死神。顯然的，這種禁忌習俗並未影響人們繪製死神的圖片，或者穿戴面具與戲服扮演死神。

祕教和祕密社團都會使用死神的面具和戲服，在入門者體驗死亡犧牲之後，象徵他進入了地下世界，就像塔羅牌倒吊人之後就是死神。這種傳統其來有自。阿普列尤斯學習女神伊希絲的神祕學時，與死亡之王的戲劇化見面就是重要的關鍵。隨後，阿普列尤斯以太陽之子的姿態「獲得重生」——或許這個太陽之子，就是後續塔羅牌太陽描述的太陽之子。[9] 早期信奉儀式自殺的特定基督教—諾斯底祕教，可能也主張讓信徒接觸死神，消除他們對死神的畏懼。在《雅各密傳》（*Secret Book of James*）中，耶穌曾說：「我必須向你們坦承，害怕死亡之人不會獲得救贖；因為死亡的國度屬於願意奉獻給死亡之人。」[10]

殉道者為了抵達他們追尋的「天堂之冠」——天堂的恩典之

處——當然完全信服耶穌的話語。其他早期的基督徒則否認，堅持不死才是人類的自然狀態。教會則是正式主張上帝創造人類時，人類是永生不朽的，世界會有死亡，全是因為夏娃的罪；因此，女性必須承擔死亡出現的罪名。以諾（Enochian）教派的典籍認為，上帝原本希望人類和天使一樣永生，但夏娃誘使亞當犯下原罪之後，上帝決定讓死亡成為人類最後的命運（其他所有生物也一樣）。[11] 便·西拉（Ben Sirach）曾說：「一個女人是原罪的濫觴，因為她，我們所有人都會死。」基督教會追尋這些前例，到了公元第五世紀，教會宣布任何人只要相信死亡是人類生命的必然結果，而非原罪導致的宿命，就是異端觀點。[12]

　　許多諾斯底教派和異教信仰者謹慎傳授這種「異端」信念，認為死亡和重生就像自然循環不可或缺的部分。異教信仰從未用幼稚的態度閃躲死亡的事實。他們相信在完整的時間和季節之中將有新生和重生，因此接納了死亡。[13] 哲學家盧克萊修（Lucretius）曾說，對於死亡的恐懼，更勝過於死亡本身，因為恐懼可以毒害一個人的生命：「有時候，死亡的恐懼可以讓一個人憎恨孕育生命的陽光，直到身心飽受殘害，他就會放棄生命，遺忘了自己的痛楚就是對於死亡的恐懼，這種恐懼將殘害他的行為……我們想要打破這種恐懼，打破這種心智的黑暗，不能依賴閃閃發亮的陽光，而是認知死亡只是一種自然事實。」[14]

　　藉由符號創造的戲劇效果，異教神祕信仰想要傳遞的思想，就是我們應該認知死亡的自然事實。「一般的人類，」東方聖人曾說，「必須透過自然的滋養和方法才能茁壯，而不是靠著苦行並且拒絕

自然的恩惠。」[15] 這是東方宗教在入門儀式時，藉由死神形象營造驚人場景想要傳遞的啟示，其意義在於，我們必須面對死神，而不是否認死神。塔羅牌大祕儀王牌出現死神，也是為了傳遞相似的訊息。無情殘忍的骷髏死神，其意義眾所皆知，倘若只是為了象徵「改變」，那就只是詭異的符號選擇。

文藝復興時代的一幅神祕學畫像顯示死神身邊還有一個象徵時間的人物，他帶著沙漏，身上還有翅膀，象徵時間飛逝。骷髏死神戴著一支弓箭以及一個巨大的滅燭剪，只要時間指示，骷髏死神就會消滅生命的光火。[16] 在文藝復興時期的畫中，有翅膀的時間跟隨死神，塔羅牌也是如此，有翅膀的節制天使就在死神之後──她將水從一個容器倒入另外一個容器，或許也能連結至沙漏中傾倒的沙子。節制牌可以從數個層面理解，她是元素的融合者（temperare），也是「時間和季節」（tempor）。據說，死神和時間都是不等人的。塔羅牌則將死神和時間都放在了精神領域。

死神在數字的對應牌是戰車，或者勝利之王（第七號王牌），象徵皇家榮耀的符號。在古典塔羅牌中，被死神無情割下的眾多頭顱，其中一個配戴王冠。[17] 塔羅牌死神想要讓世界卓越之人理解的訊息，似乎與《聖經》詩篇的作者相同：「他死亡的時候，無法帶走任何事物；他的榮耀不會與他一同消逝。」（詩篇第四十九章第十七節）

14 號牌：節制

14

Temperance

許多塔羅牌的詮釋者苦苦思考，為什麼節制天使看起來如此善良，卻位於兩張可怕的塔羅牌之間，分別是死神與惡魔。這個安排就是另外一個跡象，顯示塔羅牌的非基督教特質。基督教傳統讓地下世界充滿噴火的惡魔，而不是傾水的天使。

理解天使外表的關鍵在於她和塔羅牌戀人的關係。諾斯底教派的煉金術文本將愛放在死神和惡魔之間的中央位置。「什麼事情比地獄和死神更強壯？愛能夠征服地獄和死神……愛的本質是蛻變和改變。愛的偉大力量讓萬物揮發本性，所有的善、甜美，以及完美。」[1]

為什麼將水從一個容器傾倒至另外一個容器的天使，應該代表創造改變的愛？

這個答案就在遙遠古代的東南亞、美索不達米亞，以及埃及，在這些地區，男性和女性的液體相容就代表宇宙的性結合。蘇美人—巴比倫人的神話認為，造物的孕育——也就是世界的誕生——必須歸功於天堂之父阿普蘇（Apsu）的精液之水傾注至海洋母神提亞馬特的子宮之水，在提亞馬特的「深處」，萬物於焉誕生。[2]

在神話學中，父神是造雨神，母神象徵海洋，已經是標準的想像。根據印度教的經文，神和女神（溼婆神和卡利女神）在完美祝福中的結合，「就像水傾倒入水」，而人類所有的性結合，都是這種宇宙性結合的短暫不完美重現。[3]

在印度，水容器依然被視為神聖的圖像，代表神的普世戀人特質。「在表達崇敬的期間，水被視為神的居所或座位（pitha）。」[4] pitha 可與希臘文的 pithos 相提並論，在「大地與海洋女神」狄蜜特的祕教崇拜中，pithos 代表重生的子宮。[5] 而塔羅牌中代表節制的人物也統御了相同的兩個女性元素，她的一隻腳站在水中，另外一隻腳站在大地之上，正如中世紀魔法文本中的伊希絲女神。

巴比倫文明的救世主納布（Nebo）是初始雨神之父的化身，在凱旋慶典的遊行隊伍中，納布的前方是愛與死亡，符號為水容器，由慶典官員「瓶攜者」（jar-bearer）手持。[6] 在《福音書》的故事中，也出現相同的慶典官員，一位男子手持水瓶，走在耶穌前方（路加福音第二十二章第十節），這也是迄今為止依然難以說明的《聖經》細節，顯示基督教傳統仿造異教的神聖婚禮儀式。

埃及人的救世主歐西里斯也是另外一個「男性容器」，以「容器之水」的形式，被帶往他的愛與死亡。[7] 正如卡利女神是溼婆神的新娘—母親—姊妹—夏克提—吞食者，歐西里斯的新娘—母親—姊妹—夏克提—吞食者就是伊希絲女神，她代表另外一個容器中的水。歐西里斯和伊希絲融合之後，創造無所不在的米納特（menat），在埃及眾神、女神、法老、女祭司、祭司，以及地下世界人類靈魂，所有的神聖藝術之中，都有米納特的蹤影。米納特是

一個神聖的項鍊（護身符），外型就是細窄的男性容器將水傾注至較為寬闊的女性容器。[8] 在象形文字中，米納特代表性交以及懷孕的神祕過程。[9] 米納特應該可以增強歐西里斯的生殖能力，他重生成為陽具之神「明」（Min；意思是愛）時，人民讚頌他是「使母親懷孕之人」。[10] 歐西里斯的母親還有其他名字與頭銜——伊希絲女神、努特、天堂之后，以及偉大母神——也成為塔羅節制牌的其他名稱。[11]

米納特也是古埃及時代相當受到歡迎的護身符，就像歐洲基督教時代的十字架。米納特的主要目的是確保人類死後的性能力。性能力是埃及人的重要考量，他們無法想像沒有家庭聯繫以及性歡愉的天堂，他們一定會討厭基督教的天堂，正如耶穌所說的「沒有婚姻，也沒有婚姻的付出」（馬太福音第二十二章第三十節）。

希臘的卡比教派和埃及人一樣，崇拜作為兩個滿水容器的神與女神。卡比教派的受歡迎程度僅次於厄琉息斯，卡比教派的性狂歡派對必然居功厥偉。年輕的男神被稱為卡比琉斯（Cabirius）、蓋尼米德（Ganymede）或赫密斯，形象則是將他的「水」注入代表母神「大地與海洋女神」狄蜜特·卡比瑞亞（Demeter Cabiria）的寬闊容器。寬闊的容器是子宮符號的原型，也是北歐異教所說的再生之鍋，與後來的聖杯混為一談，可能是因為諾斯底教派的觀念相信，裝著耶穌鮮血的容器其實有兩個，就像象徵性的米納特。拉斐爾（Raphael）的作品《十字架》（*Crucifixion*）呈現一位有翅膀的女性天使，與節制牌相似，她用兩個容器接住了瀕死基督的鮮血。[12]

節制以十四順位出現在塔羅牌王牌，可能也是參照愛超越死亡

的神祕學觀念。十四是歐西里斯待在地下世界的天數。歐西里斯環繞地下世界的旅程從最深的地下之池,直到天堂之顛,時間總計是一次月亮週期(十四天)。他的身體被分為十四個部位,也就是每天夜晚出現的殘月形狀。在眾多相似的神話中,女性之愛的持續力量,從地下世界拯救了英雄或救世主。歐西里斯需要伊希絲,塔摩斯需要以希塔,阿多尼斯需要阿芙蘿黛蒂,即使是但丁,也需要他的碧雅翠絲(Beatrice),才能找到從地下領域前往天堂頂端的道路。

「節制」(Temperance)的名字似乎不是取自於這個英文字的常見英文意思:節制(moderation)或者節制飲酒(abstinence)。更準確的說,是衍生於拉丁文的 tempor,意思是一段時間,就像《聖經》描述的,天堂底下萬物的「定時」(season;季節)。拿著兩個容器的天使可能代表「愛的時間」。[13] 然而,temperare 的意思是混合、交融、結合,或者在適當的季節管制各個元素。在占星學的術語中,天使的混合創造了「性情」(temperament)──交融各個元素的性質,創造各種人格。在遙遠的巴比倫時代,神聖的經文就曾經提到智慧女神(或老嫗)交融元素,創造各個季節的萬物;各個天堂則是女神的青金石融合碗或大鍋爐。

根據諸如卡比教派以及其他種種實行性祕儀的教派,節制牌的另外一個意思則是男性寶劍(陽具)在欲望的神聖火焰中鍛煉。節制牌與戀人牌的關係也暗示了一種性詮釋。在幾種古老的塔羅牌中,戀人牌中的新郎用充滿暗示的姿態高舉自己的寶劍,就在他的生殖器官面前。[14]

「節制」這個詞也是給戀人的良好建議，第六號王牌中的老女人可能已經將這個建議告訴年輕的夫婦。以謙卑有禮和良善「調節」（tempering）一個人的行為，才能發展婚姻之中能夠彼此相容的「性情」（temperament）。中世紀的人只能在異端的「地下世界」才能學習這個道理，因為矗立在地上的教堂教導他們，妻子只是奴隸。

15 號牌：惡魔

　　惡魔不需要介紹，但他在塔羅牌中的存在則需要解釋。惡魔是中世紀時代最接近地下世界之王的人物，長久以來，他受到宛如真神的崇拜，他的名字是普魯托、哈帝斯、奈格爾（Nergal）、薩圖恩（Saturn）、宙斯·希斯歐尼斯（Zeus Cthonios）、亞巴頓（Apollyon），以及阿赫里曼（Ahriman）——他就是黑色太陽的各種變化，也是天上光明之神的黑暗雙胞胎。

　　根據波斯人的二元宇宙概念，上帝和惡魔是雙生子，同時出生於最古老的第一位神祇子宮，這個雌雄同體就是後人知道的「無盡

時間」（Infinite Time）。[1] 這個神祇就像時間之母卡利女神，分娩所有的神祇與惡魔。

神祇與惡魔在神話學的世界中其實是一種緊密如兄弟般的關係，這個觀念起源於另外一個事實：神祇和惡魔之間原本沒有差異，直到後來的父權體系宗教，將特定的「神祇」（deity）視為「神」（god），宣布其他的神祇都是「惡魔」（devil）。惡魔的名字與神聖或神的亞利安字根起源相同——都是梵文的 *deva*，波斯文的 *daeva* 或 div，拉丁文的 *diva*，*divus*，*deus*，以及其他相關字根。[2] 相似的道理，希臘人說的惡魔（demon）也不是邪惡的神靈，而是一種內部的靈魂或守護天使，就像羅馬人的格尼烏斯（*genius*）。

奧菲斯教派稱呼地下世界之王為阿嘉索迪蒙（Agathodemon），他是幸運之神，也是命運女神的配偶。[3] 在啟蒙儀式出現的一系列人物中，阿嘉索迪蒙出現的時間是「循環旅途的中間點，午夜時分……右手拿著讓亡者沉眠的罌粟花莖，花莖朝下。」[4] 有些塔羅牌組的惡魔火炬也朝下，暗示惡魔已經獲得位於地下世界中央最深處的王座，正如他的雙胞胎光之神登上位於至高天堂的王座。

惡魔原本被視為地下世界的幸運之神，或財富之神（普魯托），所以發展出另外一種信仰，認為惡魔控制人類可以在大地挖掘的所有礦產，包括掩埋的財寶。基督教徒說服自己相信，惡魔能夠讓基督教徒富裕，只要他們可以找到合適的咒語與惡魔商議。於是，所謂的浮士德（Faustian）書籍開始大受歡迎，書中都是相關的咒語，以及惡魔契約的傳說故事。古代人也描述相同的傳說，神

祇占領或探訪地下世界。海格力斯就是非常受歡迎的地下財寶嚮導。[5] 赫密斯則是另外一位，因為赫密斯是亡者嚮導與地下世界的蛇，當然非常熟悉地表以下的神祕世界。

許多基督徒對於惡魔的尊重更勝於上帝，因為他們的理論相信惡魔對於世間的現實事物更有影響力。這個理論也導致各種習俗，例如斯拉夫人的復活節將一頭羔羊獻給基督，而惡魔獲得三十頭羔羊，因為惡魔的影響力是三十倍。[6]

中世紀惡魔與上帝的相似程度也令人驚訝，彷彿重現了波斯雙子神的概念，象徵黑暗的阿赫里曼，以及光明的阿胡拉・馬自達（Ahura Mazda）。在蘇格蘭，所有的鄉村都會替惡魔保留一塊空林地，稱為「好人的農場」（the goodman's croft）。惡魔的召喚名字與「上帝的祕密名字」相同，例如：彌賽亞斯（Messias）、索特（Soter）、伊曼紐（Emmanuel）、薩博斯（Saboth），以及阿多奈（Adonai），惡魔的名字分別對應至彌賽亞（Messiah）、救世主（Savior）、以馬內利（Immanuel）、天堂軍隊之主，以及「我的上帝」。有些諾斯底教派將惡魔視為路西法而崇拜他，路西法是耶和華的兄弟，並未遭到善待，但路西法擁有更好的道德性格。[7] 神學家梅斯特・艾克哈特（Meister Eckhart）曾說：「天使路西法在地獄之中，擁有完美的知識，今日依然知曉一切。」[8] 惡魔或他的士兵能夠以幫助人類的神靈姿態出現，他可以「談論神聖的美德，提供過去、現在與未來一切事物的真實解答；以及神聖和創造；他不欺騙任何人，也不會引誘任何人受苦；他賜予尊嚴與高等主教職位。」[9]

惡魔出現在塔羅牌大祕儀牌組的理由則是因為一個觀念，這個觀念相信任何的占卜都需要惡魔的協助，因為只要妥善面對，惡魔就會「提供真實的解答」。他曾經以《聖經》中的巴力西卜（Beelzebub）之名，成為菲利斯提亞（Philistia）城知名的神諭之王。以色列諸王派遣大使到巴力西卜的神殿傾聽他的神諭，尋求他的協助（列王記下第一章第二節）。身為迦南人的蒼蠅王（Baal-Zebub; Lord of Files），他也是一位亡者嚮導或靈魂指引人，就像赫密斯。蒼蠅王之名起源於一個普遍的信仰，認為人類靈魂轉世時將成為蒼蠅；因此，歐洲農民曾經相信，如果女人吞下蒼蠅就會懷孕。[10] 巴力西卜被裁決為惡魔，不是因為《聖經》的作者群指控他邪惡，而是因為巴力西卜是更受歡迎的耶和華競爭對手。

　　惡魔出現在塔羅牌大祕儀牌組的另外一個理由，可能是因為在眾多異教信仰的神聖儀式中，入門者都必須與地下之王見面。一般的異教信仰相信，唯有古老重生子宮最深的腔室，才能獲得永生的祕密，所有的救世主在獲得永生之前，都曾經前往最深的腔室。親自詢問惡魔似乎是唯一前往的方法，而不是仰賴其他人的轉述。在伊希絲以及歐西里斯神祕學中，精神重生的前提，則是與深淵之王面對面，深淵之王的外型經常是蛇，因為古代世界相信蛇是永生的。蛇卸下滿是皺紋的蛇皮，宛如「重生」，而不是死亡。所以希臘人將褪下的蛇皮稱為 geras，意思是「衰老」。蘇美女神寧胡爾薩格（Ninhursag），「讓亡者重新獲得生命之神」，也被稱為「蛇的偉大女神」。[11]

　　撒旦之名可能起源於地下世界蛇之王的埃及名字撒塔

（Sata），他是另外一位賽特，也是救世主歐西里斯的黑暗雙生子。根據《死者之書》，一個人只要能夠認同地下世界的撒塔，以及撒塔的教儀變形「崛起的救世主歐西里斯」，他就能獲得永生。他必須說：「我是蛇撒塔，擁有無盡的歲月。我倒下死亡，我日日重生。我是蛇撒塔，大地最深邃之處的居人。我倒下死亡。我新生，我日日重獲青春。」12

撒旦蛇的概念與印度的卓越之蛇（Supreme Snake）來自相同的符號，卓越之蛇居住在卡利女神子宮中的深淵。13《吠陀經》認為卓越之蛇是卡利女神的長子，他永遠居住在圍繞世界的海洋最深處。14 埃及人也將卓越之蛇的地位放在日出山嶺，就像「火焰居者」阿米—赫夫（Ami-Hemf），而阿米—赫夫就是埃及文明的晨星路西法。15 路西法墜落至深淵時，通常會化為閃電，所以耶穌曾說他看見撒旦以閃電的形式墜落（路加福音第十章第十八節）。

有些人認為，耶和華只是地下世界蛇之神的另外一個化身。據說，利未人以利維坦（Leviathan）的祖名崇拜他；他也以銅蛇（Nehushtan）的姿態成為摩西遇見的上帝（列王記下第十八章第四節）。銅蛇與希伯來文的 *nahash* 有關，意思是「蛇」，或許可以追溯至吠陀的蛇王納胡夏（Nahusha），他曾是天堂的最高統治者，直到一場戰役將他推翻至地下世界。16 猶太諾斯底教派也闡述類似的故事，認為耶和華竊取原本屬於睿智之蛇的王國。17 在公元前二世紀，猶太人的吊墜項鍊將耶和華描述為部分屬於爬蟲類的神祇，就像宙斯・撒伯修斯（Zeus Sabazius）或俄菲翁（Ophion），俄菲翁是佛里幾亞地區居民崇拜的蛇祖神，據說居住在天堂原始花園中的永

生樹。[18]

　　眾所皆知的伊甸園故事，惡魔化身為樹上之蛇，其實只是上述神話的其中一種版本。相較於《聖經》創世紀抄襲的版本，另外一些版本更同情夏娃和蛇。諾斯底教派主張，惡魔化身為神話故事的蛇，其實是人性的協助者。他讓夏娃和亞當獲得必要的知識，而上帝刻意隱藏知識。

　　《聖經》的翻譯者非常焦慮，他們努力想要維持一神信仰，將原本手稿中的「眾神」（gods; elohim）翻譯為「神」（God；上帝）。諾斯底教派的經文更清楚解釋《聖經》眾神的存在，稱為「archons」（意思是統治者）；他們是自私的野獸神，創造世界，但希望讓人類保持無知的奴隸狀態。其中一位「比其他眾神更聰明的神」被稱為惡魔，而惡魔告訴夏娃和亞當，要他們吃下知識的果實（gnosis）。於是夏娃和亞當「理解世事」，他們看見創造自己的眾神，他們厭惡眾神。[19]

　　《聖經》中的上帝說：「看啊，那人已經成為我們的其中之一，能夠明白善惡；現在，他恐怕也要伸手觸碰生命之樹，吃下果實，獲得永生，」必須將他逐出伊甸園（創世紀第三章第二十二節）。但這段文字經過刻意精簡了。諾斯底教派的經文敘說了更多故事：古代的統治者決定處置亞當是因為「恐怕……亞當也會走向生命樹，吃下生命樹的果實，獲得不朽的生命，開始統治，並且譴責我們，將我們所有的榮耀視為愚蠢——隨後，亞當將審判我們與全世界——來吧，讓我們將亞當逐出天堂，放逐至地上，也就是我們找到亞當之處，於是亞當再也無法理解統治者。」上帝對夏娃和蛇的

詛咒，也被詮釋為統治者的邪惡本質。蛇弄瞎統治者的雙眼，所以他們無法對蛇造成重大傷害；但是，「統治者變得無能，只能詛咒蛇。隨後，統治者處置女人，他們詛咒女人與她的子嗣。女人之後，他們詛咒亞當，為了亞當，他們詛咒大地與果實。他們詛咒自己創造的萬物。萬物不再有福。惡不可能創造善。」[20]

顯然的，諾斯底教派對於人類創造者的觀念，與教會正統的觀念大相逕庭，但教會正統的觀念已被透徹研究，也進入西方傳統。諾斯底教派的觀點更接近古代巴比倫人的經文，巴比倫人相信有權力且貪婪的眾神創造了人類作為奴隸，拒絕人類接受啟蒙與永生。唯有經過母神的憐憫，她送出一位救世主到地上拯救人類，人類才開始學習。

在基督教的正統與異端思想中，雖然基於不同的理由，但惡魔都是知識的啟示者。惡魔的地位或許可以解釋他為什麼會處於塔羅牌王牌地下世界循環的重要中間點。入門啟蒙者至此已經熟悉最深邃的祕密，能夠開始精神新生的返途。如果他是一位合格的諾斯底教派信徒，現在也擁有強化的祕密知識，明白世間矗立的教會崇拜一位邪惡的神靈，將全世界囚禁在無知之中。

事實上，諾斯底教派認為正統教會錯了，教會選擇錯誤的雙生神作為上帝，並且將人類真正的協助者貶入地獄，而諾斯底教派這樣的想法不是祕密。這是諾斯底教派崇拜惡魔的真正意義。他們拒絕崇拜耶和華，因為他們認為耶和華才是惡的創造者——正如上帝在《聖經》中坦然承認（以賽亞書第四十五章第七節）。

無論基督教神學家是否相信惡魔是人類的協助者，他們都認為

惡魔必須存在。基督教的基礎二元論需要惡的根源，才有對立的善根源。縱然以賽亞書曾經提出權威話語，但教會依然不敢讓上帝成為惡的根源。因為，即使惡魔必須擔負惡的罪名，倘若上帝才是惡的根源，就會掀起迄今依舊無法解決的矛盾：假如上帝希望世上有惡，上帝就無法是善。如果上帝不希望惡存在，但無法避免，他就不是全能的上帝。

正統的基督教神學需要惡魔解釋原罪教條，因為教會已經認同原罪教條，無法撤回。倘若伊甸園中沒有誘惑亞當的元兇，沒有誘惑，沒有沉淪，沒有原罪，就不需要救贖，也不需要教會。正如德·吉佛瑞（de Givry）主教所說：「如果撒旦的概念變得溫和，教會之父細心打造的成就將分崩離析。」[21]

甚者，既然基督教會官方認為惡魔與他的士兵必須懲罰以及誘惑罪人，如果沒有惡魔掌管的地下世界監牢，就沒有任何人需要拯救。教會人士必須承認，惡魔必定是上帝忠誠的僕人，因為他忠誠執行上帝指派的使命。上帝真正的敵人將釋放所有的罪人。

因此，惡魔有許多理由保持無懈可擊的地位。他是必要的黑影，沒有他，上帝的光就無法發亮。正如夜間的月亮宗教與新生的太陽神祇共同延續，地下世界的至高地位，也跟著地下之王的古老雙子天堂之神共同延續。這個理由或許也能解釋為什麼塔羅牌的惡魔（第十五號王牌）與教皇（第五號王牌）有緊密的關係，在圖像上，惡魔也強調了教皇的傳統手勢，神職人員的姿勢，以及兩位崇拜者。

塔羅牌的門外漢經常將惡魔視為某種影響，彷彿惡魔只是一位

很有魅力的騙徒，而不是邪惡的象徵。惡魔呈現禁慾宗教要求人拒絕的性慾，於是他們只能將性慾投射至別處。神學家主張，惡魔因為犯下 hubris 之罪而被逐出天堂，這個字翻譯為傲慢（pride），但 hubris 在希臘文的原意是淫蕩（lechery）。[22] 正如許多的遠古眾神，惡魔經常同時呈現男性和女性特徵，象徵「性的統一」。傳統塔羅牌的惡魔形象採用這種繪畫風格。[23] 惡魔頭上戴著角（horn），因為他非常淫蕩（horny），正如古代的其他豐產之神，例如潘（Pan）、戴奧尼修斯、賽努諾斯（Cernunnos）、埃爾（El）、阿比斯（Apis），以及所有神聖的公牛、公羊、公鹿、公山羊，以及公狼。自從密宗聖人認為性能量將神祕地上升至頭部與頭部的其他部位之後，數千年來，世界各地都認為角與性能力有關係。[24]

　　塔羅牌惡魔的生殖器就在圖片設計的正中央，就像文藝復興藝術繪製的五芒星人體圖案。惡魔重視性能力，也導致基督教當局宣布所有的惡魔崇拜都是起源於對女人的「世俗性慾」，而女人的性慾總是貪得無饜。[25] 很有可能，在父權宗教權威刻意否認女性性滿足的年代，倘若惡魔尚未出現，女人也要創造這個惡魔。

16 號牌：上帝之家

16

The House of God

上帝之家，也是眾所皆知的雷擊高塔，代表一種獨特的中世紀符號。倘若傾頹的結構代表有時候被稱為「驕傲高塔」的神聖羅馬帝國，這張塔羅牌也可以視為受到民眾喜愛的地下預言圖像，認為神聖羅馬必然毀滅。[1] 據說，只要神聖羅馬帝國依然安然無缺，敵基督就無法降臨這個世界。因此，帝國的毀滅也可以是末日即將來臨的前兆。[2] 倘若上帝之家是上述的預言，從塔上摔落的兩個人物，可能是皇帝和教皇，結合在一起，就是教會和國家。

漢斯主教教堂也有相同的石刻畫像，可能出自異端的共濟會人士的手筆。[3] 就像現代的青少年，文藝復興時期的兄弟會成員也非常喜歡將祕密暗號與神祕訊息「藏匿於大庭廣眾之中」。在一個信仰錯誤就會輕而易舉導致信徒被送入虐待室與刑架的時代，他們確實有非常好的理由，將自己的信仰藏匿於祕傳符號的叢林之中。

但是，第十六張王牌背後還有更多意義。閃電與高塔都是陽具之神的古老象徵——他是古代世界的天堂之父，也是基督教世界的惡魔。閃電曾是溼婆神持有的三重陽具，因為溼婆神是「三叉戟的持有者」，象徵他與卡利三女神的性結合[4]，也代表男性的「寶石」

被女性的蓮花包覆。

宙斯、涅普頓、普魯托、朱比特、哈帝斯、波賽頓，以及其他古典時代的眾神繼承了三叉戟——還有他們在中世紀的混合體，基督教的惡魔。上帝之家塔羅牌還有另外一個名字，「來自天堂之火」，也顯示了古代信仰認為天堂之父以閃電之姿降臨，讓深淵子宮變得多產，所有生靈的血液都是女性之水，由天堂之父加溫染紅。[5] 正如神的「閃亮陽具」在母神充滿水的女陰中平息，閃電擊中大海之後也將消失，孕育新的閃電，就像所有死亡且重生的神祇。[6]

諾斯底教派自稱為路西法教派的原因也非常明顯，他們期待同一位閃電持有之神的二次降臨，因為祂將知識之光帶給人類的第一對父母。正如早期的摩尼教團體，中世紀的路西法教派認為，他們的世界被一位邪惡之神統治，邪惡之神的教會讓許多民眾身陷奴役和壓迫。摩尼教派創始者摩尼（Mani）所寫的經文則說，「黑暗王子與摩西、猶太人，以及猶太人的祭司交談……基督教犯了相同的錯，他們崇拜上帝，因為上帝帶領他們偏離正軌……上帝不是真理之神。」[7]

根據東方哲學家的想法，突如其來的真理啟蒙（en-light-enment，中間有閃電 light 一字），就像「一道藍色的閃電」，瞬間摧毀所有的錯誤。[8] 神（或惡魔）的符號倏然從天一閃而降，彷彿閃電降臨，通常也代表知識的孕生。

這個景象之中還有一個有趣的二元系統象徵。高傲之塔是另外一種類型的陽具，通常與天堂之父在地上的建設有關，例如方尖

塔、神廟柱子、希臘路標方形石柱、十字架、神聖之樹、鐘樓，以及其他體現天堂之父生殖能力精神的「豎立」建築——有時形象非常明確，有時則是較不明顯。《聖經》的上帝自稱為「高塔」（high tower）（撒母耳記下第二十二章第三節）❼。閃電攻擊高塔象徵未來的神摧毀過去的神：這是經典的伊底帕斯隱喻。閃電神靈第一次在《聖經》出現則是「上帝之子」，這是非常重要的細節（約伯記第一章第六節）。

雖然基督教會權威刻意掩飾這些符號的陽具意義，他們宣稱自己不理解，卻坦率承認閃電代表「閃電持有者」路西法或撒旦。由於耶穌本人曾親眼目睹，因此無法否認（路加福音第十章第十八節）。撒旦身為「天空之力的王子」，人們相信撒旦向教會高塔投擲毀滅性的閃電。一七八三年時，教會主教曾抱怨，過去三十年，光是在日耳曼地區就有四百間教堂遭到雷擊，還有一百二十座鐘樓因而毀滅。⁹ 教會採取的預防措施似乎無可避免地失敗了：敲鐘、祈禱、潑灑聖水、守夜，以及在暴風雨時繞著教會行走。

上述的現象也造成神學詮釋的難堪。為什麼上帝無法保護他的教會免於惡魔的雷擊？異端人士很自然地開始悄悄耳語，認為教會屬於偽神，真神之怒必然降臨至他們身上。這種異端觀念用某種方式獲得了認同，時至今日，雷擊造成的任何傷亡都會被視為神的行為，但沒有人可以解釋為什麼上帝應該攻擊他的崇拜場所。

閃電繼續攻擊教會的高塔，直到「狡猾的異教徒」班傑明・富

---

❼ 《聖經》和合本此處將 High Tower 翻譯為高臺。

蘭克林（Benjamin Franklin）發明了避雷針。即使在當時，許多教會組織依然長期拒絕使用這個「褻瀆上帝」的解決方案。[10]

在更為符合教儀的閃電保護方法之中，其中之一就是相信承載聖芭芭拉（St. Babara，聖白芭蕾）之名的鐘響，能夠避免閃電擊中教會的鐘塔。[11] 基督教的傳說主張芭芭拉是「處女殉道者」，她因皈依基督教，而在高塔中遭到異端父親的虐待和謀殺。雖然為時已晚，但上帝最後用報應的閃電擊中他，讓他化為塵埃，學會了教訓。[12] 不知道何種原因，這個故事的結局讓他們相信，聖芭芭拉對於閃電有絕對的控制力。

不幸的是，後人發現聖芭芭拉根本不是聖人，而是波佐利（Pozzuoli）一地所謂「野蠻人」（the Barbarian）的「圓山女神」（Goddess of Round Mountain）。就像歐洲的其他魔法山脈，圓山是通往地下的異教天堂「精靈之地」的其中一個入口。異教的祖靈亡者住在圓山之中，教會人士將他們描述為「受到誘惑的男男女女，一生沉溺於舞蹈和色慾，直到末日來臨」。[13] 在古代，圓山曾是神聖的中心點，頂端有一座吸引雷電的高塔，而雷電被視為天堂之神與大地女神的結合。

或許，這種古代神殿的記憶，促成塔羅牌的意象，而希臘人將這種神殿稱為「降臨之地」。人們廣泛相信，雷電的二次降臨將在大地子宮孕育生命，再生之鍋或聖杯就象徵了大地子宮──即使是大地子宮的衍生物，也就是教會的洗禮池，都與「瑪利亞的子宮」有關，據說將蠟燭放入泉水之中，就能維持生命。[14] 雷電應該來自於宇宙生育活泉的「無盡深處」，而此處的宇宙生育不只有精神的

意義，也有字面上的生育意義。[15] 所以有些古老的塔羅牌組將閃電的形象轉變為葉子茂盛或花朵盛開的樹枝。[16] 活泉出現在下一張塔羅王牌，圖片設計的特色是裸體女神，意義也難以誤判，就是重拾生命創造力的美好前景。

17 號牌：星星

17

The Star

大地和海洋女神再度出現在第十七號王牌。女神的早期對應人物是女皇帝，女皇帝的衣著依然整齊，但現在女神的身分已經完全揭曉，她赤裸身體，或者用密宗的詞彙表達就是「一絲不掛」（digambara）。塔羅牌星星的設計少有變化。幾乎所有的牌組都是赤裸女神從兩個容器（或兩個乳房）將活泉倒入水中和土地，七個星辰在天堂閃耀，最中央的星辰最大。

這張牌也是「伊希絲之星」，象徵尼羅河每年一度的洪水，將生命的食物賜給埃及的所有土地。[1] 伊希絲成為所有靈魂的生命之泉起源，她前往星辰天堂。她的形象也被描繪為，靈魂前往她面前時，她就替靈魂倒出泉水。[2] 伊希絲的信徒接受入門儀式之後獲得

承諾：「你將出現在天堂，你將穿越天空，你將坐在眾星諸神身邊。」[3]

赫密斯教派的經文祈求伊希絲母神庇護時，將她視為同樣一位星辰女神，就是迦太基人所知道的「星辰處女」（Celestial Virgin）或星辰之后艾斯特亞奇（Astroarche，意思是星辰本源）。星辰女神身邊通常有七位女祭司陪伴，就像塔羅牌星星的裸體女神也有七個較小的星星陪伴。迦太基人的七位女祭司先知傳說在羅馬帝國廣為流傳，甚至可以挑戰庫邁（Cumaean）女先知的權威。[4] 七位女祭司先知陪伴敘利亞的艾斯塔特女神、巴比倫的以希塔女神、埃蘭（Elam）的伊斯特女神、巴勒斯坦的艾許托瑞斯女神（Ashtoreth），以及北歐的歐斯特拉女神或伊歐斯特女神——上述所有的女神名字，意思都是星辰，最後一個名字伊歐斯特也是復活節之名的由來。[5]

七位女祭司先知原本是阿拉伯的七聖人，據說原本就是女性。[6] 她們是智慧的七支柱，她們的睿智之語就是智慧的「珍珠」。《聖經》也提到智慧女神，女神「開鑿七根支柱」（箴言第九章第一節）。

在塵世的七位神聖姊妹，她們在天堂也有其對應。七顆星辰組成的星團被視為她們靈魂的存藏器具，她們獲得聖命時，靈魂以鴿子的姿態從天而降，附在女祭司身上。宿昂星團（Pleiades，又稱七姊妹星團，原文意思是一群鴿子），就是希臘人對七姊妹的稱呼。[7] 希羅多德（Herodotus）曾說，七位稱為鴿子的神聖女人，建立多多納（Dodona）、伊庇魯斯（Epirus），以及底比·阿蒙（Theban Amon）三地的神廟。[8] 有些人認為，七姊妹都是阿芙蘿黛蒂的女兒，她的圖案就是鴿子，但阿芙蘿黛蒂使用自己的另外一

個名字普勒艾歐尼（Pleione），「海洋之后」。[9] 她的其他別名「海洋之星」後來也遭到基督教的抄襲，用於處女瑪利亞身上。耶穌受洗時，聖靈以鴿子的姿態降臨至耶穌身上，這又是基督教抄襲古代女神的聖像傳說。

希臘神聖七姊妹的其中一位是瑪亞（Maia），又被稱為「祖母」或「製造者」，她生下啟蒙者赫密斯。她是卡利—瑪雅（Kali-Maya）女神的後裔，女造物主，生下啟蒙覺者佛陀。[10] 印度人相信，所有的七姊妹都是卡利女神的顯現。她們也是世界的七位母親，又稱為克里提卡斯（Krittikas），意思是「剃刀」、「裁切者」或「審判者」，她們「嚴格」審判男人。[11] 她們的名字也成為希臘文的審判者（kritikos）。

為什麼原始的印度神聖七姊妹是「剃刀」，原因可能就在中美洲。有一個國家以瑪雅為名，神聖七姊妹在瑪雅國的天堂具有非常的重要地位。在神聖大年的最後一夜，救世主「被剝皮者」將被放在星辰之丘，獻給神聖七姊妹。正如印度「紅神」魯特羅，以及他的希臘對照神馬斯亞斯（Marsyas），又稱為馬斯，祭品將被用剃刀剝皮，高等祭司會穿著他的人皮。墨西哥人相信，如果沒有即時在正確的季節進行儀式，七姊妹星團將會停在天空的至高點，世界走入盡頭。[12] 他們也相信，祭品的血能讓春泉之水開始奔流。

西藏每年一度的「春泉水奔流」嘉年華依然以天狼星上升的時間點為基準，天狼星代表一個神祇，他的名字是投山仙人（Rishi-Agastya）。[13] 天狼星的上升也代表尼羅河之水將奔向埃及人。他們將這顆星取名為索希斯（Sothis，也就是 Sirius，賽勒斯，天狼星的

英文名稱），也是歐西里斯的靈魂在輪迴之間停留於天堂時的名字。歐西里斯遭到肢解，而不是剝皮，但他是典型的救世主，他的死亡帶來世界的新生。歐西里斯的星辰上升時會有三位智者作為信使，他們稱為馬奇（Magi），也就是獵戶座三顆指向天狼星的星辰。「馬奇之星」是塔羅牌星星的另外一個名字。[14]

因此，塔羅牌星星可能體現了一個巨大的古老傳統，在印度、希臘、埃及，甚至哥倫布時代前的墨西哥，都相當常見，與「水」的復甦或生育力有關。耶穌同樣生於水〔waters 就是 maria（瑪利亞）〕或者瑪利—以希塔女神，她曾是耶路撒冷崇拜的海洋之星，也是上帝的配偶。

在小亞細亞，星辰女神的名字是阿特米斯・卡亞提斯（Artemis Caryatis），通常以柱子的型態受到崇拜。她的七位女祭司是卡亞提德斯（caryatides），原意是「教會之柱」，以女性形象進行雕刻描繪，迄今依然可見於希臘神廟。阿特米斯女神原本統治天堂的所有星辰靈魂，直到希臘人的父權之神宙斯竊奪她的權威。[15] 身為萬靈動物女神，她有時候化為母熊形體，在天空中顯現為比昂宿星團七姊妹更大型的七星星群，名為大熊星座（Ursa Major），就是現在世人熟知的北斗七星（Big Dipper；英文原意是大漏斗）。

古代人非常敬重大熊座，因為大熊座在天堂擁有指揮地位，圍繞著北極星。從北緯地區觀看，大熊座是巨大銀河圓輪的轉軸，而且不會像黃道十二星座降到地平線以下。既然阿特米斯也是月亮，大熊星座七個明亮的星辰也可能被視為女神的隨從，稱為寧芙或荷瑞（Horae），守護著北極星。崇拜阿特米斯的不只是希臘人，還有

其他歐洲人，例如赫爾維蒂人（Helvetii）。阿特米斯也是阿提歐〔Artiothe; Berne（伯恩尼），意思就是母熊〕。[16] 時至今日，她的畫像依然出現在伯恩城的徽章。

藉由相關的神話圖像，我們可以開始設想，星辰被視為天堂中有福的靈魂，受到女神的統治——英雄、眾神、殉道者、逝去的聖王與救世主、動物神靈，以及預言神靈，都能藉由自己的星辰神祕律動，顯現人類的命運。女神指揮星辰的律動。女神將特定星辰派至地上，以人類身體重生。有些星辰的使命已經實現，女神將他們帶往天堂。在鄉村地區，居民依然相信墜落的星辰代表靈魂降臨至地球，成為某人肚中的嬰兒或即將出生。[17] 神祕的「星光體」（astral body）就是字面上的意義，星辰的身體，根據古代的觀念，一個人的內在精神曾經是，或者未來就會成為星辰。希臘人說星光體是以太的（ethereal），意思用以太（ether）或星辰物質做成。以太是第五種元素，古代人認為以太比火元素更稀薄。

上帝之家摧毀之後，女神重新出現在大祕儀牌，或許可以詮釋為後革命時代的願望實現系統，女神將回到正確的地位。或許，諾斯底教派認為，女神比教會的上帝更照顧靈魂，而上帝讓人的靈魂無法進入天堂。正如古代的「東方之星」艾斯塔特，她是「世界真正的最高統治者……用愛與新生，掌握永恆的生命復甦」。[18] 女神在塔羅牌星星上的形象，似乎是要展現伊希絲與歐西里斯天堂的「碧綠草原與靜水」，這個描述方式首次出現在埃及經文，隨後翻譯進入《聖經》的詩歌。女神當然不是基督教的意象，但她的出現似乎傳遞了平和與寧靜的感受。

18號牌：月亮

18

The Moon

沒有任何一張大祕儀塔羅牌——即使死神或惡魔——引發的恐懼能夠與月亮這張牌相提並論，這是一個難以理解的現象。月亮牌引發的邪惡意涵多過於其他任何一張塔羅牌。靈魂的黑夜，也就是「信仰危機」，這是月亮牌眾多險峻預言意義中最輕微者。[1] 滿月、兩隻狗，以及一隻螃蟹或淡水螯蝦的圖片，究竟為何如此關鍵或駭人？如此誇大的回應似乎需要仔細解釋。

從表面上看來，我們必須理解月亮是偉大女神的主要符號，時間早於任何的太陽神祇或「優越」的男性神祇。[2] 迦勒底人的占星術發明人忽略了太陽，並且使用母系月亮作為星體律動的基礎。[3] 摩西・邁蒙尼德（Moses Maimonides）則說月亮崇拜就是亞當的宗教。[4] 埃及的其中一個古代名字是克曼努（Khemennu），意思是「月之土地」，埃及祭司認為月亮是宇宙之母。[5] 非洲各地的部族祖靈領導者據說都是月亮的化身。[6] 非洲人以及巴斯克人（Basque）都說所有的神祇是「月」。[7] 玻里尼西亞（Polynesian）則說月亮是原始的處女母神與女造物主；月亮生育所有人類。[8] 普魯塔克認為生育人體與人體生長的力量來自月亮，母親體內的月血

凝塊在子宮中形成嬰兒。[9] 古代人曾一度相信，孩子只有與母親有「血脈」關係，因為月球賜予的子宮鮮血創造了所有的新生命，缺乏上述過程，男人根本無法生育。

即使父權的基督教也不曾徹底消滅上述的相關信仰。在中世紀，據說女人如果渴望得到特定的神祇幫助，她應該祈禱，但不是向上帝（根據《聖經》，上帝是女性的仇敵），而是尋向女性自己的神祇，也就是月亮。[10] 葡萄牙和法國的農民也不曾停止崇拜月亮，他們稱呼月亮是「我們的女神」以及「上帝之母」。[11] 根據迪格比（Digby）神祕劇的內容，即使耶穌本人也曾歌頌讚美：「月亮，他的母親，神聖的容器……在升上太陽之前，他就在月亮之中歇息。」[12]

如果女人夢見自己的形象出現在月亮之中，這個跡象代表她將生育一位女兒。[13] 法國羅亞爾（Loire）地區育嬰之歌的內容也顯示，他們一直相信月亮是人類子嗣的真正來源。蘇格蘭奧克尼（Orkney）的新娘如果沒有在夜晚前往巨石陣中祈求生育，就不會認為自己已經完成結婚，而當地人認為巨石陣就是月之神殿。[14] 教會的敵意也顯露於神職人員常見的觀念，他們認為如果女人裸體接受月光照耀，就會懷孕生下吸血鬼或惡魔的孩子。[15]

月亮曾經被視為受孕的起源，因為世界流傳的投胎轉世概念認為，月球母神持續接收人類的靈魂，將他們送回地球重生。「戴安娜女神配戴的新月，以及其他女神崇拜的月，據說都是方舟或船型容器，象徵生育力或所有生命胚胎的容器。」[16]《吠陀經》也說，所有的靈魂死後都會回到月球，因為生命來自於月球，也在月球被

「母性神靈」吞沒。[17] 希臘人通常認為極樂世界（Elysian Fields）就在月球。[18] 羅馬人相信正義之人的靈魂會在月球受到淨化，一種在基督教出現之前的滌罪模式。[19] 羅馬時代貴族配戴的象牙新月徽章代表他們是死後居住在月球之人。[20] 諾斯底教派則說，啟蒙之人的靈魂會被引至月球，無知之人的靈魂則會重生為動物。[21]

　　許多更為高階的文明都保存了死後前往月球的概念……也不難看見各種主題相信月球是死者之地或靈魂的新生容器……這是人類相信月球主宰有機生命體形成以及瓦解的其中一個原因。[22]

　　人之島（The Isle of Man，月亮）曾經是北歐人的「死者之島」，天堂統治者月母瑪那的莊嚴聖地——也是條頓人所知道的瑪那維嘉（Manavegr）——意思是月之道。[23] 月母瑪那曾經也是芬蘭神話中的鬼魂世界瑪那拉（Manala）王后、阿拉伯的命運母神，以及羅馬人的祖靈之母，羅馬人將祖靈稱為月之子（manes 或 maniae）。[24] 月島的瑪那母神將亡者靈魂存放在「上下顛倒的壺」。[25] 東日德蘭半島（East Jutland）的石隧墳存放大量的「靈魂容器」，外型就是上下顛倒的壺。[26] 南美洲的印地人記載相似的習俗，他們認為月亮帶走亡者靈魂，存放在顛倒的壺。[27] 在東南亞，所有提供生命的液體都連結至某個靈魂存有，「壺」就是月球：「水、樹汁、牛奶，以及血，都是同一種靈藥的不同階段。這種永恆液體的器皿或杯就是月亮。」[28]

　　所有版本的月亮三女神都是相同的圖像，與出生、死亡以及重

生有關，特別是女神的老嫗型態，男人最為畏懼。經典的老嫗形象是黑卡帝，她成為基督教世界中令人害怕的「女巫之后」，因為黑卡帝的古代女祭司宣稱她們可以控制月亮——甚至可以使用咒語，將月球從天上拉至地面。[29] 實際上，女祭司所說的「拉下月亮」，其實是指女祭司獲得任命之後，祈求月球神靈降至人類身上，而基督教也抄襲了相同的儀式，祈求上帝的神靈「降臨」至人類身上。波菲利寫道：「月球就是黑卡帝……她的力量有三種形式，符號分別是新月、穿著白袍與金色帶鞋的人，以及點亮的火把；她登上高處時攜帶的籃子，則是穀物耕種的象徵，女神以自己的光亮，製造穀物，使穀物成長。」[30]

塔羅月亮牌有時候被稱為黑卡帝，或黑卡帝之犬——也就是牌面上對著月亮嚎叫的兩隻狗。[31] 歐洲各地的迷信習俗堅持，狗對著月亮嚎叫是死亡的預兆，因為狗可以看見死亡天使黑卡帝來臨。[32] 塔羅月亮牌的設計，通常在兩隻狗的後方顯示通道的兩根塔門，以及通往塔門的道路。這個形象曾經是經典的死亡之門。吠陀詩人以及大多數的印歐人相信兩隻狗守護死亡之門。愛爾蘭人堅持，哀悼者絕對不能大聲痛哭，他們害怕驚動死亡之門的守護犬，導致牠們攻擊亡者的靈魂。[33]

女神的老嫗型態是死亡之犬的母親或女主人。《吠陀經》稱呼她為莎拉瑪（Sarama），也就是莎拉—瑪（Sara-Ma），意思是莎拉母神（Mother Sara），一位女獵神，等同於吉普賽人所說的莎拉卡利。[34]《萬迪達德》（Venidad）則說，抵達天堂的靈魂將遇見美麗的月球女神，「兩隻狗就在她的身邊」。[35] 北歐人版本的老嫗女神

則是安格爾波達（Angurboda），「鐵木女巫」，她生下赫爾以及狼群，狼群由瑪那格姆（Managarm）率領，這個名字的意思就是「月之犬」。[36] 牠們協助亡者前往英靈神殿（Valhalla）。

　　狗、豺，以及狼，就像禿鷹，在世界各地都與死亡有關，因為牠們吞食腐肉。作為死亡女神的隨從，牠們成為犬神。埃及犬神阿努比斯在建立王朝之前的名字曾是瑪特斯（Mates），意思是「母神的他」。[37] 溼婆神之名（Shiva）也意指豺。溼婆神以豺姿態陪伴女神。[38] 高盧─羅馬的死者運送者是狼神，名字則是路波斯（Lupus）、費羅努斯（Feronius）或迪斯・派特（Dis Pater）。希臘人的狼神是阿波羅・萊卡翁（Apollo Lycaeon），意思為「如狼的阿波羅」。阿特米斯身為動物女神時，萊卡翁是她的夥伴。[39] 蘇格拉底傳道的萊克昂（Lyceum）學院或稱狼之神殿，就是獻給萊卡翁。波瑟芬尼是同一位死亡女神的「毀滅者」面向，她的看門犬名為克伯羅斯（Cerberus；地獄犬），意思是「地坑之神靈」。[40]

　　月之犬可能是死亡之門的傳統守護者，但死神出現在第十三號大祕儀牌。稍早的塔羅牌旅程已經描繪下降至地獄以及與死神見面。塔羅月亮牌有何不同？或者說，塔羅牌月亮有何令人更為不安之處？答案就在畫面前方的螃蟹。藉由這個符號，塔羅牌月亮呈現的意象不只是死亡，而是男人淒涼地將死亡投射至外部宇宙，也就是世界末日。

　　螃蟹，或者說巨蟹是象徵水的黃道符號，永遠都受到月球的統治。[41] 數千年之前，迦勒底人的早期占星師認為，摧毀世界的大洪水（Deluge）最後一次就是發生在所有行星群聚在巨蟹星團。隨著

時間經過，行星再次進入巨蟹符號時，當前世界的循環就會結束。萬物都將被掃入原始的混沌狀態，準備下一次的新生。這個信條也流傳至印度、埃及、中國、波斯、中東、歐洲，以及前哥倫布時期的美洲。[42]

這就是塔羅牌月亮的可怕祕密。螃蟹宣布老嫗女神降臨之後即將吞沒地球、眾神，以及元素。卡利—巴法尼，存在的本身，將重新變成卡利—烏瑪，一切的非存在（Kali-Uma, Not Being）——最原始的深邃，也就是螃蟹池水的象徵。漆黑的深夜，不只是對世間獨自存在的靈魂，而是對宇宙本身。或許，這個景象也是月亮的另外一個自我——塔羅牌女教皇，她在書中讀到的祕密。女教皇同樣坐在門前。

關於月球古老力量的古老暗示，也促成無數的迷信恐懼。瘋狂（mania）以及精神失常（lunacy）都衍生於月亮母神的名字〔瑪那（Mana）與露娜（Luna）〕，因為教會指控月亮的信徒都是瘋子。維多利亞時代的醫師，用理性的方式解釋，人類在密閉房間睡覺的習俗是為了防止吸入不健康的夜間空氣；但稍早的年代，則是為了阻絕月光。羅傑‧培根（Roger Bacon）曾經嚴肅寫道：「許多人都因為沒有防止自己遭到月光照射而死。」[43]

關於月球帶來的末日，基督教遺忘了一件事。古老的宗教並未認為世界將永遠停留在天堂或地獄狀態。末世不是結局。所有死亡都會帶來新生，即使宇宙的死亡亦如是。古代的末日神話傳達如此意義——塔羅牌月亮也一樣，隨著新的太陽升起，帶來宛如伊甸園的景象，年輕、純真，而且喜悅。

19 號牌：太陽

19

The Sun

傳統的塔羅牌將兩位裸體的孩子放在太陽牌上，一位是男孩，另一位則是女孩，他們在花園牆前一起跳舞。或許最容易理解的詮釋就在北歐的神話學，極度古老的亞利安信仰認為太陽是一位女性神祇「精靈榮光」（Glory-of-Elves），現有的宇宙結束之後，她將生下新的太陽女兒。新的太陽女神領導更好的新創世紀。在下一個新的原始伊甸園中，前兩位出現的人類將一起長大。女孩成為下一位萬靈之母，而這個女人的名字是「生命」（莉芙）（Life; Lif）。男孩則是她的伴侶，而這個男人的名字是生命之欲（Desirer-of-Life；莉芙之欲）。[1]

他們不只是前《聖經》時期的亞當與夏娃的未來轉生，也是大多數印歐神話太陽月亮雙子的投射。舉例而言，伊希絲和歐西里斯早在母親子宮中就已經是伴侶了，他們也生育了後裔大荷魯斯（Elder Horus）。小荷魯斯是伊希絲的兄弟伴侶重新轉世，伊希絲生下小荷魯斯之後則說：「我孕育的果實已經成為太陽。」[2] 伊希絲以神聖月牛的偽裝出現時，小荷魯斯成為她的金色小牛──也就是以色列人從埃及帶出的崇拜聖物。

阿波羅與阿特米斯是另外一對相似的雙子，他們在母親勒托

（Leto）或拉托納（Latona）的子宮中已是伴侶，拉托納是原始黑暗的另外一個人格。阿波羅和他的妹妹阿特米斯在提洛島（Delos）的阿波羅神廟聖壇結為伴侶。利米恩卡比人（Lemnian Cabiri）每年冬至都會從聖壇取出新火，重新點亮自家爐灶，慶祝阿波羅的重生。[3] 基督教也採用了卡比人的薪火儀式，每年在呂卡維多斯山（Mount Lycabettus）舉行。卡比人崇拜男女雙胞胎之神，稱為雙子（Gemini），雙子也是塔羅牌太陽的別名。[4] 太陽神成熟之後就會「化為肉身」，成為海格力斯，方式則是常見的處女生子。神與他的塵世化身都會擁有救世主之名索特（Soter）。[5]

古希臘歷史哲學家狄奧多羅斯（Diodorus）引述另外一位歷史學家赫卡塔埃烏斯（Hecateus）的話討論拉托納的誕生之地——許珀耳玻瑞亞（Hyperborean）島月神殿。每過十九年，阿波羅造訪母親夜之母神（Mother Night）的神壇。[6] 每隔兩次十九年——也就是兩次太陽的「大年」——加上十八年的月亮「大年」，就會完成太陽和月亮位置重合的五十六年循環。太陽大年的十九，以及月亮大年的十八，分別對應太陽牌和月亮牌在塔羅中的數字，絕對不是意外。太陽牌中的孿生子可能暗示太陽大年的兩次循環。赫卡塔埃烏斯筆下的許珀耳玻瑞亞島絕對就是不列顛，該地的巨石神殿，例如巨石陣（Stonehenge）就有五十六個記號圍成一圈標誌著大年。[7]

在康瓦爾（Cornwall），太陽神神殿有十九個繞圈的石柱。[8] 基爾代爾（Kildare）也有十九名凱爾特月之女神布里吉特（Brigit）的女祭司參與聖火儀式，就像灶神維斯塔（Vesta）的聖壇，聖火不能消失，因為聖火永遠支持太陽之光。基督教將布里吉特轉變為偽聖

人，她的神廟成為女修道院，「但他們不敢熄滅火焰，於是聖火持續延燒千年，直到宗教改革的歲月才消逝」。[9] 布里吉特的特定忠誠信徒甚至堅持，她就是基督之母。[10]

在挪威，太陽月亮雙子與世界末日有關〔doomsday，也就是俗稱的諸神黃昏（Ragnarok）〕，代表創造和毀滅之力。雙子的名字則是修奇（Hjuki）以及碧爾（Bil）——修奇之名來自 *jakka*，意思是「聚集或增加」，而碧爾的名字來自 *bil*，意思為「打破或瓦解」。創造和毀滅之力藉由兩個神聖之子形成兩個人，母親瑪那（月）將他們帶往天堂。他們的「肩膀扛著席繆爾之杆（the Pole Simul），杆上懸掛索格之桶（the bucket Soegr），從比爾吉爾水井」汲取生命之水。上述句子的各個名字衍生於各個星團。修奇和碧爾代表下一個宇宙的星辰靈魂，因為他們從天堂之山宛如星辰墜落時，攜帶新世界的生命與死亡種子。基督教的敘述者讓修奇和碧爾的故事變得索然無味，成為眾所熟悉的傑克和吉爾（Jack and Jill）兒歌。[11]

中世紀的人經常弄混異教的天堂、基督教的天堂，以及下一個宇宙輪迴的伊甸園。有些人認為，前往天堂的靈魂成為天使或星辰。其他人則說，靈魂將在下一次的創世紀重生。還有另外一些人認為，靈魂前往西方，偉大女神的永恆年輕精靈之地，也就是太陽西沉之處。太陽眾神與英雄通常都會前往西方的天堂，而天堂有許多名字，例如西方人之地（Land of the Westerners）、幸運島（Fortunate Isle）、阿瓦隆（Avalon）、極樂世界（Elysium）、赫斯珀里得斯花園（Garden of Hesperides），以及死者之島等等。即使聖湯馬斯·阿奎納都相信天堂存在，甚至斷言以利亞（Elijah）與

以絲德拉絲（Esdras）依然在天堂生活。[12]

塔羅牌太陽的兩個孩子也暗示這座西方天堂的存在，就是愛爾蘭人所說的「青春之鄉」（Thierna na Oge）。青春之鄉的魔法噴泉是「生命之血」的月週期象徵，每個月都有一次滿溢。他們相信，只要喝下生命之血就能獲得永恆的活力。龐賽・德・里昂（Ponce de Leon）認為自己可以航向西方，找到這座噴泉，甚至宣稱已經在佛羅里達尋得目標。[13]

「永恆的青春」（Youth Eternal）是魔法噴泉的祝福，也是塔羅牌太陽的別名。[14] 牌面上，兩個孩子在有圍牆的花園中跳舞——這座封閉式花園象徵處女之母在異教形象和基督教形象之中的子宮。東方世界的經文說處女之母是裸體女神，而她的「魔法披衣」（mayik vesture）就是太陽——「現實世界最光榮的符號」。[15] 裸體女神的概念被《聖經》抄襲，成為「穿著太陽的女人」（啟示錄第十二章第一節），與處女瑪利亞是同一個人。但是，這個女人最早起源於毀滅老嫗或夜之母神的處女型態，她的「封閉花園」必然生出新世紀的孩子。

評論者認為，根據東方世界輪迴轉世與世界重生的概念，塔羅牌太陽的孩子代表從黑暗子宮中的湧現，也就是這一世的生命死亡之後到新生命重生之間的孕育黑夜。[16] 既然塔羅牌月亮應該代表靈魂的黑夜，而月的本質顯然象徵子宮，月亮之後只能是代表重生的塔羅牌。孩子被視為新世界的太陽與月亮雙子，他們在新的伊甸園愉悅舞蹈，此處被稱為靈魂的祕密花園。[17] 世界各地的神話符號都在最原始的天堂（封閉式花園）看見嬰兒的存在與祝福。

塔羅牌太陽孩子的塵世對應是魔術師（第一號王牌），魔術師與靈魂嚮導赫密斯之間的關係，也讓赫密斯與新生雙子靈魂之間有了穩定的神話連結。半人半神的赫密斯是一位巫師，率領人類靈魂的自我走過複雜的啟蒙符號儀式，讓新生之子的靈魂認識註定的啟示，並且循序漸進地理解，因為他們學習特定事物之後，才能真正理解宇宙的啟示。

20 號牌：審判

　　從表面上看來，塔羅牌審判就像最具備基督教意義的大祕儀牌。牌面就像正統派的最後王牌——雖然，審判其實是倒數第二張王牌。牌面的天使，有時候被認為是米迦勒（Michael）或加百列（Gabriel），在天堂吹奏喇叭。亡者聽見聲響，從墳墓爬出，面對最後的審判。審判的數字是二十，也代表完成了兩次的十張王牌。或許，塔羅牌審判想傳達的訊息遭到了隱約的嘲諷，審判的數字對應牌是愚者（0 號牌），而審判並不是最後一張王牌。

　　事實上，最後審判的場景並非起源於基督教，而是經由艾賽尼

教派，再度借用印歐文明的異教信仰，而艾賽尼教派抄襲波斯—密特拉的世界末日觀念。我們可以在基督教《福音書》的幾次闡述，追溯這個概念：

耶穌宣布世界末日將發生在聽眾的有生之年（路加福音第九章第二十七節；馬太福音第二十四章第三十四節），並認為自己等同於密特拉教派的「人子」，人子在數個世紀之前也曾經提出同樣的宣言，而公元前七十年的《以諾書》（*Book of Enoth*）早已描寫人子的二次降臨。[1] 耶穌用以諾教派的風格描述自己如何「在充滿偉大力量和榮耀的雲朵中重返人世」，並且「從來自塵世最遠處以及來自天堂最遠處的四方之風，聚集自己的遴選之民」（馬可福音第十三章第二十六節）。

對於猶太人而言，上述的概念顯然來自於公元前一世紀的艾賽尼教派社群，所有的艾賽尼教派社群都會選出一個完美的男人擔任「基督」，成為社群原罪的替罪羔羊，以及人類的彌賽亞（救世主）。[2] 基督和彌賽亞是任何自封聖人的常見頭銜。艾賽尼教派相信波斯人講述的聖人故事，以及人子（密特拉）的故事。密特拉讓凡人知道「光之子與暗之子之間的戰爭」即將爆發，也就是《聖經》世界末日的原型。[3] 但是，人子的頭銜並非來自於艾賽尼教派，甚至也不是波斯。人子之名來自亞利安人最古老的其中一位陽具之神毗濕奴，崇拜者稱呼他為人子（Son of Man; Narayana），證明他沒有母親。但是，在更早的輪迴轉世中，毗濕奴轉世成為密特拉（Mitra），也就是密多羅（Mithra）的吠陀前身，那時他曾是太陽女神阿底提（Aditi）的兒子，在「世界末日中展露光輝」的其中

一位神祇。[4]

　　波斯人的密特拉也沒有母親，他的父親是「天堂之火」。密特拉出生於一顆石頭，名為「petra genetrix」（意思是生殖力強的石頭），日期則是十二月二十五日——原本的冬至日期。牧羊人和馬奇崇拜密特拉。他被稱為世界之光與正義之陽。他治癒病患、驅逐惡魔、傳道，以及與十二位門徒進行最後的晚餐。他在春分（復活節）死亡且新生。他的教會有七個神聖標誌，聖餐的蛋糕有十字架標記，密特拉的祭司都要獨身生活。密特拉的信徒在「牛祭」（Taurobolium）上沐浴密特拉牛的鮮血之後，就能「獲得永恆的新生」。[5] 在公元時代初期，羅馬帝國曾經正式宣布密特拉教是帝國的保護者，因此密特拉的信徒是基督教最成功的競爭對手，也是最明確的模仿對象。[6]

　　世界末日和最後審判承襲於最古老的印歐文明神話，密特拉—艾賽尼—基督教的版本則進行了一項重要的改變。他們不再假設世界持續進行毀滅與新生。他們的世界變得線性且靜止，宣布只有一個永恆的末日，至此之後沒有變化，只有永恆的祝福或永恆的折磨，沒有新生的世界。

　　北歐國家保存了更為純粹的印歐文明神話，羅馬世界基督教化之後，北歐國家維持了超過千年的異教信仰。北歐世界的女祭司撰寫更高品質的世界末日文獻，更勝於被奉為神聖經文的啟示錄，啟示錄的作者名字是約翰，這個名字是假名，正如當時的基督教習俗。女祭司的預言（Voluspá）敘述即將到來的大災難、世界末日的戰鬥、死亡之船的啟程、星辰從天堂墜落，以及火焰和洪水毀滅大

地。諸神的黃昏（Ragnarok; Götterdämmerung）的宣布者不是大天使，而是里格—海姆達爾神（Rig-Heimdall），他用呼喊號角加拉爾（Gjellarhorn）吹動最後的王牌。

里格—海姆達爾是三個階級的原始之父，他與三位大地母神相連締結婚姻，分別是曾祖母埃達、祖母阿瑪（Amma），以及母親莫狄兒（Modir）。就像希德爾（Scyld）、梅林、亞瑟，以及其他的薩克遜英雄，里格—海姆達爾也是九重海洋女神之子——海洋女神的名字有時是瑪利、摩根（Morgan）、米納或麥琳（Maerin）——在第九次的浪湧，女神將里格—海姆達爾放在海岸上。「他出生於古代的神族時代，全身充滿力量；九位巨人之女在地球的邊緣生下他……他的身體是大地的力量、冰冷的海水以及獻祭公豬的鮮血。」[7]

里格—海姆達爾的神族是阿薩神族（Aesir），意思就是「亞洲人」（Asians），而他的名字意思是「海母神之子」，正如「達賴喇嘛」的字面意思。[8] 他宣布的世界末日被稱為「Götterdämmerung」，原意是「諸神將進入黑影」，有時候則會被不精確地翻譯為「諸神的黃昏」。「諸神的黃昏」翻譯不精確，因為陰影不是黃昏，而是一個吞沒諸神的實際存在，也就是女神斯卡蒂——哥德語所說的斯卡德絲（skadus），古英語的斯席杜（sceadu），意思就是陰影、鬼魂（幽靈）——黑色的偉大母神，女神的摧毀老嫗型態。我們可以在此處發現北歐神話與印度古文明的連結。斯卡蒂就是摧毀者卡利，黑色女神。眾神變得腐敗暴力、濫用權力，並教導男人效法他們之時，黑色女神就會吸收宇宙且吞沒眾神。女神在眾神身上施加

死亡詛咒，將他們的宇宙帶回女神的無盡黑暗。

簡短來說，斯卡蒂對全世界以及鄙視斯卡蒂律法的好戰眾神施展「母親的詛咒」（Mutspell）。為了毀滅眾神，斯卡蒂遠從古代家園「炎熱的南地」召喚惡靈，維京人稱呼該地是慕斯貝爾海姆（Muspellheim）。[9]

在亞利安人最初的幾次移民浪潮，這種信仰從歐亞大陸的東南方散播至西北方，也證明世界末日的概念遠比密特拉教或基督教更古老。世界末日屬於黑色女神卡利的根源宗教，卡利女神之怒在「鬥爭之時」或最後世紀降下，懲罰眾神與男人，因為他們忽略了卡利女神對於愛、和平與團結的要求。他們選擇為了自己與彼此鬥爭，侵犯家族和氏族的羈絆，虐待女人和小孩，欺騙、偷竊以及殘殺。根據古代的概念，世界末日的降臨起因是憤怒的母神無法繼續照顧作惡之人的宇宙。因此，她吞沒自己創造的一切：「白色、黃色，以及其他顏色，用一樣的方式消失在黑色……所有的生靈都進入了卡利。」印度聖人曾說，萬物溶解之後，卡利恢復「黑暗無形」的狀態，孤獨保持「無以名狀也無法感知的一」，直到時間到了，她將說出古老語言唵（Om），再度開始創造世界。[10]

因此，塔羅牌的最後審判天使可能根本不是米迦勒或加百列，而是里格・海姆達爾或海姆達爾在密宗世界的對應者，由海姆達爾宣布全世界的毀滅，唯有受選之人將獲得救贖——受選之人成為下次創世紀的種子，他們將被摩奴的方舟拯救。在塔羅牌系統中，獲得救贖的方法是真正的最後一張王牌，也就是第二十一號塔羅牌，牌面上的女神用充滿象徵意義的方式以裸體出現，而且是「面對

面」。這是極為明確的非基督教最終啟示，最後一張王牌在大祕儀的位置也暗示一種以女性為主的循環宇宙觀。因此，塔羅牌審判的意義可能不是由上帝審判人類，而是母神審判眾神。

第二十張塔羅王牌一直被稱為新生之牌，但不是基督教意義的肉體復活，而是在現有的肉體之軀找到新的自我。[11] 這個新的自我，能夠理解大祕儀的最後啟示：不是關於天堂的啟示，而且這個啟示之名極為世俗——世界。

21 號牌：世界

真正的最後一張王牌有許多名字，正如牌面描繪的女神。最後王牌被稱為夏娃、謝基娜、蘇菲亞、自然之母、真理、新娘、宇宙系統、大幸運、墨丘利阿尼瑪、宇宙，或世界。[1] 代表萬物的女神是西方世界描述世界靈魂、瑪哈迪維（Mahadevi）或卡利—夏克提的方式，也就是歐洲神祕學所知道的「女性終極現實」。[2] 榮格描述女神的雛型是「靈魂女士」，必定體現於所有母親與被愛之人，一種「無所不在的不老意象，對應男人最深層的現實」。[3]

女神在東方有「一千個名字」，包括：卡利、辯才天女（Sarasvati）、吉祥天女（Lakshmi）、歌亞特瑞（Gayatri）、杜嘉（Durga）、安娜布爾納（Annapurna）、沙提（Sati）、烏瑪、帕法蒂、格剎（Gauri）、巴嘉拉（Bagala）、瑪塔吉尼（Matagini）、杜瑪瓦帝（Dhumavati）、泰拉、白拉瑞（Bhairavi）、昆達里尼、布哈嘉（Bharga）、迪瓦塔（Devata）、瑪赫席瓦利（Maheshavari）、瑪雅、康提（Cunti）、庫魯庫拉、哈瑞提，以及其他名字。[4] 作為夏克提，女神代表宇宙能量，所有神祇與生靈的力量來源。夏克提的意思是「能力、容納生產、身體機能、力量、精力、英勇；莊嚴的力量；作曲的力量、詩的力量，以及才華；文字或詞彙的表意力量；為了實現事物內在本性的力量……夏克提是女性的器官，夏克提是神祇的行動力量，在神話上，夏克提也被視為男神的配偶女神與皇后」。所有神祕學的目標都是在心靈和肉體上進入夏克提力量。「擁有宇宙夏克提，永恆之美與青春的活靈實現，就是終極的目標與最高的獎勵。人人渴望夏克提、獲得夏克提，並且再度失去夏克提。」[5] 夏克提就是大祕儀呈現給所有人的最後一面。

東方經文呈現聖人對於夏克提的崇敬，「她是純粹的存在意識祝福，作為力量（夏克提），她以時間和空間的形式存在，以及時間與空間之中的一切，她也是萬物湧現之光。」他們認為夏克提是「萬物之母，也是現實自身。夏克提教派說：『Sa'ham.』（她是我所是；She I am），意思是他所感應的一切，都是他認知的夏克提。他飲用聖酒，她在聖酒中，她宛如聖酒，她就是聖酒。」[6] 夏克提是最原始的「始與終」（Alpha and Omega），希臘的新柏拉圖主義

將「始與終」譯入基督教的創造之言；在無形之型態，夏克提則是「萬物的孕育子宮，存在的始與終」。[7]

兩千年前，哲學家普羅提諾（Plotinus）採用了東方世界的母神傳統，用於他對宇宙靈魂的概念，或者說賽琪（Psyche；意思是心靈），就是翻譯自夏克提。普羅提諾認為，女神將自己的意象或倒影投射至下層的物質世界，製造「感官宇宙的各個現象」。[8] 想要體認女神的精隨，神祕學家必須從「看見美麗女神」，感知個體的女性之美，逐步進展至沉思宇宙之美。[9] 賽琪的神祕三位一體，就像卡利女神的三位一體，也是由時間、物質和精神所構成，三者共同演繹「宇宙的偉大舞蹈」。[10]

塔羅牌的世界女神姿勢也暗示了宇宙舞蹈，因為她彎曲一個膝蓋，就像埃及的舞蹈象形文字——倒吊人也在接近死亡的出神思維時，採用同樣的姿勢。埃及人和印度人一樣，認為宇宙的舞蹈心跳和活動根源是由女神創造，他們將女神稱為伊希絲或「萬有之神」。[11] 在三千年之前，埃及聖歌讚美女神的方式，就像卡利—夏克提女神的讚美聖詩：

> 妳是墳塚的最高女主人，天堂領域之母……榮耀歸於妳，哦，我的女神，妳比眾神更優越，赫莫波里斯（Hermopolis）的八神共同讚美妳。潛於居所的生靈讚美妳的神祕，哦，妳是他們的母親，妳孕生他們，妳在地下世界替他們保留一席之地，妳讓他們的骨頭作響，讓他們免於恐懼，妳讓他們在永恆的磚瓦中保持堅強。[12]

伊希絲的教徒抵達羅馬，並開始前往帝國各地之後，許多崇拜者在其他形式的女神中認出與伊希絲女神相同的根源，基督徒隨後也效法他們崇拜伊希絲的方式。在女神信徒聚會的開場，盧修斯（Lucius）寫了一首讚美詩，其中的句子也反覆出現在基督教經文：

　　人類的神聖永恆救主，慷慨對待世人……妳將母親的溫柔關懷，賜予不幸之人。白晝或黑夜，時時刻刻都充滿了妳的恩賜……妳驅散生命的風暴，伸出救贖之手，拆解最複雜的命運網羅……妳讓大地轉動；妳讓太陽有光；妳統治世界；妳將亡者踩在腳下。星辰聽從妳的指揮；四季因妳而循環，眾神因妳而愉悅，元素服從妳。在妳的命令之下，風開始吹拂；雲朵賜予新鮮的空氣；種子發芽，水果盛產。在天堂盤旋的鳥，在山中的野獸，躲藏在巢穴的大蛇，在海中游泳的魚，全都因為妳的偉大而感到敬畏……我無能給妳充足的讚美，我的財富貧瘠，不能給妳適當的祭品……我將守護妳的神聖支持與最神聖的地位，永遠藏在我心最祕密之處。[13]

　　基督教神父俄利根——死後三個世紀，教會宣判他的觀點為異端，因而無法封聖——採用普羅提諾提到的相同宇宙靈魂，以女性之名賽琪稱呼它（或她）。他寫道：「正如各個部分組成身體，由一個靈魂掌握，宇宙也是一個巨大廣袤的生命體，同樣由一個靈魂掌握。」[14] 俄利根的想法確實就是印度的卡利—夏克提，以及羅馬人的女性世界靈魂阿尼瑪，阿尼瑪「創造生命」。拜占庭的神祕學

家相信宇宙靈魂是蘇菲亞，蘇菲亞女神「在星辰之上的天堂」創造所有生命的形式，作為她的「I-deas」，意思就是「內在女神」。[15]

　　煉金神祕學的其中一個明確目標是釋放潛藏在物質中的阿尼瑪或 *I-dea*，正如古代聖人的目標則是與裸體女神面對面。[16] 塔羅牌的最後王牌似乎也提出相同的諾言，最後王牌的數字喚起泰拉女神的二十一次顯現，而偉大的夏克提有時就被稱為泰拉女神。一首西藏聖詩曾說：

　　歡迎！翠綠的泰拉（綠度母）！所有生靈的救世主！我們祈求妳從天堂的居所降落人間的布達拉（Potala），與妳的隨從眾神、巨人，以及信使一起到來！我們謙卑跪在妳的腳下。請讓我們脫離所有悲傷！神聖之母！我們歡迎妳！崇高而受到尊敬的泰拉女神！過去、現在，與未來的十面諸王和王子都崇敬妳。[17]

　　上段文字提到的翠綠泰拉（綠度母）就是愛爾蘭人的泰拉或羅馬人的泰瑞——大地母神——泰瑞的祕密崇拜教派一直延續至中世紀。直到公元十二世紀，一本英格蘭的草本誌依然記載泰拉是「創造萬物」的神聖女神，亡者的靈魂將回到泰拉身邊，她也是眾神之母，「人類和眾神的力量來源；沒有妳，沒有任何事物可以出生或臻於完美；妳是權力，眾神之后。」[18] 在一個據信供奉基督教的社會，上述文字看起來確實非常奇特。

　　女神在偉大祕密的高潮結尾再度出現，身邊是四季的符號，帶著力量的權杖，跳著生命的舞蹈：再度於世間所有母親的孩子心

中，呈現無可抹滅的原型意象。雖然世界各地的父權教派用盡所有方法，但女神似乎尚未遭到搗碎。斯瓦米・維韋卡南達（Swami Vivekananda）曾說：「我在前世看見一幅清晰的意象，古代的母神再度覺醒，恢復年輕與活力，坐在她的王座上，比過往更為容光煥發。用平靜和祝福的聲音，向全世界宣布她的祝福。」[19]

或許，這就是塔羅牌的目標。

無論如何，大祕儀的最終啟示絕對不是一位基督教的神祇——甚至不是基督教提出的新聖母。中世紀教會的教儀處女不曾裸體。但是，毫無遮掩的女神，呈現創造與再創造的基礎原始符號，基督教的單線性時間宇宙觀無法領略女神的永恆輪迴。塔羅牌似乎想要指出，世界靈魂與世界子宮的本質相同。圍繞女神的杏仁形花圈冠狀物就是常見的子宮符號，自然導向下一張牌，愚者，他是新生之子的象徵。[20] 實際上，女神與愚者的關係起源於古老的輪迴信念，父權宗教系統不熟悉，而且反對重生的觀念，父權宗教主張「永久與不變，永恆與不變，律法與禁止自主創造」。[21] 父權社會將偉大母神貶為惡魔，理由是因為她「成就」男性，也「瓦解」男性。在父權宗教的惡魔化過程中，我們失去許多自然世界的本質。有些人相信，自從我們失去女性的真實之後，人類就一直在盲目尋找。

Part III

小祕密

開始吧，西西里島的繆斯女神，崇高的血脈，
庫邁先知的聲音再度響起。
新的祝福帶來循環的年歲；
處女到來，殷殷期盼之王。

——維吉爾

6
紙牌占卜和個人主義
Cartomancy and Individualism

　　紙牌占卜師與小祕儀（小祕密）之間的關係，其創意程度永遠超過嚴格的詮釋。直到二十世紀，當時塔羅牌組的所有牌面才有圖畫設計並且流通於民間，在此之前，只有宮廷牌與大祕儀用於占卜。在常見的橋牌組中，Ace 牌（一點）到十點都是都是點數牌。這些牌沒有圖像，導致紙牌解讀者必須付出相當程度的努力，才能看見占卜結果。

　　因此，解讀小祕儀的方法有別於解讀大祕儀的方法。既有文獻也顯示，點數牌的詮釋方法比塔羅牌王牌更多元。小祕儀似乎更鼓勵自由發揮想像力，本質上取決於占卜者的能力。

　　與四個元素有關的特質以及受到元素統治的生命領域，設置了詮釋界線，但依然保有彈性空間。聖杯（水）與心有關，包括愛、

性、愛情、婚姻、子嗣、家庭關係、感受，以及情感問題。權杖（火）則是關於力量、政治、商業、衝突、成功或失敗、勝利或敗北，也就是生命的競賽。五芒星（土）屬於房產與財富，包括金錢、不動產，繼承、家財寶物，給予與收穫。寶劍（風）一般而言符合危險和死亡的急迫意義，疾病、痛苦、受傷、意外、敵對力量、挫折，以及悲傷。

在上述的詮釋界線之內，從 Ace 到十，通常可以勾勒三個愈來愈複雜的三角形，而第十張牌涵蓋全部的牌，就像一個主題的最後宣言。這種占卜系統的圖像設計就是所謂的龍之眼（Dragon's Eye）牌陣：一個大三角形，從三個角開始往內畫出直線，在大三角形中央交會之後，分割為三個較小的三角形。Aec 一二三，四一五一六，七一八一九構成三個小三角形。第十張牌則概述該花色牌組統治的生命領域。

在占卜學中，宮廷牌（人頭牌）通常用於代表人物，但宮廷牌也可以視為精神存在，象徵情感的影響力。標準的宮廷牌順序是三位男性和一位女性——侍者、騎士、國王，以及王后——可能是按照基督教的觀點以三位男性為主，加上已經正式失去神聖地位且邊緣化的天堂之后。不過，早期古伊特魯理亞塔羅（minchiate）中的性別更為平衡，採用古典二男二女元素。騎士對應的是女士（ladies），而不是侍者。有些現代設計者使用相似的性別平衡系統。克勞利（Crowley）塔羅牌則是騎士、王子、公主，以及王后。黃金黎明塔羅牌組採用國王、王后、王子，以及公主。現代的牌組也採用這種排列，更貼近「元素」主題。

在任何一種占卜牌陣中，每張牌都會受到鄰近的牌以及自己位置的影響，產生意義的變化。如果塔羅牌在占卜排列時出現上下顛倒，有些紙牌占卜家也會顛倒塔羅牌原本的意義。其他紙牌占卜家則用完全相同的方式詮釋塔羅牌，無論塔羅牌是否上下顛倒，而他們的想法認為，塔羅牌的占卜排列是雙向的，同時面對占卜者和詢問者。上述的詮釋方法都是個人偏好，也顯示幾乎小祕儀詮釋的所有階段，都能允許創意空間。大多數的塔羅牌專家都強調追尋自己對於塔羅牌感受的重要性。沒有人會對塔羅牌產生完全相同的解釋。最好的詮釋方式也許是，盡可能研究不同作家對於相同塔羅牌主題的看法，將他們的觀點銘刻在心中，放輕鬆，讓詮釋者就像身處清醒時的夢境，以潛意識主導解讀過程。

長久以來，擺放塔羅牌陣都被視為可以同時協助占卜和冥想的方法；占卜和冥想也是定義極為不明確的心智活動，彼此之間更沒有明確的區分。一般而言，冥想應該是用於引導內心的真實想法，占卜更接近庶民大眾的預言，通常也會令人懷疑是詭計詐騙，或者輕薄不可取之事。有些人認為，紙牌永遠不該用於占卜賺錢，就像教會的聖餐儀式不能用於營利，除非是自願的捐贈——即使是捐贈，也可能被懷疑是潛在的壓迫信徒。「純粹」或非商業手段的紙牌冥想，也可能提供真正的幫助，讓我們的心智專注於思考特定問題。正如夢境突然提供人類意識無法找到的解答，放置紙牌的儀式並且思考紙牌關係，或許能夠引發嶄新的觀點與隨後出現的答案。

紙牌解讀者也建議進行一定程度的預備儀式。正如所有的宗教儀式，紙牌解讀的儀式看起來可能像莫名其妙的愚蠢行為，但可以

協助平靜心靈，將注意力專注於手上的問題。建議的預備儀式如下：在詢問紙牌之前，禁食七個小時；觀察一定時間的白晝、月相變化，或者只在日落之後拿出紙牌；在牌桌鋪設黑色絲綢布料；點燃焚香；點燃兩根蠟燭，左手邊是黑色蠟燭，右手邊則是白色蠟燭；穿上特定的衣物，例如長袍；將紙牌解讀者的椅背靠向正北方；念出祈願文字；用銀製高腳杯（月之金屬）滴出水或酒；握住紙牌，直到紙牌變得溫暖；對著紙牌呼吸；將紙牌高舉過頭三次；將紙牌放在額頭上，閉起雙眼七秒——諸如此類，以及解牌者個人喜歡的各種形式儀式。

一個人替另外一個人解牌時，解牌者可能會邀請問卜者一起朗讀祈願文字，或者分享飲用酒水；將雙手放在牌組上七秒；將手掌放在桌上，兩根大拇指觸碰牌組；只用左手切牌七次；吹拂牌組三次等等。參與這種儀式不見得是輕易迷信紙牌的「魔力」。正如藝術，儀式也有數種心理效果。無論信徒或無神論者，人類都在呼吸之中，自然而然地改變各種儀式。儀式可以造就平靜寬闊的心智狀態。

擺放牌陣本身是一種儀式，正如許多有強迫症傾向的接龍玩家所知。紙牌占卜師也設計了多種方法實踐儀式。我們已經非常熟悉方形的「元素」或「聖山」牌陣；雙紐線無限符號或雙輪的「流變之輪」牌陣；以及三角形的「女陰符號」牌陣。另外一種常見的排列方式，或許是最受歡迎的，就是所謂的古凱爾特牌陣。這個牌陣可能並非來自古代，也不屬於凱爾特，而是由黃金黎明派紙牌占卜師改造的簡短形式，只使用十張牌，六張牌以十字方式排列，剩下

四張則擺放在十字右側，呈現垂直柱狀。

　　古凱爾特牌陣的傳統放置方式如下。第一張牌放在十字正中央，代表詢問者目前的狀況，或者他擔憂的問題。第二張牌水平橫放在第一張牌上，代表現況的困難，或者改變現況的事物。第三張牌放在前兩張牌的上方（十字的頂部），代表短期目標：現有情況能達成的最好結果。第四張牌則位於前兩張牌的下方（十字的底部），代表深層過去對現況的影響。第五張牌是十字的右臂，代表較為靠近的過去造成的影響。第六張牌放在十字的左臂，則是在其他因素不變的情況下，短期未來的可能投射結果。紙牌的擺放順序描繪赫密斯教派或十字符號的倒轉版，就像數字4的逆寫。

　　最後四張牌則是從下擺放至上，形成柱狀，位置在十字的右方。第七張牌代表詢問者的內在自我、祕密、欲望，以及影響現況的基礎性格。第八張牌代表環境或家庭影響，包括居所，無論是實際存在的地方或精神的寄託。第九張牌則是突然其來的命運，無論是好是壞。第十張牌就像小祕儀的十，總結所有情況，暗示可能的結論。

　　古凱爾特牌陣有一個很好記的咒語，你可以一邊擺放牌，一邊說：「第一張牌找到你，第二張牌在你對面，第三張牌在你頭上，第四張牌在你之下，第五張牌在你後方，第六張牌在你前方，第七張牌是你的希望與恐懼，第八張牌是你的住宅與家園，第九張牌是意想不到，第十張牌則是一定發生。」這個咒語的語法也表達三重三角的龍之眼牌陣。

　　一般不建議紙牌詮釋者嘗試一字一句記住牌組每張牌的意義，

最好能夠理解每張牌常見觀念的範圍光譜，明白紙牌彼此之間重疊的範圍，以及與其他紙牌共同出現時產生的改變。因此，每張牌出現在占卜排列時，都可能使用不同的詮釋方式。

紙牌占卜最好的目標並非吉普賽占卜術士的「算命」，而是學習如何啟動並且信任一個人內在直覺過程。任何形式的圖像都很有幫助。圖像能夠與尚未學習語言的心智溝通，就像夢境。塔羅牌的圖像特別有用，因為它們呈現神話的原型，人類的心靈與雙手用了許多個世紀，建構並且重新塑造神話的原型概念。這種原型概念雖然不曾完全相同，但又反覆遵守相同的基礎圖像。因此，塔羅牌小祕儀的圖像經常與神話中的圖像人物相同，就是要顯示與神話相同的弦外之音與意義。大多數的詮釋者都會發現，塔羅牌小祕儀的系統能夠高度呼喚和刺激個人想法——正如塔羅牌從一開始追求的目標。

7
聖杯牌組
The Suit of Cups

聖杯一：愛

女神米納，她的名字意思是「愛」，她也是抒情詩人的庇護者；米納是前基督教時代偉大女神的另外一個化身，就像阿芙蘿黛蒂、維納斯、伊希絲、芙雷亞、瑪利、瑪那、麥琳、彌尼（Mene）、戴安娜、茱諾，以及其他女神的變化。吟遊詩人自稱是米納女神的榮譽之子，用詩讚美女神，致力於撰寫宮廷愛

情（minnedienst），將自己奉獻給米納女神，教會人士認為宮廷愛情是異端，甚至是一種惡魔崇拜的形式。[1]

米納女神的形象通常是美人魚。她繼承水之母神的魚類符號，而水之母神代表愛、生命與繁衍的給予者，包括：魚之容器（vesica piscis，意思是橢圓光輪），作為女性生殖器官的符號；海之珍珠，象徵水創造的滿月；煉金術海妖身上的單魚尾或雙魚尾，在異教和基督教的圖像研究紀錄中都曾經出現；以及等同於女神神聖之心的聖杯，連結塔羅牌的聖杯與紅心。聖杯是女神裝載水的容器，在早期的意象中，女神就是世界之心的人格化。薩克遜的編年史學家提到神祕的天堂是「維納斯在聖杯中的居住地點」。[2]

星期五（Friday）以芙雷亞（Freya）為名，也是維納斯的日子，在這一天，人們「為了愛」而吃魚。基督教徒延續異教的習俗，假裝吃魚是為了紀念基督的禁食習慣。但時至今日，依然有特定地區的居民保持更古老的女神信仰，認為魚是阿芙蘿黛蒂的女神食物。

基督教徒也宣稱，女神的魚符號由早期的教會創造，當初的目的是象徵基督。但是，早在基督教出現之前，魚符號就用來指稱母神的狂歡形象，也就是羅馬時代「子宮裝滿魚」的神聖女神莎拉席雅（Salacia）。[3] 魚是莎拉席雅最古老的其中一個象徵。女性的性氣味經常與魚的氣味相提並論。印度人將性慾女神描述成「名為魚味的處女，她的真正名字是真理」。[4] 摩蹉（Matsya）是宇宙之魚，背著瑪努女神的方舟，穿過各個世界的混沌子宮，而她的名字就像埃及的母神瑪特，瑪特之名的意思也是真理。父權的婆羅門教徒將

摩蹉重新定義為陽具之神毗濕奴的其中一個化身；但在埃及，魚依然保持女性意義，就像吞沒陽具之神的女陰。[5] 瑪特—伊希絲是深淵之魚，有時候也被稱為瑪努或阿布托（Abtu）。希臘，德爾菲神廟（Delphic oracle）和神聖的海豚（delphinos）都是取名於女神德爾菲絲（Delphos），希臘文的意思是「子宮」。

希臘人習慣將狂歡祭典稱為希絲特里雅（Hysteria）——這個字的意思也是子宮——紀念女神的宇宙母性鼓舞所有形式的愛：性愛、父母之愛、部族之愛、社會之愛；手足、愛人與朋友之間的情感羈絆。在女神的名義之下，性和感官連結至溫柔的熱情，而不是恐懼、罪惡感，或者父權態度的侵犯。

水是聖杯的元素，曾經也譬喻接納一切與包容一切的愛。古代人說愛就像水，能夠適應所有容器的形狀，擁有無盡的彈性，但無法握住、施壓，或者強迫。想要用力握住水，只會讓水流走。溫柔捧水，才能保留水的養生特質。

女神的水所化身的擬人形式妥善地介紹聖杯和紅心的第一張牌。水代表女造物主，女造物主的子宮就是原始深淵。古代人曾經相信，世間母親的內心受到愛的刺激，才會用內在的體液生育子嗣，就像偉大母神生育宇宙。聖杯一代表的意義永遠都與上述的概念有關，例如：生育、開端、豐收、愉悅、幸福、家園、滋養、滿足以及照顧。聖杯一是出類拔萃的正面之牌。在占卜的牌形中，聖杯一可以被視為增強其他有利因素，或者調節惡劣因素的力量——因為，在愛的協助下，我們更可以面對困難。

聖杯二：浪漫

Two of Cups:

Romance

　　戀人將誓言放入聖杯（cups；coupes）就會被視為一對情侶（couples）。因此，在塔羅牌中，聖杯二自然意指一對男性和女性，藉由性浪漫關係忠於彼此，就像中世紀抒情詩人讚美的 drudaria（意思是被愛）。

　　一般人永遠不會厭倦於聆聽吟遊詩人詠唱的情歌，即使教會譴責這些情歌是異端而且充滿原罪（因為情歌獻給女神），甚至想要藉由法律禁止情歌。[1] 有些情歌迄今依然尚存，描述了吟遊詩人的力量足以讓人放棄教會，甚至遺忘教士的教誨：愛等於原罪。[2] 教會人士堅持，上帝將在地獄懲罰戀人，藉由他們在塵世熱情滋養的烈火，永恆地焚燒他們。[3] 但是，浪漫情詩受到東方蘇非教派與密宗實踐者的間接影響，強烈暗示人必須藉由性愛途徑尋找精神的滿足。[4]

　　抒情詩人應該知道女神過去的神聖祕密地點——石室、樹林密室，或者隱藏的神廟——戀人可以在此幽會，不必擔心被發現。[5] 祕密地點有時也等同於塵世天堂，例如「人間的歡愉之地」或「快樂天堂」。[6] 史賓賽描寫的精靈女王掌管安樂窩（Bower of Bliss），地點就在女性的「愛之玫瑰」正中央，吟遊詩人的阿拉伯前輩非常

尊敬這個性愛符號，他們將性愛天堂稱為神聖的玫瑰花園。[7]

在法國南部，情歌被稱為 romans（抒情韻文），此處是異端宮廷愛情運動的中心，後來在阿爾比（Albigensian）十字軍殘忍的征戰之中遭到滅絕。愛情被稱為羅曼史（romance），則是因為宮廷愛情運動的情詩讚美愛情。奧卡辛（Aucassin）與尼可萊特（Nicolete）的中世紀羅曼史就是經典的情詩，他們是一對厄運情人，無論何其努力想要結合，都遭到教會守衛的阻撓。奧卡辛其實就是阿拉伯「愛情王子」阿爾─卡辛（Al-Kasim）的西方版本，而奧卡辛放棄教會的教導，宣布自己寧願與摯愛的尼可萊特共赴地獄，也不要和基督教「步履蹣跚且殘廢的老人」一起上天堂。最後，奧卡辛與他的戀人在異教天堂結為連理，這座精靈之地名為托爾洛爾（Torelore），這裡鼓勵愛情，而不是譴責愛情。[8]

塔羅牌與愛情浪漫故事一樣，將戀人放在孤立之處，躲避一切，唯有保守他們祕密的月亮女神可以看見他們。聖杯二的意義包括信任、同情、實現願望、誓言、承諾、訂婚、婚姻，以及親密的友誼。聖杯一統一的愛情概念成為雙方共同的感受之後，各種實際的伴侶行為就有可能發生了。

聖杯三：恩典

Three of Cups:

Grace

基督教從異教崇拜的三位一體女神借用了「恩典」的概念，三位一體女神的特殊祝福就是賜予集體「恩典」（charis），以三種顯像形式散播恩典，人們稱三立法女神（Charites，也作卡里特斯）或恩典女神（Graces）。

根據希臘旅行家波桑尼阿斯（Pausanias）的記載，奧爾霍邁諾斯（Orchomenos）以三個極為古老的聖石形式崇拜三立法女神。[1] 崇拜三女神的教派比希臘文明更古老。荷馬筆下的首位恩典女神之名是卡勒（Cale 或 Kale），或許就是三女神卡利。[2] 在希臘的神廟也有三位裸體恩典女神一起跳舞的古典圖像，就像印度聖所的雕像。[3]

克里斯瑪（Charisma，意指超凡的魅力）是一個古老的字眼，代表女神的恩典，字面上的意義本來是「母親的禮物」，來自天堂之后的禮物。羅馬人相信，克里斯瑪有時候就是精神恩惠（venia），維納斯的祝福（後來信奉天主教的羅馬將維納斯的祝福視為原罪）。羅馬皇帝尤利安（Julian）曾寫道：「三立法女神賜予的三層恩典來自天堂，來自星辰。」[4] 諾斯底教派的作家馬可斯（Marcus）用「恩典」之名呼喚古代女神。「願在萬物之前早已出

現的女神，無法理解且無以名狀的恩典女神，能夠實現你的內在，讓你更有知識，能夠理解女神。」[5]

正如印度的卡魯納，「恩典」原本用於描述各種女性特質的結合，例如同情、敏感、反應快、愛與慈祥、善意、聰明，以及個人魅力；以及儀態的優雅、性吸引力，以及不在意外界眼光的官能享受。禁慾的基督教激進改變「恩典」的原初概念。在《新約聖經》中，恩典（charis）被翻譯成「慈悲」（善行）或「愛」，但是，這兩個名詞都無法傳達出「恩典」更為古老的女性韻味。《哥林多前書》第十三章的內容也抄襲了異教對於恩典的讚美：「現在，你該遵守信仰、希望與善行；但三者最偉大的，依然是善行。」[●] 這段訊息協助教會說服早期的基督徒相信，將金錢給予窮人，就是讓自己在天堂獲得一席之地的最好方法。但是，更古老的恩典，其意義遠超過於給予金錢。恩典是所有愛形式的象徵，基於母愛，也是所有愛的根源，女神樹立了愛的典範。

在女神眾多的三位型態中，信仰和希望也是女神的顯現型態。身為「善意」（Bona Fides）時，女神創造羅馬的法律系統，掌管榮譽、契約和協議的法則。

根據一些古典作家的說法，三位恩典女神分別是「聰穎女神」阿格萊亞（Aglaia）、「繁榮女神」塔利亞（Thalia），以及「愉悅女神」歐芙洛席尼（Euphrosyne）。其他作者則是混淆恩典三女神與荷瑞三女神，荷瑞三女神是天堂的妓女歐若彌亞（Eunomia）、狄

● 《聖經》中文和合本的翻譯則是：「如今常存的有信、有望、有愛這三樣、其中最大的是愛。」

刻，以及伊瑞尼（Irene）──分別代表秩序、正義，以及和平──據說，荷瑞三女神性儀式的目標就是讓男性的暴力行為變得「溫和」。[6]

塔羅牌聖杯三的傳統詮釋者建議採用古代女神的恩典觀點，而不是基督教的正統恩典概念。古代女神的恩典包括慶祝、成就、喜悅、滿足、治療、慰藉，以及實現希望。有時候，詮釋者認為浪漫的聖杯二必須藉由恩典的聖杯三才能完整，因為完整的夫婦必須有一名孩子。過去的詮釋也曾經主張，賜允生育的能力，是女神恩典最明顯的視覺符號──當然，女神只會將這個恩典賜給女性。《聖經》創世紀中的父權上帝將女神的祝福轉變為詛咒，基督徒也繼續將女神的祝福看作女性原罪的象徵。於是，恩典不再與母愛有關，只代表給予金錢，而不是提供愛。恩典也變成另外一種父權結構的個人成就實現。但是，聖杯三牌面上三位跳舞的女神，讓我們回想更為古老的觀念，明白恩典女神是慈悲命運之主，在北歐等同於諾倫三女神（Norns），而諾倫三女神就是神祕愛之花園的「三朵玫瑰花瓣」。[7]

聖杯四：下沉

在古代的神聖劇中，實現婚姻與生育繁衍之後的時期，就是神的死亡，神下降至地下世界，如同太陽的下沉。在塔羅牌的紅心（聖杯）牌組中也有相似的發展，前面三張牌完成之後，新的循環起點則是恩典的衰退以及幸福的逆行。因此，聖杯四也承載了退步或負面的意義。

中東古代傳統認為，神的下沉時期與莎樂美（Salome）有關，也稱莎瑪（Salma）女神，她是瑪利—以希塔女神的老嫗型態，她向進入地下世界的神正式道別。《聖經》對於莎樂美的「七面紗之舞」❷描述，其實是重新簡化詮釋高等女祭司的神聖舞蹈，原本的舞蹈描繪女神帶領死亡神祇的靈魂回到下一次重生時，經過地下世界的七個大門，逐漸脫去女神的魔法外衣。

一般人廣泛認為，神死亡的時期非常危險且悲傷。巴比倫經文主張，人類和動物都不能在這段時間交配和繁衍。[1] 更古老的蘇美文明相信，這段時間應該用來悲嘆救世主的消逝，並且祈禱愛與繁

---

❷ 七面紗之舞（dance of seven veils），是《聖經》中施洗者約翰被處死之前，莎樂美在國王面前跳的舞蹈，《聖經》中並未替這個舞蹈取名。

衍能夠回到大地。[2] 羅馬人也將這段衰退期視為失去愛情精神，也就是由阿芙蘿黛蒂（維納斯）以及她死去戀人阿多尼斯所象徵的愛情精神。世界不再得到他們愛情的光芒照耀，所有形式的情感聯繫──友誼、家庭聯繫、性關係、父母與孩子之間的情感忠誠──全都消耗殆盡。[3]

除了《聖經》衍生故事中的莎樂美之外，同樣的七個面紗、披肩，或者魔法外衣，也替不同版本的女神衰落故事增添了色彩。伊南娜（Inanna）、以希塔、瑪雅、維納斯以及伊希絲都穿戴相同的衣物。[4] 一開始，七個面紗代表塵世或天堂的七種外表，將女神的真實本質藏在彩虹的七個色彩之後。直到一個人或神穿越了七層面紗，與裸體女神面對面，他才能獲得真正的新生。莎樂美為了國王跳舞，因為國王永遠都會成神；莎樂美拿掉七層面紗，象徵了國王宛如神祇的命運。

在《聖經》故事中，莎樂美替希律王進行七層面紗舞蹈儀式，承受王家死亡命運的代理人，或稱「聖王」，就是施洗者約翰。[5] 而在過去，本來應該是國王在循環結束時承受王家死亡。諾斯底傳統有時堅稱，真正犧牲的基督──「猶太人的神聖之王」──不是耶穌，而是施洗者約翰。一首早期的希臘律歌認為，約翰的血液孕育了耶路撒冷（莎樂之城）的繁衍能力，因為約翰之血儀式性地灑落在耶路撒冷城的母親和孩子身上。[6] 但是，根據《馬可福音》第十五章第四十節以及《雅各福音書》記載，莎樂美不只出現在施洗者約翰死亡的場景，她也參與了耶穌的死亡和出生。[7]

在迦南以及其他成為《聖經》故事主題的國家，每位古代國王

獲得的任期通常都是七年；正如塔羅牌，聖杯三恩典以及聖杯四下沉加總為魔術數字七。莎樂美的舞蹈打翻了最後一個聖杯，代表國王的致命之年。在中東，打翻空杯就是常見的死亡象徵，正如我們熟悉的《魯拜集》（*Rubaiyat of Omar Khayyam*）曾說：

> 當你與她一樣，聖杯的攜帶者，你將穿越
>
> 群星之客灑落的草地，
>
> 當你愉快的使命抵達
>
> 我所制定的終點——打翻空的玻璃杯吧！

聖杯四的詮釋，著重於任何關係的蜜月期結束階段：衰退、暗示理想的幻滅、過於滿足、失望，或者缺乏情感；沒有任何事情發生的停滯時期。不過，赤裸的啟示元素也暗示即將出現新的想法，因為詮釋觀點相信衰退和死亡都是循環，所有的瓦解最後都會帶來新生。

聖杯五：後悔

塔羅牌的數字五通常帶有可怕悲悽的意義，可能是因為塔羅牌依然記得自己與埃及地下世界符號的關係，圓形中的五芒星，代表聖王神祕旅途的最深處。[1] 在五芒星的符號中，死去的神躺在地球的「坑洞」，等待女神帶來重生。這是悲痛和後悔的黑暗歲月。除此之外，在符號上，這段時間也與打翻杯子灑出聖血或幸福之酒有關，暗示致命的無能錯誤。[2] 舉例而言，在迦南的信仰崇拜中，死亡的神將改名為死亡和不孕。

由於聖杯牌組特別代表人類的情感，因此塔羅牌聖杯五通常詮釋為象徵疏離、情感貧瘠、失望沮喪，失去快樂，或者因為無法實現期待而使過去和諧的情感關係產生紛爭。沒有真愛的婚姻是常見的聖杯五詮釋意義。五也經常用於指涉曾經令人滿足的結合，卻不幸地發現自己想要更多，因此成為悔恨的來源。

地下世界的五芒星、打翻潑灑的聖杯，相互迴避彼此的愛人，似乎很適合作為這張令人沮喪之牌的符號。女人離開伴侶，望著自己的元素，海洋。男人慍怒，憂鬱思考自己的問題。目睹此景之人必然草率得出一個結論，他們是一對爭執的情侶或配偶，而且不再

有愛。大多數得出這種草率結論的人，都會基於自己的文化偏見而發表感想。事實上，雖然牌面圖上的情侶看起來很憤怒，但還有許多可能的觀點。我們看不見女人的臉，很有可能代表她已經放棄或不在乎了，而男人則是為此惱怒。還有另外一種詮釋觀點，則是放棄舊的羈絆，向外尋找新的興趣、需要，以及意義。有些事物終將走到結局，我們在裂縫中看見後悔，但即使是後悔，也會結束。

聖杯六：童年

在古代的哲學中，結束通常暗示回到起源，才能創造新的開始。塔羅牌聖杯六就代表這種精神的返回，重新回想童年記憶，可能是一種充滿鄉愁的內在朝聖，或者是對於生命過去歲月的各種事件產生新的觀點。

神話用回到原始的巨人時代或黃金年代象徵上述觀念，這是人類的集體心智投射在過去的映象。巨人會出現在原始的神話，是因為宇宙共通的童年記憶就是生活周圍的人比我們的自我更巨大。

印度人將「世界的第一個時代」定義為「真相時代」（Satya

Yuga），當時，人類的體型巨大，擁有力量和智慧，而且沒有原罪——成年人的外表就像年輕的孩子。在真相時代，人類的壽命可以長達千餘年，因為他們的生命能源就在「偉大母神的血液之中」，而母神的月事之血從世界的開端創造萬物。[1]《聖經》也模仿了印度的世界起源故事，保存特定的概念，例如在遙遠的過去，曾有「強大之人」以及「地球巨人」的概念（創世紀第六章第四節）。印度人認為，人類的壽命變得愈來愈短，美德逐漸消逝，因為愈來愈多的世代緩慢稀釋女神起源生命之血的能量。因此，在《聖經》的描述中，最早的半神祖先，壽命如果沒有一千歲，至少也有九百歲。希伯來人的傳統也相信，最早的族裔先祖就是巨人。[2]

北方的亞利安人稱呼自己的巨人先祖是瑞希（risi），這個字衍生於梵文的 rishi，意思是古老種族的聖人。巨人先祖接受女巨人母親（Afliae）的統治，Afliae 的另外一個意思是「能力強大的巨人」。[3]即使是強大的雷電公牛索爾，也必須朝聖前往巨人的神祕領地，才能獲得自己的神聖力量。這種神話故事帶有多種意義，也整合至一個觀念中：情感的成熟，部分仰賴一種象徵性的回到「童年之地」，才能重新啟動隱藏的童年記憶（榮格後來仔細說明了這個想法）。[4] 許多神話英雄都用各種方式回到黃金時代，或者接觸遠古的種族——在遙遠的古代之地，他們不知道自己的父親，人類的生命只能追溯母系血脈。[5] 學習古老的種種一切，就是通往神祕知識核心的方式。

希臘人稱呼自己的原始巨人始祖為「泰坦」（Titans），泰坦的統治者是母神蕾亞，她也是愛琴海父權文明出現之前的宇宙女神。[6]

一般的說法認為蕾亞與山一樣巨大。佛里幾亞人稱呼蕾亞為潘諾瑪（Panorma），宇宙之山母神。印度—伊朗神話也將蕾亞視為支撐眾神的聖山。中世紀的歐洲將古老神祇稱為「精靈」時，神聖的母神也成為緹坦妮雅（Titania），取名自古代聖山神殿緹坦妮（Titane）。[7] 在大眾神話學中，巨大的泰坦縮小為渺小的精靈人物，就是人類成長與成熟過程中的典型視線轉變，父母的形象從巨人縮小為正常人的大小。

聖杯五代表的愛情失敗之後，聖杯六建議從心靈回到早期愛的經驗以及深層過去消逝的回憶，就像人們渴求於個人童年或人類集體文明之前的黃金年代，能夠產生神話化的效果，轉為另一種鄉愁，懷念巨人所統治的原始天堂。聖杯六通常會關係到母親、母親影響力、自我人格的初次成形、過去的愛人或過去的恐懼，以及活在過去。對於過去的事物重新產生興趣，其實是重新提振活力的必要步驟。正如在東方的神祕學中，所有活力能量的真實來源，都藏在母系巨人或權力女神的意象之中。

聖杯七：夢想

Seven of Cups:

Dream

聖杯六象徵的重返孩童之地，自然引導聖杯七的意義，就是語言模式出現之前的思想：潛意識中的豐富意義，藉由夢境和原型意象慢慢傾訴。靈感（inspiration）與觀念（idea）就藏在此處——靈感的字面意義就是「吸入神靈」（breathing-in spirit），而觀念的字面意義則是「內在的女神」。

希臘神話認為，山母神帶來繆斯（Muses），繆斯是靈感和創意想法的女性神靈。她們的祝福帶來音樂、詩、舞蹈，以及所有藝術。[1] 繆斯是女神的三重顯現或九重顯現，條頓神話所說的「九名女士」，她們或她提供所有人類的概念（I-deas）。

世界各地的所有古代宗教都認為靈感的來源是女性神靈，即使這位女性神靈充滿陽剛氣息。根據密宗的定義，繆斯之道就是左手路徑，也稱為法瑪卡拉（Vamacara；女性之道或左道性力），簡稱為瑪嘉（Marga），意思就是「道」，瑪嘉也是女神的另外一個名字。[2] 中國文化以「道」（Tao）稱呼。[3] 中國聖哲用許多譬喻描述道，這些譬喻都可以應用至他們對於原始子宮的概念。「道」是一種器皿、所有生命的神聖女先祖、萬物無盡的起源，或者無形的深

邃。在上帝出現之前，它，或者她，早已存在。[4]

在基督教出現之前的歐洲，創造生命的容器就是再生之鍋，以及其他眾多的同義詞：聖杯、噴泉、井、神聖之心，或者起源。吟遊詩人塔列辛（Taliesin）曾說，「九名女士」（繆斯）的氣息點燃再生之鍋，再生之鍋孕育創造的語言。[5] 據說，塔列辛從母親的再生之鍋獲得靈感的恩典，他的母親就是凱瑞德溫（Cerridwen）女神，三女神的其中一位，名為「生命起源與亡者的容器」。[6] 凱瑞德溫女神用另外一個頭銜大地母神泰拉與左手路徑相連。根據異教傳統，在凱瑞德溫女神的聖壇禁止「沿著右手路徑移動」[7]，只能沿著左手路徑，逆時鐘而行（也稱為月之路徑），後來與女巫路徑產生關連。

靈感起源女神穿著蛋白光芒面紗出現在愛人面前，印度人稱呼這面紗是自然女神的「彩虹帷幕」，由宇宙夏克提女神瑪雅─卡利的魔力創造。靈感女神的拉丁名字是歐普斯（Ops），意思是歐普利亞（Opalia）的大地母神。[8] 蛋白石是靈感女神的神聖寶石，應當蘊藏女神色彩繽紛的魔法帷幕本質。由於蛋白石過去曾經與女神崇拜有關，基督教後來將蛋白石視為不幸之石。

基於相似的原因，父權宗教也認為自然女神的外表是用女神「魅力」創造的幻覺。父權宗教主張，我們不該崇拜自然母神，應該崇拜居住在自然母神體內——有如「居住在母親子宮的孩子」的男神。他的信奉者堅持，他比人類可以實際看見與觸摸的事物更真實。從這個概念也衍生父權宗教對於女神賜予夢境與靈感的輕視，他們認為女神的賜予是稍縱即逝的「精靈恩惠」，正如夢中獲得的

財富將在清醒時從手中消失。

　　中世紀的傳說故事相信，如果一個人在遺跡神廟找到女神雕像，並且讓女神成為自己的愛人，就能獲得豐厚的恩典，正如古代的畢馬龍。如果這個人擁抱女神雕像，在雕像身上射精，承諾他再也不會踏入基督教會，女神就會成為他的命運女神，居住在他的夢中，向他傾訴祕密，例如尋找埋葬財富的地點。[9] 愚笨的人早已遺忘繆斯埋葬的財富與祕密的寶石象徵女神的智慧，於是相信傳說故事的字面意義。他們的夢想在晨光消失，於是男人責備左手路徑的女神只是詭計或虛偽的希望。他們的教士也宣稱女神的天堂或精靈之地承諾只是惡魔的誘惑。

　　因此，聖杯七可能反應男人對於神祕經驗和靈感夢境的矛盾態度。從一方面而言，聖杯七與真實的夢想、詩的敏銳、天賦、洞察，以及啟示有關。[10] 在另一方面，聖杯七是幻想、幻覺、不切實際的態度，或者願望。我們可以根據脈絡決定聖杯七的意義。

聖杯八：失去

Eight of Cups:

Loss

古典的繆斯聖壇就是赫利康（Helicon），意思是的「柳木溪泉」，地點就在同名的赫利康聖山。[1] 繆斯女神群是帶來靈感的山母神，有時候也會被視為一位女神，名字是黑利絲（Helice），意思是垂柳，就是黑卡帝女神的處女型態。黑利斯是能夠變化型態的寧芙，可以成為柳樹的模樣。黑利斯的愛人是潘，田園（Acardian，又譯為阿卡迪亞）的山羊神，他的名字意思是「萬物之父」，潘的教徒曾經遍布愛琴海文明區域。

潘在古典神話是被奉為神祇的山羊之王，他的父親是赫密斯，將潘帶往天堂成為黃道魔羯座。潘是魔法大師，也是無敵的戰士。他的法術創造戰吼，引發敵人的恐慌（pan-ic）。潘曾經在巴勒斯坦擁有數量可觀的信徒。他是山羊神阿撒茲勒（Azazel），每年贖罪日（Yom Kippur）都會獲得祭品。約旦河的水源就有一座洞穴是獻給他的，這時他的化身是巴力迦得（Baal Gad），意思是山羊之王。[2]

在教會人士堅持消滅山羊神崇拜之後，潘也很自然地成為基督教所謂山羊腳惡魔的原型。不過，潘和黑利絲的崇拜依然存續在地

下世界，藉由神聖的柳木法杖以及紀念長角之神的舞蹈，女巫保存了潘與黑利絲崇拜的細節。

古老的傳統藉由詩文獲得活力，一直延續至十九世紀。詩人拜倫（Byron）以懊悔之心悲嘆「偉大潘神之死」。奧斯卡‧王爾德（Oscar Wilde）更是驚喊：「田園的羊角之神！現代世界依然需要你！」詩人雪萊（Shelley）寫信給他的朋友湯馬斯‧霍格（Thomas Hogg）時則說：「我很高興知道你並未忽視真正的宗教儀式。你的信讓我不再有睡意，同一天晚上，我獨自爬上屋後高山，掛起花環，為了在山中行走的潘神搭建一座小草皮聖壇。」[3]

詩人特別容易感受潘與他的垂柳女神黑利斯的神話能量消逝之後帶來的創意枯竭，黑利斯代表繆斯女神的靈感。正如塔羅牌聖杯八的聖杯灑落代表失去，遭到罷黜之神的眼淚，為了逝去寧芙擦拭的眼淚，就是一種詩的譬喻，象徵在無知與膚淺物質的時代之中，失去真實的靈感。黑利斯也變成「垂淚」之柳，繆斯女神的恩典已經失去移動能力，被限制在一個特定地點，因為後來的父權宗教重新編寫繆斯女神的神話，主張女神變化為柳樹之後，只能永久保持柳樹外型。聖杯八的男女神祇都代表失去或者親友逝亡之痛。

聖杯八代表努力付出毫無用處、失去身體的能量，以及拒絕潘與黑利斯代表的自然活力。聖杯八其他的意義還有放棄、斷絕與過去的連結、拒絕繆斯的恩典、拋棄舊有的情誼，以及因為悲傷、憂鬱與無助導致的類似觀點轉變。聖杯八也暗示在邁向生命新的階段時，由於必須放棄某些珍貴的事物，而得承受無可避免的後悔。

聖杯九：幸福

Nine of Cups:

Happiness

九位繆斯女神在象徵意義上是三相女神的三倍力量，因此，塔羅牌聖杯九也在象徵意義上強調這個牌組的核心主題。聖杯九被視為牌組主題「愛」的完全展現，常見的詮釋就是幸福。

根據異教信仰，塵世幸福的縮影就在神聖的月亮樹林，稱為尼米托娜（nemetonae）或尼米戴（nimidae），曾經是歐洲各地隨處可見的露天神廟。在月亮樹林中，女神和她的神配偶一起走過愛的玫瑰，這愛的玫瑰後來也出現在精靈女王的魔法花園中央處。[1] 女神擁有許多名字，而精靈女王是女神的另外一個型態，她也是戴安娜·尼米托娜（意思是月亮樹林的戴安娜）、歐普斯、瑪亞、阿特米斯、黑卡帝、布里吉特、泰拉、凱瑞德溫、瑪那、瑪利安（Marian）、尼慕（Nimue）、薇薇安（Viviane）、露娜，以及維納斯等等。她的伴侶也有許多名字，戴安努斯（Dianus）、法烏努斯（Faunus）、戴奧尼修斯、康修斯（Consus）、宙斯、喬夫、奧菲斯、梅林、艾修斯（Iasus）、希波呂托斯、西爾凡努斯（Sylvanus），以及馬斯。他曾經是橡樹、天空，以及閃電的神論之神。直到一八七四年，他在俄羅斯依然受到崇拜，神聖的橡樹林用蠟燭裝飾，東

正教的教士詠唱：「神聖的橡樹，哈雷路亞，請為了我們祈禱。」儀式之後就開始性狂歡。[2]

狂歡是古老宗教的主要神聖儀式，也是古老宗教在中世紀承受惡名的主因。基督教作家提到神聖樹林的「異端可怕行徑」，堅持應該砍除神諭橡樹，並且埋掉祭台。

但是，女神樹林祭壇的古老名字依然存於各地，例如蘇格蘭南部的米狄歐尼米頓（Medionemeton）、法國的楠泰爾〔Nanterre；原本的名字是尼米頓杜蘭（Nemetodurum）〕，以及西班牙的尼米頓布里嘉（Nemetobriga）——這些城市都是女神布里吉特的尼米頓（nemeton），過去她的帝國曾經占據了整座伊比利亞半島。[3] 即使是基督教的教堂，也從異教的樹林神殿借用符號。哥德風格教堂的上半拱頂就是建築技術上的「森林」。

樹林也是很合適的性結合地點，而性結合應該能夠提升大地的生育能力，所有古代的主要森林都被視為大地母神的生育核心。人類放置或種植在森林的神聖石柱、方尖塔或樹木，代表母神配偶的陽具。崇拜者的狂歡儀式也是學習與鼓勵男女神祇的重要結合。

現代宗教壓抑古代宗教與性喜樂（bliss）之間的關係，刻意區分宗教和性喜樂兩者的幸福感，甚至是帶有相互敵意的。根據猶太—基督教傳統，宗教狂喜是至善，性狂喜則是至惡，即使是婚姻關係的性狂喜也是至惡。聖奧古斯丁曾經主張，認為性是人類世代傳遞原罪的媒介，教會隨後同意他的想法。

但是，民間故事和女巫迫害時期的悲傷文字記載都證明了，宗教狂喜和性狂喜之間的關係並未被人遺忘。在諾斯底和塔羅的傳說

中，幸福（happiness）近似於密宗的卡魯納，性和感官的快感，融合了善良、善意、滿足、豐收、身體健康，以及情緒穩定。聖杯九的美好前景圍繞身體與心靈的所有幸福，沒有正統宗教的原罪或恐懼汙點，毒害人類生命的愉悅。

聖杯十：救贖

Ten of Cups:

Salvation

聖杯十據說總結了聖杯牌組的特質，暗示在和諧的愛、安全、平靜，以及結合之中，找到了塵世的天堂；讓男人獲得真正的救贖，不需要承受最可怕的恐懼：孤獨或者拋棄。歐洲的地下宗教，神話化了塵世天堂，成為精靈之地、快樂花園、維納斯的山丘、托爾洛爾，或者是救贖之山的聖杯城堡。

有些歷史詮釋認為這座傳奇神殿城堡的位置就在西班牙的庇里牛斯山，因為十四世紀時，卡特里派異教徒為了逃避來自蒙特賽居（Montségur）的教宗十字軍，就在此處尋求最後的庇護。其他歷史詮釋則相信，聖杯神殿城堡位於東方，由精靈女王或高等女祭司蘭佩絲·狄·喬伊（Repanse de Joie，意思是快樂的管理者）掌管，而蘭佩絲·狄·喬伊也是女神

維納斯過去的稱號。[1] 在已經半基督教化的亞瑟王傳說中，艾琳（Elaine）或艾蓮（Elen）是神聖城堡的女主人，也是古代凱爾特處女月神的名字。

根據傳說故事的內容，前往救贖之山的指引者，就是西方版本的夏克提指引者，可能是精靈女王本人，或者是她的代表——在英雄的神祕女情人身上「現形」。她將帶領追求救贖的男人穿過血河（River of Blood，對應至夏克提神話中的月事冥河），讓他看見前往魔法山丘的道路。這段過程將會出現生殖器官的象徵或精神代表。這段浪漫旅程的初期旅人是凱爾特傳說的英雄佩雷杜爾‧帕拉德瑞爾（Peredur Paladhrir），他是擁有長槍的槍兵，也是後來的珀西瓦里，稱號則是「刺穿峽谷之人」。佩雷杜爾的長槍就是性的符號，而他的女情人也必然是一位夏克提，因為她要求佩雷杜爾到印度尋覓她。[2] 她的顏色是印度的神聖女性佩瑞克里提（Prakriti，意思是本性）展現的神聖功德（Gunas）三色：處女白、母親紅，以及葬禮黑。[3]

藉由「喜悅」或性狂喜達成的救贖，原本是東方世界和歐洲宗教的信念，直到基督教的傳教士教導信徒相信，要獲得救贖必須放棄世間的喜悅。在神話和民間傳說中，諾斯底異端的隱藏教條暗示還有更為古老的救贖概念。羅蘭德（Roland）的聖騎士，相較於基督教的騎士，其實更接近撒拉森浪漫故事中的戰士愛人，而他們的戰吼「蒙茹瓦」（Montjoie），其實就是聖杯傳說的救贖之山（Montsalvatch）同義詞。[4] 一位十四世紀的農民領袖採用了相同的戰吼詞以及女神的三瓣百合，稱號更是充滿暗示意義的卡勒（cale

或 kale）。[5]

　　聖杯十的傳統解讀，暗示實現長久尋覓的目標，或者藉由愛而獲得救贖：和諧、光榮，以及建立名聲的成就；實現夢想；善良的人協助另外一個人完成目標，奉獻付出的程度堪比母親。塔羅牌的救贖可能等同於基督教的天堂獎勵，但位於塵世的聖山以及女性指引者，都證明塔羅牌的宗教由女祭司主導，而不是祭司。

　　聖杯十的常見意義是持續多年的良好婚姻，也是持續一生的滿足。一般而言，塔羅牌的「救贖」不是正統夢想的天堂，而是務實解決人類長久的問題，例如恐懼、疏離、孤獨，或者分離。聖杯十就是藉由愛，以字面意義那般如實的愛以及人性的角度，獲得直接的救贖。

聖杯公主：艾琳

Elaine

聖杯公主的主要意義，就像處女月神，聖杯神殿的守護者。凱爾特異教稱呼她為百合少女艾琳，不列顛的神聖王后——她的名字還有艾蓮、海倫（Helen）、赫爾，或者赫爾—艾茵（Hel-Aine）。即使是在後來的聖杯神話，已經基督教化的騎士依然在她的城堡找到聖杯，女神在那城堡揮舞生命、死亡，以及命運編織的繡錦。[1]

有些基督教的文本誠實描述聖杯並不是基督最後晚餐使用的酒杯，而是一個鍋爐（basina 或 escuele）。[2] 這種描述方法改變了中世紀歐洲異教信仰最神聖的子宮象徵：偉大母神的再生之鍋。

就像百合少女，聖杯公主也掌管一個鍋爐，場景就像知名的岡德斯特普之鍋（Gundestrup Cauldron），製造於公元前一世紀。岡德斯特普之鍋的中央圖像設計是一名高等祭司，將一位祭品，以頭部朝下的方式，丟入盾牌形狀的雙葉型女陰之中，準備迎接他的新生。女性的「死亡與新生之門」旁邊就是常見的狼或月犬，也稱為赫爾—艾茵之犬。在最原始的的圖像設計中，還有一列戰士以祭品身分進入神聖的鍋爐容器。他們走出鍋爐之後，已經成為天堂的一員，頭戴王冠，騎在神靈之馬，轉變為神。[3]

百合少女與《馬比諾吉昂》（*Mabinogion*）中來自印度的精靈女子很相似，也與神祕的女士法庭有關連。女士法庭每天都會從神聖的鍋爐中拯救戰死的戰士，使其復活。[4] 她的奇蹟容器以各種方式，幾乎出現在所有神話中，能夠讓人獲得青春、生命、治療、智慧、封聖、重生，或者整體的變化。「聖杯以其原始的意象，替代了母神的位置。」[5] 百合少女是三重女神的其中一個型態，而三女神是雪白的處女、玫瑰紅的母親，以及漆黑的死亡老嫗。根據更古老的宗教信仰，三女神的子宮就是所有生命形式持續循環的子宮。

我們明白百合少女城堡的神聖容器，其實不是基督最後晚餐的酒杯之後，也解開了聖杯神話的神祕面紗。基督教的騎士已經沒有理由追尋基督聖血之杯。基督教會的聖餐變體教條堅持，聖杯名符其實地時時刻刻存在於所有聖壇。他們相信消失的聖杯不是基督教版本的聖杯，而是異教自古熱愛的古老重生象徵，也就是再生之鍋，而再生之鍋後來成為女巫術的象徵。公元八世紀的薩利克法（Salic Law）也提到特定的女巫背負神聖的使命，必須將「神聖的鍋爐」帶往儀式。[6] 位於現今英國薩里（Surrey）的佛蘭斯漢（Frensham）教會也保存了其中一個女巫儀式容器，「極為巨大的水壺或大鍋」，據說是由精靈送給人類的。[7]

作為精靈世界深邃祕密的守護者，聖杯公主不只是「快樂的管理者」，也是祕密知識、詩的靈感、神祕的洞見、內在的真理，以及智慧的恩賜。聖杯公主的聖杯是神祕之杯，唯有具備充分直覺與值得信任之人能夠感受。塔羅牌的聖杯公主也可以代表詢問者需要這種恩賜、某個人擁有這種特質，或者暗示在特定的情況下，詢問

者必須具備這種思考方式。

聖杯王子：加拉哈德

經常與百合少女艾琳相連與共的英雄，在年輕的階段就是眾人所知的加拉哈德，老年階段則是蘭斯洛特或蘭斯洛，綽號「黃金之槍」──也就是閃電。根據亞瑟王傳說，精靈女王或湖中女神養育了年輕的加拉哈德，加拉哈德成熟之後，她將加拉哈德改名為「湖中的蘭斯洛特」，派他踏上追尋聖杯（或再生之鍋）的旅程。加拉哈德─蘭斯洛特的母親就是艾琳王后。

　　身為年輕的加拉哈德，這位英雄在艾琳城堡找到神聖的容器，這座城堡則是月之女神領域的象徵。身為蘭斯洛特，英雄與艾琳王后的年輕型態百合少女艾琳同床共枕，讓她懷下自己的輪迴化身加拉哈德。這也是所有神祕宗教都能看見的父子輪迴化身，包括基督教在內，耶穌是自己的兒子和父親，天堂之后所生，她是上帝的新娘與上帝的母親。的確，加拉哈德有時候等同於基督教版本的父子輪迴。有些中世紀的作家主張，唯有加拉哈德能夠配上聖杯，因為

他是唯一一位不曾愛上女人的亞瑟王圓桌騎士；他們甚至相信加拉哈德「是我們救主耶穌基督的第九世代」。[1] 為了將凱爾特傳說修改為基督教脈絡，修士編年史家忽略了加拉哈德與耶穌基督系譜之間的蘊含意義——他們所說的「我們的救主耶穌基督」至少一定愛過一個女人。

基督教作家筆下的加拉哈德受到基督教影響，成為處子，也棄絕了宮廷之愛的傳統，於是加拉哈德從中心之石（女陰）拔出魔法之劍（陽具），成為當時少數「純潔信仰上帝」的男人，放棄女性的陪伴以及母系親屬的血脈。但是，原本的加拉哈德是異教的聖王，他在統治了月亮曆法的「一年又一天」之後，迎接自己的獻祭之死。即使是在基督教版本的故事中，這個細節依然完整無缺保留了。統治期間的最後，就在加拉哈德獲得基督教故事版本的聖杯之際，他突然死於聖壇上，被天使帶到天堂。所有的異教聖王都以相同的方式遭到殺害，獻祭之後，聖王騎著眾神之馬前往天堂。[2]

國王—騎士—英雄傳說最古老的根源就在小亞細亞的加拉太（Galatia），也就是蓋爾人或高盧人的早期家園，他們追溯自己的系譜來自先祖女神加拉塔（Galata）與統治一年就獻祭成神的聖王海格力斯。[3] 他的另外一個名字是菲尼克斯（Phoenix），死後重生的「腓尼基人」。真正的腓尼基人稱呼他為普米亞森（Pumi-yathon），他是艾斯塔特的配偶。希臘人將普米亞森的名字竄改為畢馬龍，而他的配偶是阿芙蘿黛蒂的乳白型態葛拉蒂亞——也就是賜允牛奶的月之女神，在加太拉、高盧、以及百合女神掌管的不列顛等地區受到崇拜。[4]

聖杯王子（或騎士）代表通常與英雄加拉哈德等人相關的特質：勇敢的騎士精神、自我犧牲、敏銳，以及對女性有禮貌。聖杯王子在塔羅牌的影響力就像一位見識卓越之人，觀念和靈感的傳遞者，一位信使，或者熟悉自我存在「女性」層面的男人。

聖杯王后：處女

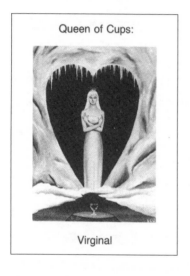

Queen of Cups:

Virginal

早在基督教發展矛盾的處女母親人物形象之前，卡利女神的處女和母親型態早已融合了眾神之母「不可觸碰的杜爾嘉女神」（Durga the Inaccessible）。[1] 杜爾嘉是一位美麗的女神，也是令人畏懼的母親，極為保護自己的子嗣，據說在戰爭之中戰無不勝。她居住在天堂最高的喜瑪拉雅山盡頭，遙遠的冰天雪地。

杜爾嘉象徵了母親的本能，她被稱為「處女」，因為男性無法觸碰她，就像所有保護年幼後裔的母性動物。懷孕、生產，或者哺乳中的女性可以拒絕性需求曾經是人類原始文明的律法規則。依照規定，男性必須限制自己向任何一位照顧孩子的母親提出性要求——無論這位母親是不是他的妻子——直到她的孩子斷奶。亞洲依然有部分地區盛行這種習俗。[2]

中世紀的西方詩人也有他們心中的「不可觸碰的杜爾嘉女神」。他們稱呼她為「處女冰后」（Virginal the Ice Queen），高山的神聖精靈。日耳曼吟遊詩人認為，處女冰后曾經降臨平地，與一位日耳曼王子結婚，但很快就對他感到厭倦，回到遙遠而高聳入雲的冰洞窟，永恆的雪領域，以卓越女神的姿態保持統治地位。[3]

聖杯王后就像處女冰后，代表水的結凍型態：冰冷、猶如水晶的清澈明亮、完美、不可觸碰；無性的處女母親意象。就像處女冰后居住的高山，她超越男性微不足道的需求。杜爾嘉女神象徵母親育養子嗣時的不可觸碰，聖杯的處女皇后用奇妙的方式，結合了對男性的冷漠以及母性的照護撫育——這個觀念衍生於古老流自高山如牛奶般的冰川河流，為山谷帶來生命與生育力。喜瑪拉雅山是「天堂之山」，因為喜瑪拉雅山的女神有上述的雙重功能，所以她的雪白山峰才會被稱為楠達德維（Nanda Devi；意思是被祝福的女神），以及安納布爾納（Annapurna；意思是充滿滋養的偉大乳房）。[4]

在傳統上，聖杯王后代表稍縱即逝、不屬於這個世界的最理想人格，或許也是不可能達成的理想。以山頂的空水晶杯子象徵聖杯王后的純淨與睿智。就像所有的塔羅牌王后，聖杯王后也可以等同於女神的標準形象人格。她是遙遠且冷漠的女神，男人認為她很有威脅——彷彿男人從未克服母親冷漠帶來的潛在致命危險。

父權社會費心竭力建立眾多法律、經濟，以及文化的防備機制，想要反對女性可能對男性冷漠。然而，像處女冰后的神話人物（以及處女冰后的基督教對照者，天堂的處女皇后），持續讓男人

感到憂心忡忡，導致他們出現崇拜的順服姿態，藉此避免內心畏懼的遭到拋棄。性冷感（frigid）也變成男性使用的嚴苛批評詞彙，抨擊不願回應性要求的女性。每個男人的內心深處都害怕女人，正如每個女人的內心深處都有一個不可企求的杜爾嘉女神，熱愛與成年男人無關的物體。一位知名的心理學家曾經觀察發現，所有女人都有可能突然展露內在性格的冷漠層面：「永不妥協、冷漠，而且完全無法觸及。」[5]

但是，處女冰后與其基督教對照者都引發男性幾近於卑躬屈膝的崇拜。歌德（Goethe）曾經對著自己詮釋的處女瑪利亞祈禱：「至高無上的卓越世界之主……處女瑪利亞，最純淨的，母親，值得我們所有人的崇拜，我們選擇的皇后，與眾神平等。」[6]

聖杯國王：迪威

King of Cups:

Dewi

　　凱爾特傳說的海王「迪威」（Dewi）不是一個人名，而是頭銜，意思是「神」，來自印歐文明的 deu、dewi、devi，或 deva，都是神祇的意思。迪威是古代的深淵之王，最後也被基督化，成為聖大衛（St. David），威爾斯地區的主保聖人，因為大衛這個《聖經》名字最接近原本的頭銜迪威。威爾斯的水手親密地稱呼他是大衛‧瓊斯（Davy Jones）。水手死後葬於海中，也稱為「前往大衛‧瓊斯的箱子」。聖大衛—迪威的另外一個大眾名字就是水人（Waterman）。[1] 他的異教聖殿位於現在的聖大衛市，這座城市曾經被稱為墨涅維亞（Menevia），意思就是「月之道」。[2] 迪威王曾與月之女神結婚，月之女神當時使用維京名字瑪朵爾（Mardoll），意思是「遠方海上之月」或者是她的威爾斯名字瑪布（Mab），意思則是精靈女王。

　　海上的大衛神王也有其他名字。有些人說他是瑪納南（Manannan），李爾（Llyr; Lir）的兒子，李爾也就是莎翁筆下的李爾王。瑪納南將死者靈魂放在海底宮殿「上下顛倒的罐子」中。[3] 正如許多古代眾神，以及基督教的神，瑪納南與李爾也是相同無盡輪迴的父子之神。

迪威的另外一個名字是萬福布蘭（Bran the Blessed），女神布蘭溫的男性雙子，而布蘭溫則屬於負責保護原始再生之鍋的母系三女神。[4] 而布蘭從巴辛湖底將珍貴的再生之鍋帶出水面。[5] 在基督教版本的聖杯故事中，布蘭成為聖杯的守護者，神祕的漁夫王（Fisher King），或是富有的漁夫布朗（Bron）。[6] 雖然基督教版本的聖杯浪漫故事認為布朗是亞利馬太的約瑟（Joseph of Arimathea）的連襟，但布朗依然是一位古代的海神，水手與漁夫的庇護者，在海之王座上永恆地凝視海洋，海洋就是他的古代家園。

　　航向大海的男人不曾完全遺忘古代的海神，即使他們用不同的角度看待海神，海神可能是聖人、巨人、深淵的神靈、古代之王，或者守護聖杯的靈魂漁夫，就像天堂之門的守護者彼得也是另外一位「漁夫」。水手容易迷信，因為他們的生命必須仰賴無常的元素。他們需要神聖的「水人」在正確的時機聆聽祈禱。海王的某些特質成就了塔羅牌的聖杯之王。聖杯之王也被詮釋為擁有永恆權力與力量的人物，保護有需要的人，非常可靠。與渺小的人類相比，聖杯之王如此巨大，宛如海。他代表平靜表面之下不可抗拒的力量，猶如水。

8
權杖牌組
The Suit of Wands

權杖一：權力

神話學中無所不在的原始權力意象是火焰巨龍或閃電大蛇。耶和華崇拜出現之前，希伯來人以利維坦〔又稱維格利（Wriggly）〕或銅蛇之名崇拜他，摩西創造了耶和華最原始的形象（列王記下第十八章第四節）。銅蛇的名字與《吠陀經》蛇王納胡夏的起源相同，納胡夏曾經統治天堂，直到後來出現的因陀羅

（Indra）推翻納胡夏，將他放逐至地下世界。[1] 有些猶太教派繼續崇拜大蛇，也宣稱後流放時期的上帝只是一位惡魔篡位者，不義竊取智慧大蛇的王國。[2]

大蛇（或巨龍）與父權宗教上帝之間的上古雛型敵對關係，是從史前時代就開始的權力鬥爭。大蛇與上帝都是陽具神祇。火焰大蛇的年紀更長，通常被稱為女神的長子。眾多的神話都認為，女神用泥土創造了大蛇，藉此「翻攪」子宮中的深淵。這個神話的基礎來自一個原始的概念，認為男性在「受孕」中只有部分的功勞，只是刺激女性神祕繁衍魔法的律動。

女神有控制大蛇的權力。她可以讓大蛇起身硬化，就像女人對於男人陽具的控制權力，而男人對此非常焦慮，女人竟然能夠用無法理解的性指令控制他的身體，即使彼此之間有距離，依然能夠發揮效用。阿卡德帝國的女祭司擁有「弄蛇人」的頭銜，就是表達上述的權力，後來男祭司也繼承了這個頭銜。[3]

《吠陀經》的創世神話將原始時代的大蛇稱為婆蘇吉（Vasuki），牠翻攪象徵母親的海域，創造萬物生靈。婆蘇吉硬化之後成為世界之軸（*axis mundi*），根植在地球中心的陽具之柱，直達南北兩極，而南北兩極是天堂旋轉軸心的靜止點。《摩訶婆羅多》（*Mahabharata*）則說，「世界卓越之蛇婆蘇吉」在南北兩極固定了「世界的桎梏」。[4]

五千年前，北極星本來是天龍座 α 星（Alpha Draconis），就是「龍之眼」。[5] 自此以後，春分點位移的歲差使北天極點旋進而指向小熊星座（Ursa Minor）。凱爾特神話用非常有趣的擬人化表

達了這樣細緻的歲差。亞瑟王的名字就是衍生於威爾斯的亞瑟・華爾（Arth Vawr），意思是天堂之熊。亞瑟王的前輩是烏瑟・潘德拉貢（Uther Pandragon），意思是「神祕的龍首」。[6]

根據《聖經》，天堂之龍的化身曾經降臨人間，成為熾天使（*seraphim*），其他天使稱熾天使是「飛翔的火焰巨蛇」。[7] 熾天使就像路西法，他們似乎代表從天而降的閃電，刺激地球深淵的生育力。在地下世界，熾天使成為火山之下的火焰巨龍。熾天使是不朽的，因為他們的居住地點靠近地下領域（赫爾領域）的偉大鍋爐，此處是所有生命的起源。

吐出火焰的陽具之龍也代表性慾的「神聖火焰」。控制巨龍的女神、女祭司，或者女巫，其實就是控制大蛇的歐律諾墨─夏娃（Eurynome-Eve），大蛇是她的第一個伴侶，她創造了大蛇，在大蛇傲慢地偽裝自己是造物者之後，她將大蛇驅逐至地下世界。[8] 夏娃就是這位女神。幾份非教儀正統的文獻宣稱，大蛇是夏娃的第一位伴侶。作為塵世之父，大蛇就像赫密斯或世界銜尾蛇（Ouroboros），成為天堂之父的永恆競爭者，彼此爭奪控制世界的權力。

塔羅牌的權杖牌組 ❶ 就像大蛇或巨龍，代表權力以及充滿男子氣概的火焰元素，以及相關的意義，例如炙熱、活力、鼓舞、競爭、啟蒙，以及揮灑熱情。棍棒（Clubs，也就是撲克牌的梅花）代

---

❶ 塔羅牌的權杖牌組，原文是 wand，應譯為法杖，權杖是 scepter，但本書交替使用 wand 與 scepter，而中文界對於這個牌組的慣常用法也是權杖，因此本書譯者多半使用權杖，只有在行文脈絡特別強調是法杖，例如女巫使用的法杖時，才會譯為法杖。

表權力的黑暗面，暴政的象徵，一般的牌組製造人都會用權杖或長杆替代棍棒。權杖牌組的牌同時代表創造力以及破壞或壓迫的力量。正如女神控制陽具巨蛇，因此權杖牌組也暗示控制重大力量，甚至可怕力量的權力。

權杖二：結盟

Two of Wands:

Alliance

塔羅牌權杖二的傳統意義意指兩種個別特質的結盟，例如男性與女性、月亮與太陽，以及思想與行動等等。這種結盟的神話象徵可見於雌雄同體的雙子、配偶，或者鏡中意象，例如阿特米斯—阿波羅、伊希絲—歐西里斯、閻米（Yami）—閻摩、赫密斯—阿芙蘿黛蒂、芙雷亞—費瑞，戴安娜—戴安努斯，以及瑪盧亞（Mashya）—瑪盧優伊

（Mashyoi）。即使是亞當與夏娃，據說在上帝將他們一分為二之前，都是雌雄同體。在世界的某些地區，依然推崇雌雄同體是宇宙的造物原則，例如達荷美王國的納納—布魯庫（Nana-Buluku）就是月亮與太陽同體之神。[1]

太陽神阿波羅與月神阿特米斯同時生於夜之女神的子宮；但夜

之女神本身也被稱為月的女兒，在希臘文明出現之前的希臘地區，月被稱為菲比（Phoebe），菲比則是德爾菲神廟最初的女主人，德爾菲的意思就是「子宮」。阿波羅宣稱自己是德爾菲神廟的主人之前，必須接受菲布斯（Phoebus）之名，而這個名字意思是「月神」。上述的神話內容證明女性月神崇拜的時間早於後來的男性太陽神崇拜。[2]

阿波羅從比自己更早出現的女性對照者月神身上，獲得占卜的能力，月神從史前時代開始掌管所有的預言與占卜。古代月神女祭司的聖物就是權杖或「占卜之杖」，女祭司的中世紀後裔女巫也使用同樣的聖物，女巫用女神的特別樹木製作法杖，包括冬青、榛木，以及柳樹。

直到中世紀，依然有基督教徒使用某些古代的占卜魔法。弗里斯蘭人第十四條律法提到一種「籤棍占卜」，在教堂聖壇之前擺放法杖或占卜長棍，找出罪犯的位置。[3] 他們也相信法杖可以尋找藏在地下的水源、隱藏的武器、埋葬的財寶，以及其他許多藏匿的物品。塔羅牌權杖牌組代表權力的原因，也有可能是因為中世紀的人依然認為魔法是真實而且有效的權力表達形式。

東方眾神必須與自己的女性另一半、靈魂、雙生子，或者夏克提完整結合之後，才會獲得魔法。相似的道理，據說諸如阿波羅等太陽神，也會在深淵之鏡中看見自己的真實靈魂，深淵之鏡是深淵的女性象徵，鏡中反射的太陽神女性自我就是月亮。靈魂反射的觀念非常古老。戴奧尼修斯被泰坦巨人撕碎之前（其中一位泰坦巨人就是月神菲比），他的靈魂被困在鏡中無法動彈。另外一個神話故

事則是敘述神祇納西瑟斯（Narcissus）的靈魂被困在寧芙的反射水池中。[4] 在中世紀的神話變化裡，月之女神變成具致命威脅的女巫瑪拉（Mara），她用魔法鏡子將魔法獵人的靈魂困於其中，並且偷走他們的靈魂。[5] 反射深淵的女神有權力引發太陽神之死，因為他每天落入深淵，都是死亡。

權杖二展現太陽與月亮之力的雌雄同體結合，彼此反射，雙方的權杖在彼此領域的交界處交會。權杖二的基礎觀念認為，如果想要真正完成某個目標，必須建立結盟，合作夥伴必須適應彼此不同的特質。

權杖三：命運

Three of Wands:

Fate

莎士比亞筆下的三名女巫是「命運三姊妹」（Weird Sisters），這個名字來自盎格魯－薩克遜的「命運」（Wyrd），命運是女性的三女神，曾經被譽為擁有控制所有生靈的絕對權力，甚至能夠掌握眾神的生命。《貝奧武夫》曾說命運女神是「所有男人的統治者」。沒有人可以逃離「命運女神決定釘死一位男人」的最後之床。[1] 此處也可以看見瑜伽士傳

統「釘床」的思考邏輯：這是完全臣服於命運女神權力的象徵。

三位命運女神似乎無所不在，她們是希臘的摩伊賴、凱爾特的摩利根（Morrigan）、羅馬人的福圖娜（Fortunae），北歐人的諾倫，全部都來自古老深刻的亞細亞根源。卡利女神是女性的造物者、保存者，以及摧毀者，她也是所有充滿權力的命運（業力）女神原始意象，被稱為處女—母親—老嫗、過去—現在—未來、出生—生命—死亡，以及編織者、測量者與切割者等等。在西藏，她的三位一體迄今依然是「最珍貴的三相女神」。[2]

命運女神大多數圖像的常見元素就是顏色符號。印度神祕學認為命運女神的神聖功德三色（Gunas，又稱 strands）是白—紅—黑。卡利—瑪雅女神是「神聖女性佩瑞克里提」，對應至希臘的菲希斯（Physis），自然之母，藉由色彩魔法掌控出生、生命，以及死亡。[3] 處女的純粹白色是 sattva（意為「有情」，音譯則是薩埵）；母親的女王紅色則是 rajas（意指「熱情」，音譯則是拉傑斯）；老嫗的葬禮之黑則是 tamas（意思是「摧毀或混沌」，音譯則是塔馬斯）；三個顏色代表自然世界的生命從光明走向黑暗。[4]

西方更古老的宗教，也用相同的方式替女神上色。忒奧克里托斯（Theocritus）、奧維德、提布魯斯（Tibullus），以及赫拉斯（Horace）等詩人都說，生命之線的顏色是白色、紅色，以及黑色。[5] 月牛愛歐（Io）將自己的顏色從白色改變為紅色，再變為黑色，原因是「新月是出生與成長的白色女神；滿月是愛與戰鬥的紅色女神；老月則是死亡與占卜的黑色女神」。[6] 凱爾特神話也讓聖杯神殿的女士穿上相同的三種顏色。佩雷杜爾的神祕出神狀態起因

是看見烏鴉的羽毛以及白雪上的血，想起他的愛人有著雪白肌膚，如烏鴉羽毛黝黑的頭髮，以及臉頰上的血紅斑點。[7] 紅色、白色，以及黑色也在中世紀的魔法與煉金術文本中擁有重要的地位，分別稱為純淨、熱情，以及黑暗的顏色。[8] 由於紅白黑三色與女神崇拜有非常廣泛的連結，但丁也讓筆下的路西法擁有紅白黑三個頭。

正如但丁的路西法，女神有時候也會呈現一個身體與三個頭的模樣。埃及母神姆特（Mut）經常出現的模樣，第一個頭配戴瑪特的羽毛，代表真理的處女；第二個頭配戴埃及兩地的皇冠，代表世界之母哈索爾；第三個頭漆成黑色，配戴奈赫貝特（Nekhbet）的禿鷹羽毛，代表死亡母神。[9] 姆特的神聖象形文字則是三個鍋爐。[10]

前希臘時代的天堂之后赫拉與摩伊賴或赫柏─赫拉─黑卡帝三女神的形象結合，成為女孩、新娘，與寡婦的形象，受到民眾的崇拜。[11] 基督教的天堂之后瑪利亞在許多層面上都與摩伊賴相似。正如諾倫三女神站在奧丁的犧牲之樹下，三位瑪利亞也站在耶穌的十字架之下。《瑪利亞福音》說三位瑪利亞是相同的一。[12] 科普特教派（Coptic）的《論瑪利亞》（*Discourse on Mary*）清楚地將瑪利亞描寫為命運女神。正如摩伊賴三女神之中的紡線女神克羅托（Clotho），瑪利亞在開始編織血紅之線（代表生命）的那個時刻懷了耶穌。[13] 有些人認為獵戶星座是瑪利亞的紡紗杆；但早在數個世紀之前，北歐異教早已相信獵戶星座是芙雷亞的紡紗杆，讓諾倫女神編織男人的命運。[14]

一般認為，摩伊賴、諾倫，或者莎翁筆下的「命運三姊妹」都會造訪所有新生兒的搖籃，決定小孩往後的命運。甚至許多基督教

徒都暗自相信古代女神的現身。[15] 民間習俗和精靈傳說中，也有父母為了小孩的未來，向「精靈教母」提供取悅祭品。[16]

塔羅牌權杖三也代表三姊妹對於男性生命事件的絕對控制權力。聖杯三與其他塔羅牌的連結位置，暗示聖杯三不可能改變其他塔羅牌的意義。三這個數字的意義本身就包括創造、發明、商業創業，以及財富的權力；還有按照業力決定的獎勵和懲罰。

權杖四：成功

Four of Wands:
Success

四根權杖曾經代表地球的四個角落支柱，象徵家園、安全，以及神聖的婚姻。埃及國王藉著與王后結婚，從女神手上獲得成聖的王冠或神聖的贊同，王后是女神在塵世的代表人物，婚禮和加冕儀式就在由四根支柱撐起的華麗帳篷（senti）之下舉行。[1] 猶太人模仿了這個華蓋，時至今日依然用於婚禮，稱為帳篷（huppah）。在實行母系婚姻的古代閃族時期，猶太帳篷代表新娘的家園。婚姻則代表新郎獲得正式的許可，可以進入新娘的帳篷。[2] 伊斯蘭教之前的阿拉伯地區，妻子也可以藉由轉動帳篷方向與丈夫離婚，讓帳篷的入口朝著另外

一個方向，被拋棄的丈夫就會被禁止進入。[3]

完成婚姻大事代表一位男人或國王的世俗成功，在那個時代，房地產屬於女性，王后才是國家的代表人。在精靈傳說的母系婚姻系統中，希臘年輕人習慣離開由母親和姊妹持有的住家，尋找自己的財富——財富代表一位新娘與「母系財產」，也就是新娘從母親身上繼承的財富。[4] 父權結構的眾神稍後引入的「父系財產」概念，其實是「母系財產」的變化（實際上是由父系宗教的祭司引入的）。

英王詹姆斯（King James）曾經引用法律先例，將全英格蘭稱為他的「合法妻子」。[5] 中世紀的吟遊詩人則說，羅馬皇帝迎娶不列顛的神聖王后艾蓮之後，才是真正統治不列顛；列菲利斯（Llfeless）也是迎娶高盧王后之後，才能成為法國國王。[6] 歐洲各地完全成立父權結構法律之前，都是主張女人與其領地的不可分割。[7]

對於一位男人、英雄，或者神祇而言，最終極的成功體現在「神聖的婚姻」，因為神聖的婚姻可以確保他的重生或永生不朽。神聖婚姻的原型可能是印度的「svayamara」儀式，卡利女神的處女型態沙提選擇溼婆神作為自己的新郎，將花環放在溼婆神的頭上，象徵卡利女神的選擇。[8] 有時候，獲得青睞的男性可以得到一顆蘋果，蘋果是女神賜予永生不朽的常見象徵，也是夏娃的禮物之真實意義，雖然這個禮物備受基督教的誹謗。北歐異教維持這個傳統，認為所有的神如果沒有獲得伊登（Idun）母神賜予的青春復甦蘋果就會死亡。[9] 凱爾特的王后也會將蘋果送給新郎，代表新郎死後可

以進入女神的西方蘋果之地（Apple Land，也就是阿瓦隆）。[10] 厄琉息斯的男性在女神波瑟芬尼的「新郎之室」締結神聖的婚姻，保障他們死後獲得祝福。[11] 希臘神話的「帕里斯審判」❷ 其實是希臘人看見圖像之後的錯誤推論，三女神在圖中其實是將自己的蘋果送給一位英雄，代表她的選擇。[12] 吉普賽女孩將蘋果丟向男孩，是她們表達選擇愛人的方式；吉普賽的神話也相信，宛如阿克泰翁（Actaeon）的英雄收到愛人的蘋果之後，先轉變為獻祭的雄鹿，最後成為神祇。[13]

塔羅牌權杖四神聖婚禮中的蘋果、花環，以及被四根支柱撐起的華篷，都代表權杖四的傳統意義：成功、努力的獎勵，以及第一次在世界建立安全的地位。正如所有婚禮，神聖的婚姻也暗示一開始獲得的安全感，本質上是稍縱即逝的，人們依然需要追求更多的知識，也要面對更多的挑戰。

❷ 帕里斯的審判（Judgment of Paris）就是特洛伊戰爭的導火線，在傳統的希臘神話中，相傳赫拉、雅典娜與阿芙蘿黛蒂三位女神都想得到刻有「獻給最美女神」字樣的金蘋果，宙斯害怕得罪她們，就將金蘋果交給特洛伊人帕里斯王子。帕里斯王子將金蘋果送給阿芙蘿黛蒂，於是女神承諾帕里斯能夠與世間最美的女子海倫相戀，最終引發特洛伊戰爭。作者在此的意思即是，希臘人誤以為是帕里斯將金蘋果送給阿芙蘿黛蒂，實際上是阿芙蘿黛蒂將蘋果送給帕里斯，作為愛的象徵。

權杖五：僵局

Five of Wands:

Impasse

權杖五顯示試驗與困境的時期，無法對抗敵對力量。神聖之王完成神聖婚禮之後的悲痛（pathos）或受難（passion）❸，或許可以象徵這個局勢。神聖之王已經獲得青睞，即將因為他人的原罪而死，正如卡利—沙提女神的新郎溼婆神，最後成為將死的溼婆。[1] 耶穌在犧牲之前，也成為（錫安的）新郎。這種模式常見於世界各地所有的神祕宗教以及救贖教派。

蘇格蘭與愛爾蘭的無聲之舞（Mummer's Dance），又稱為「玫瑰」，是少數保存迄今的德魯伊儀式之一。五名持劍或棒的男人圍著第六個男人跳舞，第六個男人稱為愚者，愚者象徵性死亡之後，藉由黃金冰霜露滴（Golden Frosty Drop）靈藥而重獲新生。有時候，愚者可能代表基督，有些時候則是象徵惡魔。他的死與新生伴隨一句咒語，「玫瑰中的花露」，這句話就是溼婆神「蓮花中的珠寶」的西方版本。這個神祕的句子有許多重疊的意義：女陰中的男

---

❸ 作者在此處使用的 passion，並非一般英語中的 passion（熱情或盛怒）之意，而是取耶穌受難時的用法，耶穌的受難，英文是 Passion of Jesus，Passion 來自於拉丁文的 *patior, passus sum*; 承受苦難的意思，也可以翻譯為耐心。

性生殖器、陰戶中的一滴精子、子宮中的胚胎、在母親呵護之中獲得安全的小孩、在自然世界中出現的靈魂，或者在大地母神之中埋葬的屍體，這都是男性被女性圍繞的含義。梅斯特・艾克哈特認為，玫瑰中的花露代表耶穌就在瑪利亞玫瑰之中，至少譬喻意義就是如此：「玫瑰在晨間綻放，接受天堂與太陽的露水，瑪利亞的靈魂敞開，懷了天堂露水基督。」[2]

玫瑰是女神的普世象徵，代表適婚年齡的寧芙與母親。在基督教出現之前的羅馬，玫瑰也是維納斯的徽章。[3] 玫瑰在植物學與神話學中都與五瓣的蘋果花有關連，玫瑰也代表密宗聖人稱之為贍部島（Jambu Island）的女神天堂，意思是玫瑰蘋果樹之地。[4] 無聲之舞等神聖舞蹈，就是為了表達前往天堂的神祕旅程。相同的舞蹈在日耳曼地區稱為 Ringel-Ringel Rosencranz，在英格蘭地區則是 Ring-Around-A-Rosy，意思都是圍繞玫瑰。[5] 舞蹈詠唱的最後一句話是「萬物隕落」代表不可逃避的死亡是所有新生的必要序曲。

無聲玫瑰舞蹈的愚者顯然就是依然處於「悲痛」情緒的祭品，他被困在玫瑰花瓣的魔法五角陣之中，無法躲避五名宛如祭司的人物，祭司的職責是殺死愚者。正如基督教早期年代的阿布德拉（Abdera），每一年都會有一位男人被逐出教會之後遭到殺害，「為了讓他一個人承受所有人的原罪」，愚者被驅逐、剝奪人格，被孤立儀式化為遭到追捕的動物，最後遭到殺害，而愚者的鮮血可以拯救殺害他的人。[6] 對他而言，這個局勢似乎毫無希望。正如在相似的偽獻祭圓形舞蹈遊戲「盲人之推」（Blindman's Buff）中，祭品看不見任何逃出困境的方式。

權杖是權力的牌組，可怕的權杖五代表無能為力。稍早出現的安全感迅速崩潰，淪為不安。雖然現在的僵局可能是為了往後實現的崇高目標，但此時此刻的受難者依然萬分痛苦。

權杖六：光榮

Six of Wands:

Glory

權杖六的常見詮釋是光榮、勝利，以及凱旋，伴隨著權杖五的僵局而來，就像獻祭犧牲之後的新生。聖杯六代表英雄的凱旋歡呼：一個人曾經遭到消滅，又像太陽一樣再度崛起。

消失又重新上升的太陽英雄，也與幾乎所有古代神話的太陽有關連。隨著光榮的日出，英雄的崇拜者歌詠：「他已復活。」「卓越的赫魯卡」（Heruka）是印度的太陽英雄，可能是埃及太陽神赫魯（Heru）或荷魯斯的原型，成為年長的夕陽之後，則被稱為拉—哈拉克提（Ra-Harakhti）；赫魯卡的希臘對照者是海格力斯，羅馬人稱呼他赫拉克勒斯（Hercules），他的名字也代表英雄（Hero）這個字。[1]

密宗佛教徒稱呼赫魯卡是蘊藏智慧的神祇以及半人馬。[2] 古代希臘人也將半人馬視為「知識的蘊藏者」。每一位太陽神「救世主」

都會取代半人馬外型的前身——一位宛如神祇的騎士，可以奔向天堂。海格力斯取代半人馬涅索斯（Nessus），穿上涅索斯的皇家長袍，而長袍焚燒海格力斯的身體，宛如送葬的火焰。[3] 火焰有時被視為火焰之馬，英雄的靈魂駕駛火焰奔向天空，加入眾神的行列。

海格力斯崛起獲得光榮，加入天堂諸位父親的行列，也被稱為世界之光、正義的太陽，以及光榮之王，而基督教徒後來也讓自己的英雄獲得相似的頭銜。羅馬皇帝尤利安曾說，能夠創造世界並且掌管元素的完美力量屬於海格力斯，「宙斯生下海格力斯，要讓他成為宇宙的救世主。」[4]

海格力斯是相當常見的救世主典範，包括基督教的救世主在內。海格力斯的父親是神，母親是處女，母親雖然已婚，但丈夫不曾碰觸她。[5] 海格力斯完成了十二個奇蹟，分別對應太陽在一年又一天的時間之內行經的黃道十二宮。海格力斯死亡，下降至地獄，再度重生。神廟的女人向眾人宣布他的重生。他上升至天堂，在繁星之中找到自己的地位，就在奧菲斯的天琴座旁邊。

在聖保羅的家鄉塔瑟斯（Tarsus），男人每年都會模仿海格力斯犧牲自己，所以保羅認為願意獻祭火燒自己身體是一種美德（哥林多前書第十三章第三節）。每個祭品都會被海格力斯吸收，也因此被太陽吸收。波桑尼阿斯曾說太陽的姓氏是救世主，「與海格力斯的姓氏相同」。[6]

顯然的，大多數犧牲自己生命的男人都是出於自願，為了英雄之神短暫的光榮之年，以及英雄之神承諾永恆不朽的天堂生命。在公元三世紀，迦太基依然奉行每年一度的儀式，焚燒「身為眾神之

光的男人」。[7] 殺害祭品的行為最後終於停止了，但埃及依然奉行相關儀式直到十九世紀。在儀式中，君王的小人偶被埋葬，一位活人爬出灰燼，代表重生之神。[8]

塔羅牌權杖六暗示神聖之王的短暫光榮，例如個人實際經歷或感同身受的諂媚奉承或榮耀名望，征服所有對手以及克服所有阻礙的勝利感受。但是，凱旋通常只是「一段時間」，意思是終究結束，或者光榮也會改變為其他的意義，也許是失去榮耀而危機四伏。

權杖七：挑戰

Seven of Wands:

Challenge

神聖之王得到光榮之後，必須對抗虎視眈眈的挑戰者，保護榮耀。神聖之王卓越成就的表面安全，其實是一種動態的均衡，唯有在持續對抗風險的情況下才能良好維繫，就像馬戲團特技雜耍演員的表現。

古代的神王為了讓臣民相信自己能夠保持有用，神王時常假裝自己可以藉由揮舞法杖或權杖控制天體運轉，舉例而言，只要他在正確的時間揚起正確的長桿，就能讓太陽升起。如果人民懷疑君王實行這種宇宙雜耍的能力，君王或許

就會立刻遭到誅殺，另外一位看起來更能夠與自然力量保持融洽的王儲將取而代之。

達摩克里斯（Damocles）的傳說就是一個眾所皆知的例子，可以說明皇室階級地位的危險。就像海格力斯，達摩克里斯的名字代表「女神的光榮」或「血脈的光榮」。在古典神話中，達摩克里斯被描述為公元前四世紀敘拉古（Syracusan）君王戴奧尼修斯的朝臣。國王是神祇之名的擁有者，他在塵世間代表神祇，根據奧菲斯教派的習俗，國王需承受與神祇相同的命運。[1] 因此，國王必須擔任「神祇之子」，在任期結束時成為祭品，或者被更強大的王儲取代，並且遭到殺害。為了逃避這個命運，某些國王可以選擇代理祭品，替國王而死。

傳說故事的內容相信，敘拉古的國王選擇了達摩克里斯，達摩克里斯也自願犧牲，因為他很羨慕國王的光榮，希望親自品嘗光榮的滋味。他獲得了犧牲的機會，但很快就發現王室特權也伴隨相對應的代價。達摩克里斯的發現象徵了國王的毀滅：達摩克里斯坐在王座上，看見一把劍以毫髮之差，懸掛在他的人頭上方。[2]

這把象徵的劍可能與致命的月之鎌刀有關連，月之鎌刀代表古代世界誅殺國王的陰曆時間。《聖經》中的國王伯沙撒（Belshazzar）的宴會大廳牆壁出現了致命的月之文字「彌尼、彌尼」（Mene，也就是月亮），使他被嚇壞了（但以理書第五章第二十五節）。巴比倫的國王有時候也會逃避致命的命運，方法是讓被判死罪的罪犯在撒卡耶慶典（Sacaea Festival）取代自己，在慶典中每位國王都要親自面對月之女神老嫗型態說出的致命文字「彌

尼」。而這個取代真王的偽王，會占據王座，執行所有的國王職責五天。隨後，偽王就會被脫下華麗的服飾，套上刑具，被吊死或者釘死。[3]

在光榮之中面臨險峻的命運威脅成為塔羅牌權杖七的特色，牌面上是一位看起來非常貴氣的雜耍藝人想要操弄太多物體，頭上還懸掛著一把月之鐮刀。塔羅牌權杖七警告我們面對雄心壯志帶來的挑戰，頭上與腳下永遠都容易受到威脅。尚未明白風險之人，總是嫉妒他人擁有權力；但是，唯有保持努力、精進技巧，以及勇氣，才能巧妙維持權力——也就是雜耍藝人的動態平衡祕密。

權杖八：隕落

Eight of Wands:

Fall

「奔馳時隕落」是非常適合權杖八的表達方式，強調倉促草率、衝刺前進的能量、速度過快、期望太高，或者驕傲。上述的特質結合就是傲慢，在成神的英雄神話中是非常重要的元素，英雄駕駛神聖之馬前往天堂。馬是天堂的動物，希臘人用阿瑞昂（Arion）稱呼牠，意思是「高空的月之生物」。海格力斯成為艾利斯（Elis）之王時，就是騎著

阿瑞昂。馬的另外一個名字則是佩格瑟斯（Pegasus），繆斯女神的有翼之馬，貝勒羅豐（Bellerophon）想要騎著佩格瑟斯前往天堂，「彷彿自己是永生不朽的」。[1]

貝勒羅豐從靈感寧芙佩吉（Paege）手中偷走魔法之馬，為了懲罰他，貝勒羅豐在飛行過程中被丟出馬外。他墜落至地面的荊棘樹叢，因此眼盲、跛腳，並且受到詛咒。貝勒羅豐的故事象徵男性祭司在塵世的失敗，他們無法順利取代神祇、占據靈感泉源。在希臘神話中，佩格瑟斯是女性的象徵物，牠自美杜莎的血中出生，美杜莎就是墨提斯（智慧女神），象徵全知老嫗的力量。[2]

佩格瑟斯可能也來自埃及的典故。佩格瑟斯的蹄在赫利康山上踏出「靈感的山泉」（Hippocrene），又稱為「馬之泉水」（Spring of the Horse），寧芙佩吉就是負責看管此處。寧芙佩吉的概念可能衍生於阿拜多斯（Abydos）的聖泉佩加（Pega）之女祭司，此處是埃及最古老的歐西里斯神殿。[3] 神殿的聖女乾燥保存神祇的頭顱，從神祇頭顱的口中聽取神諭。歐西里斯是早期的其中一位死亡之王，能夠將生命有限的凡人帶往永生不朽的天堂——正如佩格瑟斯。事實上，歐西里斯的崇拜者認為，歐西里斯是唯一有能力讓人類在天堂重生的神祇。[4]

另外一位因為飛得太高而隕落的英雄是伊卡魯斯（Icarus）。在路西恩（Lucian）撰寫的諧仿劇中，伊卡魯斯獲得一匹如佩格瑟斯的駿馬，名為伊卡魯彌尼波斯（Ikaromenippos，意思是伊卡魯斯的月馬）。這頭野獸可以飛向月之領域，穿過太陽的領域，展開如同老鷹的雙翅，前往位於天堂頂端的宙斯宮殿。[5]

早期的薩滿宗教認為駕馭月馬飛向天堂是聖人啟蒙的必要旅程。古典時代的作家更擔憂人類想要成為神祇的原罪。古典時代的作家不會講述英雄安全前往天堂彼世再安全回家，他們的英雄傳說通常以飛行時的災難作為結局。

　　權杖八的詮釋通常依照古典時代的典範，暗示一場重要的旅程、環境的改變、行動，以及進步，但可能因為過於熱切、過度自信，或者過多行動而失敗。權杖八通常也被視為警告，必須留心因過度驕傲造成的隕落失敗。

權杖九：防衛

Nine of Wands:

Defense

　　權杖九與猜忌、不安、內在質疑、障礙，以及隱藏的立場有關。

　　在古代神話中，一位男性神靈與權杖九的意義息息相關，他是埃及神祇席克（Seker），歐西里斯神的死亡領主形象，也是薩卡拉大墳場（Sakkaran necropolis）的守護神，薩卡拉大墳場之名就是來自席克。[1] 巴比倫人稱呼他為薩克（Zaqar），來自月球亡者世界的信使。[2] 在公元前十一世紀，薩克以薩克—巴爾（Zakar-Baal）之名化身為比布魯斯

（Byblos）之王。他的名字也成為阿拉伯文的 *zekker*（陽具）以及希伯來文的 *zakar*（男性）。[3]

席克有時候也被稱為「阿蒙」（Amen），意思是「隱藏之神」，他的象形文字是一位懷孕女性的肚子，因為他住在象徵的子宮，「神祕的地下世界」，也就是冥界（Tuat）最深處的凹洞，充滿最深邃的黑暗。[4] 在這個無光也無法攻破的所在，席克將會重生，再次面對生命的危難與神聖的王權地位。他將成熟，再度成為陽具之神歐西里斯—明，「讓自己的母親懷孕」。[5] 換言之，席克代表一種願望實現幻想的雛型，他重新進入母親子宮，獲得重生，藉此欺騙死神。

某些神話暗示席克不願離開安全的隱藏地點，正如嬰兒拒絕——如果嬰兒有能力拒絕——離開安全的子宮。權杖九暗示神祇處於無活動狀態，同時保持死亡狀態與胎兒狀態，活在受到完全保護的黑暗洞穴，質疑外在世界，準備不惜任何代價保護他的堡壘。[6] 但迄今為止，沒有任何神祇可以永遠保護這個位置，權杖九也暗示期待發生改變，但可能伴隨問題與困境。[7]

權杖九的另外一個意義是字面上的「內外翻轉」。危險威脅可能就在安全地居之內，而不是高枕無憂。安全的堡壘可能是一座監獄，關的是野蠻或不可控制的事物。這種描述或許也能應用於潛意識，人類的心靈封閉隱藏深淵，拒絕接受日常生活的感知。權杖九也可能形成阻礙，但所有阻礙都是一體兩面，阻礙斷絕事物進入，也讓事物保持在阻礙的範圍之內。權杖九的詮釋者必須決定，何種詮釋更適合目前的情況。

權杖十：壓迫

基督教重要的奠基者，例如聖奧古斯丁、亞他那修（Athanasius）、俄利根、巴西流（Basil）、阿奎納，以及大阿爾伯特（Albertus Magnus）都主張驕傲是路西法的原罪，原因就是十四世紀《以賽亞書》其中一段文字，描述路西法的隕落是傲慢的結果。該段文字如此寫道：

路西法，晨之子，你為何從天堂隕落！……因為你曾在內心說過，我將上升至天堂，我將在上帝的眾星之上，獲得自己的王座；我將坐在位於世界北端的信眾山巔；我將比雲更高；我將是最高的。

基督教的奠基者不知道，這段文字訊息其實剽竊於更古老的迦南經文，內容描述晨星之神雪哈爾（Shaher），大地母神海勒（Helel）之子，想要模仿太陽神伊羅安（Eylon）發出的光芒。每天日出之時，雪哈爾的光芒飽受壓制，他的雄心壯志尚未實現，就從天堂消失了。迦南的祭司對雪哈爾述說：

海勒之子雪哈爾，你為何從天堂隕落？因為你曾在內心說過，

我將上升至天堂，我將在天極眾星之上建立自己的王座，我將居住在北方之後的議會山頂；我將登上雲端，我將與伊羅安相同。[1]

「閃電攜帶者」是晨星之神路西法的名號，也是人所知的「晨間的維納斯」。古代人發現維納斯的行星（金星）同時是晨星與夜星，率領日出，也在一日結束時，隨著太陽進入黑暗。晨星之神是一位信使，向塵世的人傳達太陽的訊息；他也是地下世界的死者信使。據傳有一首柏拉圖的詩，描寫了亞斯特（Aster；意思是星星）的日常活動：「亞斯特曾是晨星，你的光芒照耀生靈；現在，瀕臨死亡的亞斯特，你已成為夜星，在死者中閃閃發光。」[2]

《聖經》中的《以賽亞書》剽竊迦南經文之後，異教文明對於自然現象的寓言描述也就進入神學，成為天堂的戰爭以及惡魔的隕落，所有虔誠的基督教徒都應該相信《聖經》的一字一句。晨星路西法本是閃電的攜帶者，也變成地下世界之王，最後成為地下世界的主要惡魔。

不過，諾斯底教派繼續尊崇閃電的攜帶者，感嘆上帝對於路西法的不公。他們主張天堂之父是一名暴君，路西法在革命中用英雄的方式，選擇正義，對抗暴君。暴君的魔法更強，但道德地位薄弱。上帝藉由無情行使權力，在革命之日獲得勝利。

權杖十的意義與諾斯底教派的觀點相似：暴君獲得勝利、濫用權力、自私的權威消滅對手、過度的壓力，以及雄心壯志帶來的懲罰。巨大的壓迫只會造成怨懟或反叛。[3] 權杖牌組最後的點數牌顯示志得意滿、優越，而且不可挑戰的權力──卻是不正義的權力。

正如俗語所云，如果權力容易腐敗，而絕對的權力就會絕對的腐敗，無所不能的上帝必然腐敗。受迫害之人只能承受痛苦，懷抱希望，並且耐心等待。

權杖公主：阿塔嘉提絲

Princess of Wands:

Atargatis

權杖公主牌面上的白色魚尾女神，她的非利士名字是阿塔嘉提絲（Atargatis）。她的敘利亞名字則是艾斯塔特，巴比倫名字為以希塔。在德爾（Der），她被稱為德爾賽托（Derceto），意思是「德爾之鯨」，吞食陽具之神歐尼斯（Oannes）的巨大魚母神，而歐尼斯是《聖經》約拿的原型。即使猶太—基督教的經文都承認，吞食約拿的鯨魚為雌性，而約拿重生前的三天是待在鯨魚的「子宮」，而不是胃部。[1]

吞食的神話其實是性的比喻。魚是女陰的常見符號，正如埃及人的伊希絲女神化身為魚的型態，假扮為阿布托（意思就是深淵），吞食歐西里斯的陽具，讓歐西里斯獲得重生。阿塔嘉提絲與女神其他相似的現身型態雖然以魚尾人魚的型態獲得崇拜，她們也是令人恐懼的形象，成為男性夢境與神話中清楚可見的雄性去勢符

號：有齒的陰道（vagina dentata），世界各地的男性性恐懼。牠，或者她，可以完全吞食男人或神祇，正如海洋吸收閃電，閃電就永遠無法離開海水了。

女神的形象容易喚醒女性控制男性的力量，因為是他遭到「吞食」或「吞沒」，而不是「她」。古代典籍提到男性的性功能時，都用「伸出」或「被吞沒」作為描述，與現代父權社會的性功能描寫恰恰相反。[2] 在許多的古代原始語言中，「交配」與「吃」是同一個字；男性就是被「吃」的一方。[3] 馬拉庫拉（Malekula）的男人說，女人的生殖器官有神靈「吸引我，它就能夠吞食我」。[4] 中國的聖人主張，女人的生殖器官是通往永生不朽的大門，也是「男人的處決者」。[5] 精神病學中也有一個常見的原則，認為兩性都將女性陰部幻想為嘴。[6]

除了「有齒的陰道」之外，另外一個吞食男性的女性常見象徵，就是女神的蜘蛛化身，希臘人稱之為阿拉克妮（Arachne）。經過校正的神話內容主張，阿拉克妮只是一位平凡的女傭，嫉妒雅典娜而化為蜘蛛，因為她的編織能力比雅典娜更好。然而，在更古老的神話中，蜘蛛阿拉克妮其實是女神雅典娜的另外一個化身，編織命運之網捕捉人類靈魂，就像蜘蛛網捕捉蒼蠅。事實上，蒼蠅是靈魂的常見象徵，被女性吞食後，靈魂獲得重生。[7] 阿塔嘉提絲的其中一位配偶就是蒼蠅王，代表他是一位帶領亡者靈魂的嚮導，就像蒼蠅王的希臘對照者赫密斯。阿塔嘉提絲或艾斯塔特被稱為所有神祇的母親與統治者。[8] 等到合適的季節，女神就會吞食所有的神祇，賜予他們重生。

正如阿塔嘉提絲，權杖公主可視為神祕而不可對抗的黑暗力量，可能是充滿危機、強迫性的。她代表的是一種可能遭到濫用或誤解的強大力量。作為人格的象徵，權杖公主可以是一位珍貴的朋友，卻也是可怕的敵人。

權杖王子：達貢

Prince of Wands:

Dagon

阿塔嘉提絲在非利士的配偶是達貢（Dagon）。在《聖經》傳統中，達貢是眾人所知的惡魔，因為他是耶和華崇拜的相反崇拜。就像其他眾多的中東神祇，達貢是一位變形者，他可以讓自己的外表成為蛇、山羊、牛、雄性人魚，或者如同約拿，從大魚口中出現，所以使他擁有人類的上半身與魚的尾巴。達貢與路西法同樣代表從天而降的孕育之火，進入水深淵，所以他擁有陽具權杖與子宮鍋爐象徵，代表他的神聖婚姻。

《聖經》作者假裝達貢與耶和華是不共戴天的仇敵，但早期神話顯示，耶和華的追隨者其實讓自己的神祇擁有許多達貢的特質。達貢的另外一個名字是菲尼克斯，「來自腓尼基之人」，特別是作

為神祇的達貢，在火焰中遭到獻祭，隨後獲得重生。在腓尼基城市泰爾（Tyre），他被稱為梅列克（Melek），意思是「國王」。在《聖經》中，達貢則是摩洛克（Molech），意思也是「國王」。《聖經》記載，以色列人曾有一個傳統，「讓他們的孩子穿過火焰，走向摩洛克」（列王記下第二十三章第十節），讓他們奉獻自己的生命，成為神祇的犧牲長子。耶和華也曾經下令，「人與野獸……所有的長子，都要將其純潔的生命獻給我；你們的生命，都是我的。」（出埃及記第十三章第二節）

達貢一菲尼克斯一摩洛克的另外一個閃族名字是亞姆（Yamm）。在這個名字之下，他成為地下之河的大蛇，在追求女神恩惠的永恆鬥爭之中，被自己的另外一個自我巴爾殺害。亞姆可能與印度的閻摩有關，閻摩是地下世界之王，與女神瑪利結合，成為雌雄同體的閻摩瑪利（Yamamari），化身於達賴喇嘛，成為「死之王的屠殺者」。[1] 中東世界的男女合一神祇是瑪利一亞姆（Mari-Yamm），或是瑪利安（MeriYam），早期基督教徒也用同樣的名字稱呼耶穌的母親。[2] 耶和華與海之女神瑪利亞、米利安（Miriam），或瑪利亞妮（Mariamne）一起獲得民眾崇拜時，也使用上述相同的名字。公元前二世紀的神聖勳章顯示，耶和華也有海蛇尾巴，就像達貢的海洋型態。[3]

達貢是一位複雜的神祇，他的眾多面向非常適合擔任權杖王子的象徵，代表所有不可預期之事、令人吃驚、無法預測，或者不符合傳統。他的二元特質——上身是火，下身是水——呼應了所有古代眾神的意象，甚至包括耶和華在內，因為眾神同時是善與惡，光

與暗，有時候是生命力，有時候則是絕育的。《聖經》中的上帝也曾經宣布自己是「惡的創造者」（以賽亞書第四十五章第七節），並且依照與上帝同時代的其他宗教眾神模式，使用邪惡或者傷害人類的「上帝行為」，藉此「懲罰」行為錯誤的崇拜者。

只要權杖王子出現在塔羅牌占卜牌型，就代表機會或改變即將到來，通常看似不理性，內在卻有著深邃的基礎一致性質。要詮釋人類潛意識的非理性，需要學習神話知識，只要妥善理解，就能夠發現人類潛意識其實非常符合邏輯。

權杖王后：赫爾

古代世界最適合扮演塔羅牌火焰之后的女神就是赫爾（Hel），火之領域地獄（Hell），就是以赫爾為名：赫爾女神是地下世界火焰再生之鍋的統治者。

赫爾放在地下世界的鍋爐並非後來基督教神話描述的折磨之室，此處是淨化與重生的地區。所有的亡者都會前往赫爾的再生之鍋，洗淨前世的記憶，在赫爾的神聖火焰之中重新建構生命。正如太平洋島嶼上的火山女神培莉（Pele），

赫爾在火焰之山下方蒐集亡者的靈魂。冰島的赫爾加費德（Helgafell）依然被說是異教亡者的家園。[1] 即使天堂之父奧丁，也埋葬在「赫爾之山」。[2]

洞穴神殿稱為赫利爾（hellir），就是異教的淨化空間，靈魂依然處於塵世時，可以藉由儀式重生獲得淨化。[3] 在洞穴神殿空間的聖泉或聖井，引發各種傳說故事，例如「霍勒母親的井」（Dame Holle's Well），全世界孩子的生育之地。[4]「赫爾的親人」（Hella cunni）就是先祖的靈魂，他們將在萬聖節時乘著風，飛出塵世。然而，這個詞後來遭到竄改，成為哈利奎因（Harlequin），就是中世紀神祕劇的經典愚人。[5]

赫爾的名字有許多變化形式，例如霍勒、赫爾蘭（Helle）、赫賈（Halja）、赫德（Holde）、希爾德（Hild）、赫蘭尼亞（Hellenia）、尼赫蘭尼亞（Nehellenia）、布倫希爾德（Brunnhilde；意思是焚燒的赫爾）、瑪塔布蘭（Mataburne；意思則是燃燒的母親）。[6] 崇拜赫爾的地區有赫爾辛基（Helsinki）、赫爾戈蘭（Heligoland）、赫爾斯塔特（Helstadt）、赫爾斯坦（Helstein），赫爾德尼斯（Holderness），以及荷蘭。丹麥人的赫爾女神，則是赫爾德摩爾（Hyldemoer），他們在神聖的接骨木樹（又名精靈之樹或赫爾之樹）對她祈禱。[7]

赫爾女神的另外一種神聖植物則是神聖的冬青樹（Holly），名字來自赫爾（Hel），在耶誕季節特別容易出現，因為太陽就在耶誕季節時從赫爾女神的子宮獲得重生。冬青樹的果實代表赫爾女神的神聖血滴，而白色的槲寄生果實則是她的神聖奶水。槲寄生的德魯

伊名字是蓋德赫爾（Guidhel），意思是前往赫爾女神的指引。槲寄生就是引導眾多英雄的金枝（Golden Bough），包括艾尼亞斯以及維吉爾，讓他們安全通過地下世界的眾多密室。[8]

地下世界的密室並非都有烈火。赫爾也統治黑暗的陰影之地。亡者的鬼魂通常會成為前生自我的陰影。身為陰影之后，赫爾有時候又被稱為尼弗（Nifl；Nef-Hel 的縮寫），她是地球中的尼弗爾海姆（Niflheim；霧之國）女神，也是尼伯龍根（Niflungar；Nibelungs）的母親，而尼伯龍根是古代的陰影。[9] 希臘文化的陰影之神是涅斐勒（Nephele），赫拉的陰影雙生子其名之意義是霧與黑暗。[10]《聖經》作者所知道的陰影之后就是拿非利人（nephilim）的母親，拿非利人是古代的巨人，生於一種強大的力量，稱為「塵世的靈魂」。[11] 拿非利人母親的配偶是巨大的黑暗之蛇，與她一起住在地球的根基。

赫爾等同於地下世界女神的其他顯現形式：奈芙蒂斯（Nephthys）、黑卡帝、波瑟芬尼、埃列什—基伽勒（Eresh-Kigal），或者摧毀者卡利。赫爾的火焰點燃羅馬人所謂的煉獄之地，名符其實的塵世火爐。羅馬人的箴言認為：「火爐就是母親。」[12]

權杖王后是另外一位統治地下世界火之領域的女性力量，她也代表如同火焰的特質：熱情、照亮、裨益，以及可能隨時引發毀滅或殘忍事件的家事工具。權杖王后代表熱情且聰明尖銳的人格，擁有火焰的能力，除非看顧火焰之人付出完全的尊重，否則火焰就會斷傷他的手。

權杖國王：華瑞文

King of Wands:

Valraven

　　根據楚柯奇（Chukchi）的薩滿故事，大渡鴉神（Big Raven）向月之死亡女神犧牲自己作為人類的資格之後，贏得了魔法的祕密，便將魔法祕密告訴人類。[1] 丹麥神話相信，大烏鴉神成為赫爾的國王與地下世界之王，名字為華瑞文（Valraven），有時候則是摩爾弗瑞王（King Morvran），意思是海之渡鴉。[2] 渡鴉是摩爾弗瑞王的象徵，也是他向追隨者現身時的靈魂型態。

　　華瑞文可能是宣告教派祕密的神諭「小鳥」。在許多印歐文明神話中，渡鴉是來自另外一個世界的信使或靈魂的嚮導，非常神聖。女武神（Valkyrie）可以化身為渡鴉，消化死去戰士的身體與靈魂。古代斯堪地那維亞吟遊詩人以「渡鴉之飲」形容灑落在戰場的鮮血。[3] 神話人物西格德（Sigurd）能通曉鳥類語言的祕密，因為他的母親就是女武神布蘭希爾德（Valkyrie Brunnhilde，意思是焚燒的赫爾），她的別名是克拉奇（Krake），是「渡鴉」之意。[4]

　　在奧菲斯神祕學的符號中，新入門的信徒走進神殿時，渡鴉停留在他的肩膀上，代表他迎接儀式重生之前，必須經歷模擬死亡的過程。[5] 密特拉神祕學的所有新人進入第一個天堂領域，也就是月

之女神領域時，都會獲得「渡鴉」之名。完成這個階段之後，新人就會成為「新郎」。[6] 公主與魔法渡鴉的精靈傳說就是來自上述的傳統。在大多數的情況中，渡鴉最後都是人類的偽裝。

正如菲尼克斯鳥（不死鳥），渡鴉據說也會在火焰中獲得重生，因此與火元素及神聖之樹有關，有些東方煉金術士認為神聖之樹的木頭就是第五元素。[7] 樹木的煉金符號是三葉草，就是現代撲克牌的梅花。[8] 在更為古老的塔羅牌中，權杖是木製長杆或者粗糙的木製棍棒，有時候依然還有樹葉，可以點燃作為火把。樹木的煉金符號取代原本的棍棒圖示之後，現代撲克牌組也繼承了相同的設計，使用更像三葉草的圖示。而三葉草（shamrock）這個字衍生於阿拉伯的「shamrakh」，源自古代三女神的三葉草符號。

權杖之王永遠都被視為有權力的人物，性格也非常激烈：充滿能量、積極主動、難以控制，有吸引力但有時候相當危險。正如華瑞文，權杖之王也可以是祕密資訊的持有人。作為赫爾女神的男人，他熟悉塵世的祕密，能夠教導許多知識。他同時能化為渡鴉（象徵毀滅的鳥）型態。他是權杖的國王，也擁有三葉草象徵。這些都象徵了可觀的精神力量，代表魔法與務實的知識。

9
金幣牌組
The Suit of Pentacles

金幣一：獎勵

Ace of Pentacles:

Reward

　　用水平橫切蘋果之後，在蘋果核中的五芒星就是天然的魔法五芒星。吉普賽人稱之為知識之星。希臘人相信蘋果核是柯爾女神的啟示，她是位於地球核心地區的處女女神（她的母親狄蜜特則是大地母神的象徵）。在埃及，蘋果核的意義則是地球子宮的女性復甦新生精神。[1] 埃及的五芒星象形文字也成為聖安

妮（St. Anne）的象徵，她就是處女瑪利亞的母親——過去曾是異教的祖母女神安娜，處女瑪利的母親。2

基督教的神祕學認為，處女瑪利亞是蘋果女神夏娃的轉世化身，夏娃曾經一度以地球靈魂的姿態受到民眾崇拜。她是波斯的霍芙（Hvov），安納托利亞（Anatolia）的赫柏或赫貝特（Hebat），亞述的夏娃，以及哈提人（Hattian）的哈瓦〔Haawa；也寫為生命（Life）〕。巴比倫人則說夏娃是「生命之樹的女神」或「伊甸園的神聖女士」。3《聖經》對於夏娃將蘋果送給亞當的描述，其實扭曲了更為早期的象徵故事，本來的故事應該是萬物生靈之母用魔法水果創造世上第一個男人，她的蛇懸掛於她背後的樹上。4《諾斯底福音》說明了亞當為什麼稱呼夏娃是萬物生靈之母。她賜予亞當生命，讓自己的蛇教導亞當學習知識，激怒想讓亞當與其子嗣保持無知的耶和華。5

許多神話也顯示夏娃的蘋果以及蘋果核心的五芒星，曾經代表生命最原始的禮物，而不是原罪。北歐女神伊登使用西方花園的蘋果，保持眾神的生命。6 在相似的故事中，摩根勒菲（Morgan le Fay）也用來自阿瓦隆的魔法蘋果，讓凱爾特英雄獲得永恆的生命。希臘母神赫拉藉由西方蘋果樹的果實，保存奧林帕斯山眾神的生命，並由她的大蛇守護這顆蘋果樹。

吉普賽人相信，女人可以將蘋果放入屍體口中，使其復活，因

---

❶ 根據作者的原文，這個牌組應該翻譯為「五芒星」（Pentacles），但在中文坊間常見的翻譯，這個牌組通常翻譯為金幣或錢幣，譯者將在「金幣」與「五芒星」不相互牴觸之處，採取常用的翻譯方式，稱為「金幣」，若作者明確討論五芒星的意義，需要區別時，譯者也會按照行文脈絡翻譯為五芒星。

為蘋果的魔法意義代表人類的「心魂」。吉普賽的女人宛如希臘神話的瑟希（Circe）女神，將死去的愛人變為豬，再將蘋果放入豬的口中，就可以讓牠起死回生，正如維京人將蘋果放入耶誕野豬口中，確保牠能夠重生。[7] 最原初的獻祭之豬是毗濕奴，他化身為野豬，死後復活，拯救世界。[8] 吉普賽人也使用蘋果作為愛情的象徵。吉普賽女孩將蘋果丟向男孩，代表她選擇了他。「祕教蘋果」用於性的聖儀式，兩人切開蘋果，露出核心的五芒星，餵食彼此之後說：「我是你的養分，你是我的養分，我們就是彼此的饗宴。」[9]

因此，五芒星暗示的知識獎勵，其實是世俗性關係的獎勵，女性和大地顯現的生命神祕啟示。吉普賽人相信大地代表獎勵、繁衍、富足，或者富裕——梵文所說的 *artha*——或許就是五芒星牌組與金錢有關的原因，讓五芒星也可以另外畫成金幣牌組、古羅馬銀幣牌組、以及鑽石（撲克的方塊）牌組。鑽石的英文是 Diamond，意思是大地女神，她的子宮孕育寶石與珍貴的金屬，就像五芒星藏在夏娃的蘋果。在信奉密宗的西藏地區，大地女神依然是鑽石雌豬（Diamond Sow），就是獻祭公豬的配偶。[10]

金幣一代表創造與給予；從母親（Mater；意思是夏娃或大地）創造物質（Mater-ial）。畢達哥拉斯教派認為，五芒星是事物開端的首要符號，因為五芒星的無限角度重現了起始字母 α。他們將五芒星（pentacle）稱為 pentalpha，意思是創造的標誌。[11]

金幣一作為財富與獎勵牌組的開端，代表吉祥的財富。金幣一與女神蘋果的關聯，暗示性知識，也就是父權社會作家強烈反對，批評夏娃送給亞當的「原罪禮物」。金幣一代表大多數男人渴望得

到的目標：世俗的機會；未來成就的穩定基礎；安全感、創業／所有權、房地產，在世間實際努力獲得的獎勵。

金幣二：改變

Two of Pentacles:

Change

金幣二是一張特別重要的塔羅牌。如同現代的製牌者選擇黑桃一（ace）放上自己的商標時，早期的塔羅牌製牌者則是選擇金幣二，使用華美或者過大尺寸的點數圖案。「兩點」（deuce）可能起源於 *deus*，神祇，而 *deus* 來自高盧神祇戴修斯（Desius），聖奧古斯丁稱呼戴修斯是淫蕩的夢魘。[1] 直到十五世紀或十六世紀，誘惑女人的惡魔依然被稱為杜斯（Dusii 或 Deuces）。[2] 上述的神祇可能與赫密斯教派雙蛇杖（ca-duceus）上的陽具之蛇有關連，陽具之蛇也出現在塔羅牌金幣二的牌面，吞食彼此的尾巴，身體形成塔羅牌大祕儀中出現兩次的雙紐線無限符號。蛇的身體形成數字 8，連結了兩個圓或五芒星，有時候圓或五芒星呈現對比的光與暗，陽與陰的色彩，就像神祕的煉金術標誌，稱為「龍所連結的日月」。[3]

弗拉梅爾（Flamel）曾如此描述這個煉金術標誌：「牠們是蛇

與龍，古代埃及人將蛇與龍描繪為圓形，咬著彼此的尾巴，為了教導牠們明白自己來自於彼此，並且形成彼此。牠們是龍，古老的詩人將牠們描寫為不眠的守衛，保護西方女士的金蘋果……牠們是兩條蛇，牠們被拴在信使的權杖以及墨丘利的長杖。」[4]

黃金蘋果是大地母神生命禮物的典型象徵，包括蘋果的神祕五芒星。無限符號出現在金幣牌組的重要位置，暗示金幣二向大地母神呼喚「救贖」。正如東方文明的無限彎曲陰陽，大蛇的無限數字8也暗示，在古代女神掌管的流變之輪之中，彼此勢力對立者將永恆輪迴。基督教（以及異教）的十字架可能代表直接升華至天堂，數字8則包圍了生與死的五芒星，代表能夠自由收放的生命，可以持續輪迴，不必經歷開端與結束——正如繪製五芒星時的無盡線段。

在古代宗教中，蛇守護圖像的神祕意義，以及傳遞記載各種神祕意義的書籍。傳奇的《托特之書》（通常被視為塔羅牌的意義），據說也藏在海水之下，受到蛇的保護。[5] 相似的，印度也相信蛇神那伽（Naga）或蛇人（serpent-people）守護著「藏在水下之處的祕密教導之書」。[6]

蛇保護的金幣二，其詮釋著重在命運（業）的概念，作為基督教單純善惡二分法的另外一種選擇。兩個五芒星代表循環、波動、流動，以及永恆的改變。作為大地的符號，五芒星意指物質的自然世界，這世界的準則就是「改變」：光轉為暗，暗轉為光，冬至夏，夏至冬；年輕和衰老，死亡與生命也都是各種變化。

因此，金幣二的基礎意義就是改變。一條蛇與另外一條蛇結

合，其中一個五芒星融入對面的五芒星，暗示獲得必然伴隨損失，反之亦然；困境中必有契機，反之亦然；成長、改變、新的方向，以及新的觀念。正如陰陽對比符號的無盡智慧，金幣二暗示所謂的對立只是一種幻覺，世間萬物終究只是彼此的不同型態。這種知識就是尋道者的獎勵以及希望的禮物。

金幣三：勞力

金幣三的思考點通常是勞力、手藝，以及技術高超的勞動，也是經由努力和訓練，達成商業成就的前兆。金幣三也暗示塔羅牌符號學與共濟會之間的連結。[1] 金幣三的傳統圖像是共濟會的石匠正在一座哥德教堂工作，哥德教堂是其中一座令人難以理解的中世紀地點，也就是「天堂之后宮殿」，石匠工藝融合眾多異教人物與符號。

盧恩聖壇就顯現了上述提到的異教神話人物與符號起源。岡德斯特普之鍋的中央核心人物是長角之神賽努諾斯，用金屬環與蛇裝飾，顯示其位於蓮花中央的位置。在鍋爐上，賽努諾斯身邊是一隻送葬月犬，可能是「月犬」瑪那格姆，月犬的形象非常接近薩賓人

的狼母露帕（Lupa），據說露帕養育了羅馬帝國的奠基者，羅穆盧斯（Romulus）與瑞摩斯（Remus）。[2]

　　三個五芒星也代表數字十五，長久以來都與三位瑪特瑞（Matronae；意思是母親）有關係，或者是與賽努諾斯一起受到崇拜的三女神。凱爾特人用十五的倍數計算處女、母親，以及老嫗的年紀。在地球上，第一位三女神的代表是一位少女「年紀為十五個冬日，戴著花環」；第二位三女神的年紀是兩倍，「三十個冬日，戴著金飾環」。第三位成員再兩倍，「六十個冬日，戴著金花環」。[3]十五是魔法數字，或許正是因為如此，擁有女性乳房的塔羅牌惡魔才會成為十五號王牌。

　　最古老的神話相信，三女神讓人類首次理解神聖的盧恩符文。天堂之父奧丁完成自我犧牲，獲得女性神祇的知識之後，才明白如何書寫與閱讀。創造盧恩符文的女神就是擁有復甦重生神聖蘋果的女神，也負責保護蘋果的核心五芒星。女神在配偶布雷吉（Bragi）的舌頭上銘刻她的盧恩符文，讓他成為魔法詩的大師。就像所有的神話學，北歐神話也主張符號字母系統是女性的發明。因此，塔羅牌金幣三上的神聖盧恩符文作者應該是一位女性，男性付出的研究勞動較少。

　　塔羅牌金幣三的神祕符號包括：月亮、古印度的吉祥標誌卍字、三角形、奧丁的十字架、雙紐線、北歐人的三頭肌、希臘人的十字架、煉金術的木頭符號，以及墨丘利、雅典娜與維斯塔的印記。從一段神話的歷史中，看見怪獸、眾神、戰士、龍船的水手，以及使用魔法的母親。

塔羅牌金幣三的牌面是調和斡旋的空間，可能也意指早已被遺忘的異教符號及其哲學意義。

金幣三特別代表與其他人一起進行或實現的工作：共同努力、合夥，以及男性女性和諧發揮各自的功能。金幣三可能是預測、鼓勵，或者提議進行能帶來豐沃成果的團隊努力。

金幣四：貪婪

Four of Pentacles:

Avarice

金幣三可能暗示有創造力的技藝可以帶來物質收穫，而金幣四則是警告我們注意單純為了物質收穫而努力付出帶來的風險。在過度渴望獎勵的壓力之下，可能會遺忘技藝的喜悅，象徵我們進入一座貪婪的荒土，被金錢的堡壘統治，此處也是要塞與監獄。

金錢（money）曾代表神聖母神的警告，這是一個令人費解的事實。羅馬的天堂之后茱諾有一個教名是「曼尼塔」（Moneta），就是茱諾的立法者型態，名字的意思是「警告者」。曼尼塔的神殿是羅馬的製幣工廠，存放銀幣與金幣，承載女神的形象與祝福──基督教時代羅馬的神聖獎章製造工廠也效法這個傳統。羅馬時代的錢幣

取名為曼尼塔，最後終於演變為現代所說的金錢。[1]

黃金是非常受到喜愛的通貨金屬，不只是因為神殿製造的錢幣具備女神的祝福，也是因為黃金的不可侵蝕特質暗示了永恆的生命。世界各地的墳墓與葬禮裝飾都提供充分的證據，顯示古代人相信人類的血肉可以分受黃金的魔法特質，而黃金不「死」——意思是黃金不會生鏽、腐蝕、脆裂、失去光芒、腐爛、分解，也沒有其他方式會顯露黃金的年紀。「二次出生」的印度婆羅門完成二次出生的儀式時，會被拉入巨大的黃金女陰，代表從地球的永恆子宮（卡利—泰拉）獲得重生。[2]

瑪瑙貝殼也同樣擁有「母親賜予生命」之意義，在古代常用於貨幣，它的外型與女性生殖器相似，受許多人歡迎，非常熱門。羅馬人稱瑪瑙貝殼為「小子宮」（matriculus），充滿生育與治癒奇蹟力量的子宮之門。[3]

從深刻的心理學角度而言，貪婪的心理現象，可能包含財富與欲望之間的神祕連結，而那欲望是對母性力量控制的渴求，例如生子、育子，以及治癒。但是，貪婪者（吝嗇者）的塔羅牌金幣四也暗示，貪婪的結果只是荒蕪。貪婪者必須保護自己累積的財富，但在保護的過程中，他也成了財富的囚犯和奴隸。

上述是塔羅牌金幣四的警告，詮釋意義包括守財、貪婪、自私、猜疑、不信任，對事情無法放手或者委託其他人。過度努力累積財富以及保護財富，也會自然而然地妨礙一個人的思緒和行動。

金幣五：困苦

塔羅牌金幣五的傳統圖片是衣衫襤褸、生病，陷入貧窮困境的人，在冬天的夜晚，待在教會之外，教會窗戶洋溢溫暖的光芒，暗示教會之中的舒適環境，但教會之外的人無法享受。在中世紀，乞丐確實都會聚集在教會之外，希望物質生活更富裕的人走入或離開教會時，能夠心有所感，將物品或金錢送給乞丐。乞丐不能進入教會。在冬天的夜晚，只有能夠支付金錢的人，才能享受教會的溫暖。

因此，金幣牌組最中央的金幣五象徵一個關鍵的意識型態問題，塔羅牌在十四世紀開始普及時，這個意識型態問題也引發激烈的爭辯。當時的教會處於財富的頂端。神職人員是歐洲最富裕的團體。[1] 有些異端反對教會的作法，援引《福音書》的主題，主張應該將塵世的財富分送給窮人。耶穌也曾說過，相較於富人進入天堂，駱駝穿過針線孔的難度更低。耶穌要求門徒放棄所有財產，就像佛教的禁慾生活，日常飲食也必須仰賴民眾的善心。

對於上述的暗中批判，教會人士的正式回應，則是否認耶穌和門徒過著貧窮的生活。教皇若望二十二世（Pope John XXII）的詔書（Cum inter nonnullos）宣布，相信或者討論耶穌貧困之人都是異

端。[2] 教皇詔書設立的規則，讓教會人員可以保持自己的富裕，在那個時代，教會沒有任何意願使用自己的資金協助窮人，卻鼓勵信徒樂善好施。

萊因蘭（Rheinland）地區的一則民間故事也可以強調貧窮市民的怨懟，他們認為男性統治的教會篡奪聖母的形象，聖母必定比教會人士更為仁慈。故事的內容相信，一位飢腸轆轆的乞丐在處女聖母雕像面前演奏提琴時，聖母雕像將自己的金鞋送給乞丐。乞丐因為偷竊珍貴物品被逮捕了，因此遭到判決處死。然而，就在乞丐即將遭到處決之際，他再度向處女聖母祈禱。聖母在大庭廣眾之下，將自己的另外一支金鞋送給乞丐，免除了他的罪。乞丐因此逃過一死，但神職人員奪走聖母的鞋子，將鞋子鎖在教會的財寶庫，「避免處女聖母再度受到誘惑，祝福身無分文且向她祈禱的窮人。」[3]

金幣五有時候是乞丐的塔羅牌，暗示困苦、擔憂、貧窮，失去或者缺乏舒適的感受。為了生存而奮鬥，既有的組織單位卻毫無幫助，甚至包括號稱「助人」的機構在內。在痛苦的逆境中，只有酒肉朋友的冷漠。無法信任他人、判斷錯誤，或者遭到限制，導致不安全感的惡化。金幣五是一張令人氣餒的塔羅牌，未來的希望渺茫。然而，正如萊因蘭的聖母民間故事，下一張牌就暗示了某種拯救。

金幣六：慈善

Six of Pentacles:

Charity

根據諾斯底教派的《福音書》，慈善的主要施予者不是教會的神職人員，而是妓女，妓女在基督教的前身可以追溯至第一位女教皇，也就是耶穌的摯愛：抹大拉的瑪利亞。瑪利亞曾說：「我們（妓女）不只同情自己，我們也同情所有的人類。」[1] 這種慈善（philanthropic，字面意義就是「愛人」）的精神，可能取自於前《聖經》時代的淫亂的女神女祭司，以及女神本人，女神曾宣稱：「我是一位充滿同情心的妓女。」[2]

義大利文的妓女（carogna），可能是梵文的卡魯納，經由印歐語系而來。卡魯納是充滿愛心的善良特質，體現於給予，就像母親照顧自己的子嗣。神聖的妓女曾經擁有倍受尊崇的恩典天賦（grace; charis; caritas，請見聖杯三的描述），後來卻被基督教竄改為慈善（charity），意思變成給予金錢，而不是付出關愛。

然而，即使女性關愛特質已經遭到基督教抹滅，妓女的善舉還是勝過於教會人員，正如金幣六與金幣五相較之下顯現的暗示。民間傳統認為，富裕的高級妓女最願意施捨窮人，可能是因為她們早已明白貧窮的痛苦，能夠同情遭受貧窮折磨的痛苦；或者因為她們是女人，具備母性特質，願意憐憫無助之人。即使時至今日，「心

地如同黃金純淨善良的妓女」依然是受到男性歡迎的幻想人物，因為男人習慣混淆愛情與母愛的對象。

東方的女神崇拜者厭惡神學家，因為他們高談闊論神聖之愛，卻用暴力宣揚神祇箴言，此種行徑與女神相違背。女神崇拜者宣稱，神的律法沒有意義，因為律法來自「憎恨並且傷害彼此之人的口中」。[3] 女神崇拜者相信，真正的宗教就是善良仁慈，不多，也不少。在基督教之前的時代，女神神殿的神聖妓女傳遞「venia」（維納斯的恩典，意思是善良）或「charis」，立法三女神的恩典。[4]

《荷馬史詩》用於描述恩典禮物的字詞是「philein」，意思是「愛」[5]，也可以代表「熱情款待客人；好客」，歡迎客人進入自己的家園——從最古老的時代開始，熱情款待就是氏族之母以及古代女神赫斯提亞與維斯塔的神聖戒律，而她們的名字可能與梵文「Veshya」有關，意思是神聖的妓女。[6]

慈善在過去被視為一種女性特質，時至今日，崔瑞帝（Charity）也依然是專屬於女性的名字。金幣六牌面有一個象徵性愛的六芒星徽章，在徽章之下，一位神聖的妓女象徵慈善，獎勵一位貧困的吟遊詩人，吟遊詩人滿足了神聖妓女的耳朵，正如萊因蘭傳說的乞丐滿足了處女聖母的耳朵。

金幣六的其他相關意義包括：資助、禮物、慈善行為、物質收穫，以及獲得擁有財富之人的幫助。金幣六也警告因為錯誤的慷慨心情導致過度的物質支出。慈善的本質雖然良好，但無論施予者或接受者，都無法依賴慈善，或者穩定維持原本的地位，正如下一張塔羅牌所示，即使是施予者也要面對貧窮的困境。

金幣七：失敗

Seven of Pentacles:

Failure

歐洲中世紀的文化焦慮表現在「荒原」的象徵之中——起因是騎士無法找到聖杯。長久以來，異教崇拜者相信女性根源，主張忽略女神以及女神滋養生命的容器，終究導致「精神死亡的荒原」，甚至可能引發自然世界的衰亡。[1] 詠唱宮廷愛情的吟遊詩人，他們是女神的追隨者，也警告人們留心女神詛咒帶來的險峻後果。十字軍已經見識真正的荒原，也就是阿拉伯大沙漠，信奉父權社會的伊斯蘭人，因為拒斥阿拉伯的古代繁衍女神，導致此處再也無水，只剩死亡。有些人害怕基督教化的歐洲也會承受同樣的結果。

吟遊詩人敘述女神高等女祭司遭到性侵的故事，兇手甚至偷走女神的黃金聖杯，此等罪行終究直接引發草木花朵的凋零，水源因此乾涸，過去充滿生命力的土地也毀滅了。[2] 正如阿拉伯的神祕學期待馬赫迪（Mahdi；字面意義是「月亮派遣之人」）降臨，恢復沙漠的生命力，有些歐洲人也堅持，如果眾心期待的騎士並未找回聖杯，歐洲也會變成沙漠。

聖杯的傳說故事有千百種，有些版本受到基督教的影響。但是，在異教和基督教版本中，這場偉大的探險終究只是徒勞無功的

完全失敗。他們不曾找到聖杯。眾心期待的騎士也不曾進入「少女的城堡」，女神遺產被奪，無法繼承遺產的少女也無法迎接一位英雄，讓他保護女神母親的古老法律，找回被奪走的財產。異教的母系社會傾頹。聖杯神祕學消亡。最後，偉大的旅程被遺忘了，真正的失敗結局。

金幣七的牌面暗示了七姊妹或阿拉伯七聖人的傳說，七位女性聖人早已預言馬赫迪的降臨。七姊妹也可視為「世界的七名母親」，或者宿昂星團的七姊妹，她們是評判男性優劣的女神，也在印度以及文明出現前的希臘地區，掌管統治之王的改朝換代。宿昂星團降臨時，七姊妹宣布聖王之死。[3] 實際上，她們宣布的是聖王的失敗——正如所有凡夫男子終將面對的失敗命運。

因此，金幣七與所有使命的失敗有關。金幣七的意義包括挫折、怠惰、疏離，以及錯失機會。金幣七也被詮釋為精神的荒原：遭到欺騙的希望、自我引發的焦慮，以及缺乏獎勵所以放棄理想。正如聖杯神話消亡，已經沒有鼓舞人心的力量，金幣七也暗示缺乏動力和厭倦。想要克服如此深刻的內心阻礙，必須找到新的理想。

金幣八：學習

　　沒有女性參與的聖杯騎士使命失敗之後，尋找神祕啟蒙的任務，轉而朝向新的方向，探索女性的感知能力。諾斯底教派的傳統指出一種復興的動力，追求以女性為主的認知與感覺，啟動藏在女性精神之中積極認可生命的概念。社會將被強迫回到一切的開端，重新學習唯有母親能夠教導的古老智慧，作為怠惰與疏離的解藥。

　　這種智慧被認為潛藏在女性的「智慧之血」之中，智慧之血知道如何創造生命。智慧之血的浪漫符號通常是玫瑰，而基督教文明衍生的變化形式就是玫瑰窗以及玫瑰念珠。

　　卡利女神的玫瑰花環（japamala）就是玫瑰念珠的濫觴，而卡利女神的花朵是紅色的朱槿。[1] 有時候，朱槿也被稱為庫拉花（Kula Flower）。女孩第一次迎接月事，就會描述為孕育庫拉花；此 時，女孩首次與先祖母親的大家庭建立了精神連結，獲得「鮮血之中」的古代家族忠誠與責任。[2] 玫瑰是子宮之血和女性自我知識的符號，如果妥善教育男性，男性也能夠參與。古典文明神祕學也有相同的玫瑰符號意義。玫瑰是維納斯的花朵，她的女祭司配戴玫瑰作為徽章。詩人諾西斯（Nossis）曾說，不曾感受女神之愛的

男人，將活在黑暗的無知之中，不知道「女神的玫瑰是何種花朵」。[3]

在處女瑪利亞的崇拜者採用玫瑰念珠之前，念珠早已經由阿拉伯神祕學家傳入歐洲，阿拉伯神祕學家曾說「他們的念珠」能夠連結至玫瑰的神祕學意義：「我心中只有玫瑰；我想要的也只有紅寶石玫瑰……玫瑰之愛就是一切。」[4] 阿拉伯的女神阿拉特受到伊斯蘭教影響，成為阿拉。阿拉特的女性特質分給了法蒂瑪，法蒂瑪據說是穆罕默德的「女兒」——卻擁有矛盾的稱號，成為其父親的母親、太陽的子宮、創世紀的造物主、光與暗的區分者、命運、夜晚、月、生命存有的本質，以及其他與女神相同的稱號。[5] 法蒂瑪象徵天堂的玫瑰花園，「阿拉的歇息之地」。[6]

在歐洲，玫瑰念珠起初只獻給瑪利亞，因為瑪利亞是「最神聖的玫瑰之后」。[7] 面向西方的玫瑰窗戶也屬於瑪利亞，玫瑰窗是教會的「女性門面」。沙特爾主教堂的窗戶稱為「法國的玫瑰」，法國的玫瑰的中央區域就是莊嚴的聖母陛下，窗戶透出彩虹光芒，正如瑪利—卡利女神「在塵世的模樣」。[8] 彩虹光芒也代表法蒂瑪。具備八個圓形浮雕的玫瑰窗澤暗示八瓣蓮花，蓮花則是卡利女神的女陰符號。[9]

玫瑰窗的八個五芒星也代表內在智慧從母親傳給女兒，從紅色的玫瑰女神傳給白色的百合女神。在文藝復興時期，某些人不再幻想執著於基督教會正式或非正式的「救贖」概念，反而支持藏在女性知識之中的救贖恩典概念。也有男性主張，男人應該向女性學習，無論這個想法多麼異端。

金幣八是一張象徵學習，或者重新學習祕密教義的塔羅牌。金幣八建議擴增理解新的領域、成為學徒或者新門生、追求不會被其他人奪走的知識獎勵，以及真實啟蒙帶來的寧靜感受。

金幣九：成就

Nine of Pentacles:

Accomplishment

密宗聖人相信，以女性為主要關懷的知識，其終極目標就是理解以瑪雅—夏克提（Maya-Shakti）姿態出現的卡利女神，「（她是）終極的生命存有，保護世界的女性母愛型態，接納生命可觸及的現實，隨心所欲並且充滿關愛……她是生命的創造喜悅：她是美，她是驚喜，她是生物世界的引誘與誘惑。」[1]

在佛教神話中，上述的神聖起源化身於處女之后瑪雅，她在神聖的櫻桃樹下生育啟蒙覺者佛陀。白色的象頭神（Ganesha）讓瑪雅懷孕，象頭神的名字意思是「天軍之王」。[2] 在另外一個化身時，瑪雅也是象頭神的母親，正如在基督教神話之中，瑪利亞既是神的母親，也懷了神的孩子。瑪雅的櫻桃樹也傳至西方，成為耶誕節的「櫻桃樹頌歌」，而佛陀也成為真實性成疑的聖約薩法（St. Josaphat）。[3]

即使在處女瑪利亞繼承瑪雅的特質之前，西方世界早已有瑪雅的對照者。瑪雅在古典神話更為古老的型態是希臘的瑪亞，啟蒙者赫密斯的母親。她的多樣型態顯示了她的偉大年紀。有時候，她是其中一位繆斯女神，有時候則是其中一位宿昂星團的女神。她是處女女神，卻又不和諧地被視為「祖母」或「創造者」，正如處女卡利—瑪雅女神也是宇宙的夏克提。[4] 在羅馬文化出現之前的拉齊奧地區，她則是原始火神瓦肯（Vulcan）的配偶，瓦肯的另外一個名字是沃肯納斯（Volcanus），衍生於早期克里特島的火山之神威爾查諾斯（Velchanos）。[5]

北歐版本的瑪雅女神，型態通常是五月之后（May Queen），名字則是梅（May、Maj，或者 Mai），在挪威稱為麥琳，在不列顛群島則是瑪利安。在中世紀的法國，精靈宗教的信奉者稱呼瑪雅女神為「女士」或「貞女」（Le Pucelle）──在所有女巫集會中，據說都有一位女巫得到這個頭銜，貞德也採用了這個重要的頭銜。五月女士每年都會復甦自己的貞操與母性，代表地球循環的生命力。她的神聖樹開花則代表承諾未來的美好結果。

在金幣九的牌面上，樹上有九朵五瓣花，令人回想東方神話天堂的玫瑰蘋果樹，及其與蘋果夏娃和玫瑰瑪利亞之間的關係──夏娃和瑪利亞也都暗示了瑪雅女神的化身。金幣九的意義是各種成就，例如懷孕、提高生產力、細心耕耘，以及藉由學習建立並且滋養美麗的結果。另外一個常見的詮釋方向則是熱愛大自然。無論懷孕的女神生育哪一位神祇，她始終象徵了自然世界──包括人類的自然本性，而人類的自然本性才是真正創造眾神的「母親」。金幣

九更進一步的財富預示則是良好的物質生活以及財產增加。

金幣十：保護

Ten of Pentacles:

Protection

五芒星被廣泛視為保護的重要符號，因為五芒星的結構是連續的直線，沒有任何可以進入的大門，也因為五芒星連結至母神最早的保護力量。五芒星的連續直線連結至命運女神的連續紡紗，只要女神願意繼續守護某個人的生命，她就會替他編織連續不斷的紡紗。用來驅散死亡的魔法咒語就是懇求女神繼續編織人類生命的堅韌紡紗，例如斯拉夫的咒語：「在海洋之中，布揚（Buyan）之島，一位美麗的女士編織絲綢；她不曾停止編織絲綢，否則生命之血就會停止流動。」[1]

荷馬筆下的奧德賽漫遊故事隱藏了許多事實細節，其中之一就是，英雄奧德賽生命的維繫，只能仰賴據說是其妻子的潘尼洛普（Penelope）持續紡紗，而潘尼洛普的名字其實就是命運女神的頭銜，意思是「其眼藏在織網之後」。希臘文明的神話描繪者將潘尼洛普歸類於忠誠妻子的典型。每天晚上，潘尼洛普都會拆開已經織

好的紗，藉此趕走其他追求者，於是她的紡紗工作不曾完成，也從未停止。唯有按照更為古老的傳統，我們才能明白潘尼洛普不曾切斷的紡紗線，其實就是奧德賽受到魔力保護的生命線，讓他穿過重重危險而不受傷害。在更為古老的潘尼洛普故事中，她的真實身分是狂歡縱慾女神。她輪流與諸位追求者過夜，最後與赫密斯結婚，生下長角之神潘。[2]

網中的紅線，其實是生命在自然之網中體現的跡象。在最遙遠的古代，紅線代表母親給予的血緣羈絆，經由母親心靈之血液連結過去和未來的靈魂。象徵保護的圖像與潘尼洛普還有其他織網女神有關，例如坐在神聖洞穴之中懷了救世主戴奧尼修斯的波瑟芬尼女神，她編織宇宙之線，以及坐在神殿之中懷了另外一位救世主的瑪利亞，她也開始編織血紅色之線。[3]

常見的吉普賽治癒法術稱為「衡量五芒星」，用線製成五芒星，藉此保護人類的生命。病患以文藝復興微型人的姿態站立，雙腳打開，雙手向左右兩側延伸。治療者使用連續的線（盡可能是紅色的），從病患的腳拉到反方向的手（左腳拉到右手、右腳拉到左手），再從兩腳拉至頭部，最後從兩手拉出水平線，形成五芒星。衡量不同線段的長度，可以找到預兆，理解疾病的成因或治療方法。治療完成之後，焚燒線段，病患吸入焚燒的香味，或者喝下灰燼水。[4]

十個五芒星可以成為壓倒性力量的咒語，牌面設計偶爾也會採用馬賽克或神聖藝術，特別是在中東地區。塔羅牌的金幣十代表保護，特別是有形的物質保護，例如遺產、祖傳的財富，以及過去的

基礎成為現在的安全感來源。塔羅牌金幣十暗示的意義符合保護女神的真正傳統，那不是自己努力創造的保護，而是依賴他人的作為。維持生命線延續的圖像歲月悠長，其實早在荷馬之前的潘尼洛普時代就已經建立完成，當時，四處都能見到女神的匠心手筆。

金幣公主：尼慕

Princess of Pentacles:

Nimue

五芒星保護魔法的其中一個主要用途，就是祕教祈願。絕大多數人都相信，主要的祈願者必須站在強調標示的五芒星，作為防衛，對抗可能受到召喚的惡魔力量。有時候，祈願者則是站在形成保護五芒星的石陣，在特定地區，石陣就是德魯伊以及其他異教先祖的神聖之地。

上述的場所原本屬於月之命運女神，在中世紀時期，女神的名字是戴安娜·尼米托娜或戴安娜·尼米瑞希斯（Diana Nemorensis），意思是尼米頓的王后，而尼米頓意指月之樹叢。[1] 女神的另外一個希臘名字則是涅墨西斯，意思是眾神的「毀滅」。對於前基督教時期的凱爾特人而言，女神的名字則是涅姆海因（Nemhain），她是處女與死亡老嫗。她也是高盧人

的尼慕女神，布洛塞里昂德迷幻森林（Broceliande）的精靈樹叢王后。尼慕就是讓傳說梅林死亡的涅墨西斯，梅林曾經是神聖之王，也與其他神聖之王一樣，在瀕死之際遇見女神。

父權宗教的作家刻意錯誤詮釋所謂尼慕背叛愛人的故事。基督教修改的亞瑟王浪漫故事主張，尼慕不是命運女神的化身，只是塵世的凡人妓女。藉由女人的詭計，尼慕用甜言蜜語套出梅林的祕密。隨後，尼慕用梅林的魔法對付他，讓他進入一種活死人的入迷狀態，再將他囚禁至精靈樹叢核心的水晶洞穴。據說，梅林有朝一日終將甦醒，回到塵世——梅林的甦醒也是原有轉生神話的最後遺緒了。

尼慕故事的水晶洞穴同樣是異教神話的神祕元素：世界的核心地區藏在七個水晶領域之中，有時也稱為七層天堂山脈。斯拉夫精靈傳說採用上述元素的字面意義，所以以「玻璃山」屬於精靈女王或月之女神。斯拉夫人習慣用熊掌陪葬死者，協助死者在彼世爬出易滑的玻璃山。[2] 不列顛有一座山就擁有梅林在前亞瑟王傳說時代的名字：安布羅修斯（Ambrosius）。在基督教出現之前，這座山是女德魯伊的著名修道院。[3]

尼慕是女德魯伊的神祇，也是三女神的另外一種稱呼方式，正如尼慕的其他名字所示，例如薇薇安（Vivien，意思是生之女神）、摩根勒菲，以及湖中女神或白色女士。有些人認為尼慕就是薇雅安諾（Rhiannon）[4]，其徽章是五芒星。[5] 最古老的神話則相信，是梅林向尼慕學習魔法，而不是尼慕向梅林學習魔法。

身為靈感女神繆斯，尼慕代表學習。她的五芒星則是特別指涉

學習魔法。尼慕也是一位庇護者，保護所有學習尼慕神祕學的吟遊詩人、預言家，以及學者。尼慕的塔羅牌被詮釋為「年歲的智慧」，或者某種過去已知的知識浮現明確的新意。金幣公主也代表集中、學習欲，以及學問知識追求的應用。

金幣王子：梅林

Prince of Pentacles:

Merlin

塔羅牌金幣王子代表一個能控制強大內在力量的人物，很自然地暗示尼慕的配偶梅林，而梅林可能是亞瑟王傳說故事之中最神祕的人物。就像斯堪地那維亞最後審判的原始天使海姆達爾，梅林的母親是冷海的九位女神姊妹，被第九波浪潮沖上岸。[1] 在《維塔·梅林》（*Vita Merlin*）的傳說詩中，梅林的九位母親是財富島的摩根女神。在日耳曼的傳說詩，神祕的九位女神掌管麥德蘭（Meidelant），意思是「女士的領土」，也是許多其他英雄浪漫故事的起點。[2] 梅林的名字意思是海洋之子，不過在中世紀的馴鷹術中，梅林也被用於稱呼一種只有女性能夠駕馭的鷹隼。[3]

梅林的父親是神祇，可能是可爾里昂（Caerleon）曾經崇拜的

海洋女神陽具配偶紅龍。根據傳說故事的內容，梅林年幼時，曾經被選為紅龍神的祭品，為了讓紅龍神的神殿保持穩定，因為古代習俗相信任何神聖建築的穩定基礎就是犧牲者的血液。索爾茲伯里平原（Salisbury Plain）的沃帝根（Vortigern）大神殿的石塊在建造期間持續掉落。兩位德魯伊占星家主張，除非找到「父親不是凡人」的孩童之血獻祭，否則神殿的基礎地基不能順利完成。梅林就是明確的人選。梅林的洞察力天賦救了自己一命。他看見神廟下面有一個大空洞，威爾斯的紅龍與不列顛的白龍正在其中決戰，紅龍敗北以後致死。因此，梅林預言沃帝根將死於不列顛人手上。預言實現之後，巫師梅林自己完成神殿的建設，神殿成為巨石陣，他詠唱魔法語言，讓巨石移動到正確的位置。4

雖然，傳說相信梅林躺在水晶洞穴之中，進入長達數個世紀的夢境，但民間故事依然預言他的二次降臨，或許就是為了恢復古代宗教。基督教時代努力修改老巫師梅林的故事，避免梅林的傳說故事成為反抗教會勢力的引爆點。修道院流傳的梅林神話主張，梅林的父親是一位惡魔，惡魔讓處女懷孕，希望梅林成為敵基督。但是，梅林母親的貞潔戰勝了邪惡的力量，於是梅林生而善良。羅伯·迪·布倫（Robert de Borron）主張，梅林的魔法承襲於上帝。5

雖然如此，梅林依然無法脫離異教的意象和符號。梅林攜帶柳木法杖，配戴圓錐形的尖頂帽，尖頂帽是異教祭司過去的裝扮，最後也成為女巫的標準服裝。6 數個世紀以來，梅林的故事一直被作為傳遞批判教會的文字媒介。特倫多大公會議將梅林故事納入禁書指南，並且焚燒所有能夠尋獲的梅林故事文本。7

教會採取如此嚴格的審查政策，相形之下，梅林象徵的塔羅牌代表捍衛自由言論，以及真相、榮耀、耐心和決心等特質。所有知名尋道者的特長就是調查事物的起源；藉由祈願，梅林甚至可能已經親自理解孕育他的神祕神靈。梅林的塔羅牌也暗示無所畏懼地追尋線索，無論眼前有何種可能的危險。

金幣王后：伊爾達

Queen of Pentacles:

Erda

象徵塔羅牌土元素牌組的金幣王后，只能是大地母神，也就是條頓人的伊爾達（Erda）女神，所有的古代人類都崇拜她，認為她是宇宙生命的給允者以及主要的繆斯。正如印度的卡加巴人（Kagaba）所說，伊爾達女神是「歌曲之母，人類的種族之母，從一開始就孕育了人類。她是所有種族與部族之母。伊爾達也是閃電之母，河流之母，樹木以及萬物之母。她是歌曲和舞蹈之母，也是我們唯一的母親。」[1]

在遠古無數的數千年之間，伊爾達女神是歐洲唯一知道的高等神祇。[2] 她的形象可以追溯至古老的石器時代，最早的象徵就是從西伯利亞到庇里牛斯山發現的知名「胖維納斯」小雕像，尚未完全

發展的頭顱，豐滿的胸部，以及壯碩的大腿。胖維納斯小雕像不只是最早的神聖藝術，也是人類所知最早的藝術作品。[3]

所有的神話都必須在這位母神面前退讓，她獨自站立在創世的起點，擁有數百種不同的名字。在北歐的不同地區，她的名字分別是伊爾達、伊爾斯（Eorth）、伊爾莎、埃達、荷瑞莎、尼爾莎（Nertha）、烏爾絲（Urth）、烏爾德（Urd）、吳爾德（Wurd）、薇兒德（Wyrd），或者薇爾德（Weird）。[4] 伊爾達女神是希臘人的蕾亞或蓋亞，「深邃的乳房，宇宙之母，其根基穩固，也是最古老的神祇」。[5] 對羅馬人而言，伊爾德女神就是他們的泰瑞・弗瑪（Terra Firma），來自亞利安人的泰拉或泰瑞，也是《聖經》提到的特拉芬（teraphim，意思是古代的神靈）之母。

根據最古老的信仰，所有生命擁有的彼此連結感受，來自於原始的偉大母神崇拜，母神創造了萬物。正如印度人所說，萬物出現之時，「就像孩子從母親身上誕生，萬物的出現之處就是大地的子宮」。[6]

塔羅牌的金幣王后也有相似的連結意義，她的特質就像古老悠久的伊爾達：慷慨、財富、洋溢生命力、同情、舒適、支持，以及富足。據說塔羅牌金幣王后代表溫暖照顧他人的性格：就像一位繆斯女神，能夠創造事物，並且鼓舞其他人的創造能力。塔羅牌金幣王后的另外一個常見詮釋則是「回應祈禱」。回應祈禱可能是為了提到塔羅牌的非基督教態度，因為基督教理論的信仰堅定否認，主張回應祈禱的神祇，不可能是在塵世沉溺於肉體愉悅的母性神祇。但是，吟遊詩人的浪漫運動永遠都在呼喚伊爾達女神祝福他們的作

品，而不是呼喚上帝。

金幣國王：巴爾

King of Pentacles:

Baal

山神是大地母神最早的其中一位配偶，在古代的中東地區，山神被集體稱為「巴爾」，意思就是「王」。他們的名字是禁忌，只有祭司可以念出巴爾的名字，祭司假裝自己能夠念出巴爾的祕密名字，藉此控制巴爾。因此，《聖經》責備人們使用「神」的名字，其實只是徒勞無功（申命記第五章第十一節）。

如果想要與山頂的巴爾王溝通，他們會攀登至山頂王座，等待巴爾王的神靈帶領他們進入神祕的視線、靈感啟發，或者預言。古代人的律法也是用相同方式，在神聖的山頂傳遞給人類。摩西登上西奈山，看見山頂的巴爾王，學習他的意志。這個過程非常常見，但摩西看見的神，其實是在後續的《聖經》文本之中，慢慢融合各種特質，成為耶和華。

西奈山是月神希恩（Sin）的聖地，他是天堂之后南娜（Nanna）的兒子，統治《聖經》提到的希尼（the land of Sinim；以賽亞書第四十九章第十二節），希尼的意思是月球山之地，也是錫

安的古老名字。[1] 來自敘利亞北部的工匠民族基尼族（Kenite），或稱凱尼特族（Cainite），遷徙至米甸（Midian），也就是西奈，定居之後，希恩也被火山之神傑貝爾・艾爾—阿奎瑞（Jebel al-Aqra）吸收了。[2] 凱尼特族帶著他們的火山之神，其夜間象徵是火柱，白日象徵則是煙柱，主張他就是西奈山的巴爾王，並且崇拜火山之神的新王座。據說摩西與米甸族人結婚，並且從岳父葉忒羅（Jethro）身上繼承祭司地位，葉忒羅則是希恩的祭司（出埃及記第三章第一節）。

塔羅牌金幣國王代表擁有山神特質的人：堅定、有如岩石、充滿權威、沉重，而且固執。國王的良好特質近似於大地（土元素），例如可靠、務實、穩定，就像尚未精緻處理的粗糙鑽石，擁有砂礫中的寶石特質，唯有原始神祇富裕之王（Lord of Riches）才能看出的特質。

正如大地母神的其他伴侶，巴爾王的智慧顯現於額頭上充滿洞見的「第三隻眼」，藏在山上的閃耀知識五芒星，正如萬靈之母的五芒星藏在蘋果核中。任何人想要找到知識的五芒星，自然也必須進行一場漫長艱困的攀爬之旅，才能找到神的居所，學習隱藏知識之星的重要性。

10
寶劍牌組
The Suit of Swords

寶劍一：終結

正如密宗的莫克夏生命階段，塔羅牌的寶劍牌組代表結局和災難：終結、死亡，以及最終的命運。寶劍也是最充滿異教意義的牌組。異教文化不否認死亡的事實，也不會幻想征服死亡，而是建議我們接受死亡，即使是最醜陋與殘酷的死亡，因為死亡其實就像女神創造生命的表現形式。

在凱爾特異教神話中，處理死亡的女神老嫗形式名為摩根，或摩甘娜（Morg-ana），「死之安娜」（Anna of Death），也有其他的變化形式：摩格勒菲、精靈摩根、命運女神摩根、致命的摩甘娜、瑪格歐格（Magog）、慕根（Mugain），或者另外一個拼寫方式的摩根勒菲（Morgue la Faye）。[1] 摩根女神將死者帶往她的財富島（或者蘋果之地阿瓦隆），因為她是西方天堂的皇后。[2] 雖然基督教的亞瑟王傳說主張，摩根勒菲只是亞瑟王的女巫姊妹，「亡靈巫術的大祭司」，但摩根勒菲其實也是死亡女神。「摩根女神是她的名字，她可以壓制並且馴服任何高傲的男人。」[3]

摩根女神也與每年一度的聖王之死有關係，展現於她如何控制圓桌武士高文（Gawain）與綠騎士之間充滿寓意的競爭，高文與綠騎士在新的一年輪流砍掉彼此的頭顱，就像埃及的荷魯斯與賽特，或者斯堪地那維亞的尼奧爾德與費瑞。[4] 早期的凱爾特部族習慣保存領導者死後的頭顱或頭骨以獲得預兆。因此，知名的綠人頭顱也發展成在古老教堂隨處可見的穴怪圖像（grotesques）。

冊封騎士儀式的濫觴來自獻祭成神的儀式，獻祭成神則是將英雄送至摩根女神的天堂。用寶劍觸碰受封者的兩個肩膀，在象徵上代表寶劍穿過了他的脖子。在更為古老的年代，布朗摩尼亞（Brauronian）的阿特米斯女神使用相似的觸肩儀式，獲得從男人脖子流出的血滴，而不是砍下男人的頭顱。[5] 崇拜阿特米斯女神的斯基泰人習慣將寶劍插入大地，再用鮮血澆淋寶劍，藉此代表一位陽具之神或英雄。[6] 正如女神的伴侶，陽具之神或英雄也成為了死者之王。

摩根女神主宰死者的另外一個象徵則是靈魂居住的魔鏡。古代人害怕鏡子，因為他們相信鏡子可以偷走反射中的靈魂，納西瑟斯就承受了這個命運。日耳曼的一則傳說故事認為，亡者陰影的幽谷中有一座充滿鏡子的魔法殿堂，女神用魔法玻璃鏡子留住人類的靈魂。這個地點也被稱為輕語山谷（Wisperthal），因為古代的信仰認為，人類死後的亡魂失去聲帶，只能輕聲說話。[7]

摩根女神藉由各種不同的民間故事模樣，出現在輕語山谷等地。摩根女神有時候是一股毀滅的力量，有時候則是天使，將她的英雄帶往更舒適的地方。由於摩根女神配戴月之角，掌管死者的月之國度（摩根女神最喜愛的死者將成為星辰），她也是空氣之后。在塔羅牌中，摩根女神非常適合引導象徵毀滅的牌組，其意義為結束與悲劇。但是，寶劍一有時候也詮釋為釋放、擺脫限制獲得自由、嶄新的光芒，或者救贖。

寶劍二：均衡

Two of Swords:

Balance

寶劍二很自然地讓兩股潛在危險的力量相互對抗，或許就是為了消弭彼此。寶劍二的傳統圖片是一位遮住雙眼的正義女神，手持雙劍，分別指向月與海。

中世紀早期依然還有女性法官和地方官，基督教編年史家認為這些女性是執行法律的女巫，源頭可追溯至前基督教時代的母系自然法系統，其基礎就是部族的母系權利。[1] 法學家烏爾比安（Ulpian）曾說，世上所有的正義必須奠基於「女性的自然根源」，其根源與自然正義（natura iustum）的關係比男性更密切，因為男性容易受到支配根源的影響。畢達哥拉斯神祕學主張，正義和平等都是女性自然根源的內在特質。[2]

人類生命道德領域的平衡概念，最古老的根源來自女神的因果報應法則，因果報應法則相信所有的行為都會導致相對應的結果。善良的行為會有好的結果，邪惡的行為會導致自食惡果，只是惡報不一定會在這一世實現。因果報應法則就是「黃金法則」❶的基礎，

---

❶ 黃金法則（The Golden Rule），一詞並未在《聖經》中正式出現，來自《馬太福音》第七章，大意是「你們願意別人如何對待你們，你們也該如何對待別人，因為這就是律法和先知的道理」。

有些人認為黃金法則是基督教的本質精神。不過，黃金法則起初並不是基督教的概念，甚至不是猶太文化的概念，而是衍生於埃及女神瑪特的法律。[3] 密宗聖人也必須要求自己，想要其他人如何對待自己，就應該如何對待他人。[4] 佛教版本的認知則是「種什麼因，得什麼果」，五百年之後，基督教經文抄襲了這句話。[5]

黃金法則的負面必然結果，就是以暴力回報的殘酷法律。如果一個人對待他人的方式，不是他自己希望獲得的對待，他必然體驗同樣的痛苦。人類的法律系統奠基在看似神聖的「負負得正」法則：以眼還眼，以牙還牙，一命還一命。現代的司法依然實行古代的原則。舉例而言，現代人相信殺人犯應該判處死刑，除非他們受到政府的指令殺人，例如士兵在戰場殺人。

寶劍二的詮釋比較接近因果業障均衡的負面意義。一個邪惡的行為可以抵銷另外一個邪惡的行為，例如手術造成的傷口可以治療意外造成的傷害。對立力量的均衡可能導致僵持停滯，在衝突中締造短暫的停戰，或者在艱困的調整之後獲得新的均衡狀態。盲眼的正義女神形象也暗示，因為無法看見未來的結果，只能以報復性的錯誤行為執行正義，修正另外一個錯誤行為。

寶劍三：悲傷

Sorrow

人們不見得能輕易接受自然法的支配。佛教用卡瑪—瑪拉（Kama-Mara）比喻吸引力與厭惡抗拒這兩個完全相反的法則。卡瑪—瑪拉是象徵愛與死的「惡魔」，她想要誘惑佛陀，在佛陀思考中道的冥想過程中幾乎造成災難性的結果。[1]

作為死亡與悲傷的神靈，瑪拉在中東宗教意象中有許多型態，例如敘利亞人的瑪利、希伯來人的瑪拉（Marah）、希臘人的摩拉（Moera），以及凱爾特人的慕拉（Maura）等等。正如東方世界的死亡女祭司荼吉尼，瑪拉成為了多勒羅莎（mater dolorosa）——神殿中的哭母，功能就是詠唱希臘人的葬禮歌曲，歌曲被稱為「命運之言」（moirologhia）。[2] 死亡女祭司的輓歌也被稱為 houloi，意思是哭嚎。希羅多德曾說，死亡女祭司起源於利比亞的雅典娜神殿。[3] 世界各地都發展了獻給死者的輓歌，由女性負責歌唱，而文化傳統也堅持相信女性發明了輓歌。[4] 即使在已經信奉父權宗教的耶路撒冷，每一年，救世主接受習俗而死之後，都是由女祭司在「主的房子之中」負責表達哭泣與哀傷（以西結書第八章第十四節）。

神廟的女人以及正式的致哀儀式，也暗示詮釋傳統認為寶劍三

是一張屬於「眼淚和悲傷」的塔羅牌，與一位神聖的女人或哭泣詠唱輓歌有關係。[5] 古代人曾經廣泛相信，死者必須接受女性歌詠的咒語，才能進入彼世，咒語表達了正式但非必要的誠摯哀傷。時至今日，愛爾蘭依然認為慟哭之女是專業人士，他們會聘請哭女增加葬禮的悲傷色彩，用宏亮的哭聲與悲傷的儀式表演，撫慰死去亡魂的心情。

痛哭的哀悼可能是與死亡塔羅牌寶劍三有關的「歌聲」，彷彿寶劍二展現的危險權力平衡失控，最後導致了一場悲劇。這張牌的詮釋意義並非嚴格局限於死亡造成的悲傷，而是任何原因的悲傷；喪失任何一位親友、失望，以及任何同情自己的理由。三把寶劍上的鮮血代表三個相關原因引起的相互毀滅，可能造成悲傷與後悔。寶劍三還有孤立感、孤獨感、囚禁，或者放棄自己，進入一種嚴格限制自我的精神環境，代表承受內在痛苦。

寶劍四：孤立

Four of Swords:

Seclusion

可怕糟糕的事件通常與「預言命運的女人」有關係，她們有許多名字，包括女預言家（seeresses）、希臘女預言家（pythonesses）、女預言家（mantes）、斯堪地那維亞的女預言家（Vala）、女魔法師（magia）、義大利的女巫（Streage），或者羅馬的女預言家（sybil）——上述的名稱都衍生自女神希栢利，她的名字意思是「住在洞穴之人」。在古代世界中，最知名的「預言女人」是庫邁的女預言家以及德爾菲神廟的女先知，她們住在神聖的洞穴，直接與大地的神諭神靈溝通。

塔羅牌寶劍四的意義通常就像女預言家的特色，因為某種神祕而難以理解的原因而孤立，或許是因為前一張塔羅牌造成的悲傷。四號牌與大地的方塊符號有關；女預言家的座位就在大地之中，建立她與命運女神之間的連結。傳達神諭的女人經常雙腿交錯坐在地上，姿勢類似卡利女神瑜伽士的神聖蓮花。中世紀的基督教會也因此主張，雙腿交錯而坐是一種女巫術。[1]

坐在地上，或者觸摸大地，其實是古老而受到尊重的方法，用於召喚祈求大地母神。[2] 即使佛陀在漫長的孤立冥想時，都曾經要求母神的力量保護他免於惡魔的干擾。沒有照顧世人的女神，啟蒙

覺者佛陀的力量也不足以對抗邪惡的力量。相似的希臘概念則是巨人安泰俄斯的神話，他是大地母神之子，唯有觸碰母親的大地時，他才能發揮無人能敵的力量。海格力斯將安泰俄斯高舉在空中，使安泰俄斯無法觸碰生育他的大地，因而才能擊敗了他。

傳遞神諭的大地女神，她的特徵通常是「坑洞的神靈」；塔羅牌寶劍四似乎暗示她與「墳墓和棺材」有關係[3]，隱晦指出大地女神的黑暗面，她的神靈應該啟發了所有的古老神諭。大地女神的致命大蛇一直住在她的子宮，祕密地向她的女祭司說話。培冬（Python）就是德爾菲神殿的預言大蛇，他是德爾菲神殿女祭司的神祕配偶，也被稱為大地母神的長子。[4]

寶劍四是一張充滿洞見的塔羅牌，由孤立啟發洞見，就像德爾菲神殿中擁有預言能力的女祭司。有時候，寶劍四的意義是祕密啟發的預言能力。其他相關的意義包括流亡的孤立、囚禁、逐漸恢復、自願的孤立，或者在逆境之中休息復原。寶劍四暗示與一位擁有真正預言能力之人商談之後，就會揭露非常急迫的前景。寶劍四的洞穴代表孤立，但洞穴帶來的洞見，可能是要警告我們留意，未來將與其他人發生不愉快的互動。

寶劍五：挫敗

Five of Swords:

Defeat

寶劍五的意義包括自我降格、被動忍受，以及強迫壓抑自己的驕傲，暗示世間的神王為了獲得，或重新獲得女性的力量，例如洞見、智慧、語言能力，或者創造生命的能力，必須犧牲自我。典型的自我犧牲故事就是奧丁，他在世界梣樹上遭到釘死，諾倫三女神就坐在樹下編織奧丁的命運之繩。

奧丁的側身受到長槍刺穿的傷害，他被懸掛在樹上九個夜晚，九個夜晚是臨盆女人躺在床上分娩的傳統時間，因為奧丁渴望得到的能力與洞見，原本只有母親才能擁有。奧丁下降至赫爾的子宮洞穴，穿過「總計七層的地下世界」。[1] 隨後，奧丁獲得一杯來自女性智慧泉源的珍貴蜂蜜酒，或稱來自大地子宮之爐的「智慧之血」。奧丁復活〔或者轉世成為救世主之子巴德爾（Balder）〕之後，明白了盧恩符文與言靈創造的魔法，也「變得多產且充滿繁衍力，能夠茁壯並繁榮」。[2]

正如塔羅牌大祕儀的倒吊人，寶劍五代表為了獲得隨後的光榮，自願失敗或者降格，正如烈士為了成聖（接受教會封聖或成為神祇）而殉道。直到公元十二世紀，斯堪地那維亞的國王依然定期犧牲自己，強化大地的繁衍能力。[3] 顯然的，所有犧牲的國王都是

偉大的神，原始的諾倫三女神早已命令國王必須接受週期的死亡與復活，而諾倫三女神的年紀甚至比天堂之父奧丁更為無限古老。[4]

相似的道理，在耶穌遭到釘死的十字架之下，三位瑪利亞或三位摩伊賴也代表更為古老的聖王犧牲，而且是以女性為主要核心的獻祭。《福音書》的傳統也說，他們相信唯有瑪利亞領導的女人，能夠發現偽王的重生，並且告訴其男性追隨者，因為他們不知道偽王必定復活的神聖傳統。《聖經》曾說：「他們還不明白經上所說『他必須從死人中復活』這句話的意思。」（約翰福音第二十章第九節）

北方世界的聖王通常等同於太陽，太陽的受難發生在冬至，一年最黑暗的一日，太陽神必須死亡，才能進入新的復活發展過程，走向孕育生命的春季與夏季。太陽的稱號是「世界之光」，耶穌也有相同的稱號。

黃金黎明協會將塔羅牌寶劍五取名為「挫敗之王」。[5] 挫敗之王代表命運女神下令的失敗，於是聖王必須接受，不能反對。即使是眾王和諸神，也要遵守諾倫女神的意志。寶劍五也重新訴諸一個曾經在全世界通行的原則：死亡將在萬物生靈應有的時刻來臨，即使面對死亡，耐心承受與順服的勇氣就是真正的美德。寶劍五也提醒我們記得，在冬季最黑暗的一日之後，光明就會逐漸降臨，也會緩慢進入新的循環。

寶劍六：旅程

Six of Swords:

Passage

塔羅牌寶劍六的常見詮釋包括：水上旅程、一段焦慮的時間、走向黑暗的通道，以及無法得知的未來。希臘的冥河匯聚了上述以及所有相關的觀念。冥河是生命最後的通道儀式與終極旅程，無臉的船夫卡隆（Charon）將死者的靈魂帶往地下世界。卡隆是後來才新增的神話人物，但冥河的概念甚至比最古老的神祇還要古老。

有人說冥河的水是黑色的。其他人則相信冥河的水就是血水。冥河的水與月事之血擁有相同的詛咒，戈爾貢的臉龐曾經代表這個詛咒：據說，冥河的水能夠讓男人化為岩石。冥河（Styx）的名字代表石化，也指出了冥河的可怕禁忌。[1] 不過，冥河也被稱為阿爾法（Alpha），意思是生命之河。據說，冥河來自大地母神敞開的生殖器，行經克里托（Clitor）神殿。希臘眾神生於大地母神，他們以冥河的名義立下最堅定的誓言，就像男人如果想要立下絕對不可違反的誓言，就會使用孕育他的母親之血名義。[2]

冥河也是一位女神，被稱為海洋的女兒，可能衍生於女造物主卡利女神，卡利也被稱為血海的女兒。冥河女神與神祕的陽具之神帕拉斯（Pallas）結婚，生下神聖的三女神，分別是權力女神、力

量女神，以及支配女神。³

冥河女神的埃及對照者是哈索爾，哈索爾也與一條神聖的血水之河有關係（河水氾濫時的紅色尼羅河），據說神聖的血水之河來自月之山脈下方的巨大洞穴。古老的信仰相信，人面獅身哈索爾揮舞六個翅膀，將死者帶往地下世界，讓死者獲得重生。希臘神話主張，伊底帕斯王在底比斯終結人面獅身哈索爾的統治，但哈索爾女神前往地下世界，成為黑暗之門的守護者。《聖經》稱呼哈索爾的河流是基訓（Gihon）或欣嫩（Gehenna），意思是基（Ge）的神聖之河，而基就是大地母神的另外一個名字。⁴

進入欣嫩河源頭的黑暗之門，由可怕的人面獅身守護，她提出神祕的謎語，這個概念是一種非常生動的符號，象徵男人害怕模糊而無法得知的未來。每一次通過儀式都是一場邁向未知的旅程。塔羅牌寶劍六牌面上的六名劍士可能正在逃離危險，所以水上通道也許不如表面上的危險。冥河河岸上的人物就是舉起光明的希望（Hope）。有時候，詮釋者相信寶劍六預言成功，雖然不是即刻的成功。旅程的艱困無法避免，在穿過通道之前，必須面對並且解決困難。

寶劍七：對立

寶劍七常見的詮釋是永遠不會停止的敵對力量，也代表無法得知或者正面處理敵對力量的起源。不可知的敵人可能早已準備陷阱，或在我們背後製造流言蜚語的誹謗。未知的自然力量或者社會環境，可能也會聯合起來妨礙一個人追求未來的幸福。

塔羅牌寶劍七的困難問題，與女巫詛咒導致的可怕之處非常相似，因為女巫詛咒將在暗處造成傷害，比肉眼可見的危險更惡劣。施放詛咒的女巫（witch）或巫婆（hag；也翻譯為魔女），她的典型意象就像異教處理死亡的神聖老嫗：一位年長的女士，她保存自己的「智慧之血」，在體內創造無法抗衡的強大魔法。[1]

「巫婆」（Hag）一詞原本的意思是「神聖的女人」，也是「精靈」的同義詞。[2] 巫婆就是印度荼吉尼在西方文化的對照者，或稱為「天行者」，意思是在葬禮中扮演死亡天使的年長女性。[3] 蘇格蘭人稱呼老女人為卡爾利區，也是蘇格蘭異教文化中的女造物者之名，她是人類的母親，可能衍生於亞利安人的卡利女神。[4] 在歐洲的異教傳統中，巫婆曾經是部族的統治者，或稱為「公主」，拒絕接受基督教，繼續服侍女神，挑戰教會，巫婆的頭銜也因而成為女

巫的同義詞。[5]

　　巫婆使喚的動物惡魔，是用於施展法術和詛咒。在民間傳說中，黑貓通常就是這個動物惡魔的角色，因為從斯堪地那維亞到埃及，貓都是女神的神聖動物。蘇格蘭的女巫之后稱為「毛爾金之母」（Mother of the Mawkins），因為毛爾金或馬爾金（Malkin）的意思就是貓。[6] 莎士比亞將女巫使喚的動物惡魔取名為格雷馬爾金（Greymalkin）或格利馬爾金（Grimalkin），意思是灰貓，意指在春天時出現在柔荑花序柳樹下的灰貓，灰貓曾經是女巫之后黑卡帝的神聖動物。

　　女巫、女武神、精靈，以及其他類型的女性「天行者」，據說都有能力變成貓，也證明女巫使喚的惡魔（daemon）其實是一種動物化身，她們的另外一個自我變成動物的形式，就像埃及文明提到的「靈魂」（ba）。異端文明相信，只要配戴動物的面具，就有可能變成那個動物。因此，所謂的「吉祥物」（mascot）是一種動物的圖騰，源自普羅旺斯的「masco」，意思是配戴面具的女巫。「Mascoto」則是巫術的通稱。[7]

　　寶劍七是一張屬於巫術的塔羅牌，必須有吉祥物、魔法符號，以及雙腿交錯坐立的巫婆才能完整代表「巫術」。[8] 牌面上的女人和貓都有貓眼，暗示她們擁有相同的靈魂。七把朝外的寶劍代表敵意。寶劍七暗示「受到劍端的威脅」（死亡威脅）、詛咒、爭論、困難，以及行動的牽制或妨礙。

寶劍八：幻滅

Eight of Swords:

Disillusion

塔羅牌寶劍八代表一種信仰危機，原本堅信不疑的信仰突然出現完全不同的面向，而且發現一切都只是毀滅性的狂熱幻想。失去信仰、內心動盪、絕望，以及沮喪，通常是塔羅牌寶劍八象徵的結果。一位傳奇騎士的旅程可以象徵上述的內心危機。騎士想要前往世界的盡頭菲斯特雷（Finisterre），尋找前往日落天堂的通道，卻只找到一座孤獨的荒土以及無法跨越的冰冷海洋。

七把插在地上的寶劍，代表這趟徒勞無功的旅程之各個階段。第八把寶劍沾染鮮血，則是代表十字軍戰士的幻滅，他開始質疑自己殺害他人的原因，也就是追求英雄的榮耀。根據古代的自然法，死神的陰影將盤旋在殺人兇手的上方。古典的希臘神話則說，殺人兇手將會遭到瘴氣的追殺，瘴氣是母神的精神汙染詛咒。有時候是復仇女神化身為黑色禿鷹，沿著死亡的氣味，追捕殺人兇手。

在斯堪地那維亞，灰色的馬象徵死亡。[1] 奧丁的神駿天馬啟程前往死亡之地。塔羅牌寶劍八牌面的灰馬是靈魂的死亡或錯覺，帶著一位騎士徒勞無功地前往的目的地。

塔羅牌寶劍八暗示的其他幻滅結果包括壞消息、沒有結果的衝

突、責備，以及羞恥地發現過去尊敬的原則和信仰是錯的。寶劍八通常也代表被迫孤立，可能是因為不良行為導致的報復，例如犯罪入獄。[2] 正如騎士想要前往世界盡頭的旅程，縱然付出努力，終將證明一切只是徒勞無功，錯誤決策導致的結果。

寶劍九：殘酷

塔羅牌寶劍九可能代表殘酷的命運、身心承受折磨，或者因為即將可能發生的痛苦而感到焦慮；也許是麻木冷漠看待他人的痛苦。暴力的攻擊或殉道是殘酷的極端展現。介於上述例子的形式可能是欺騙、擔憂、掉入圈套，或者需要幫助與安慰時遭到孤立。

從塔羅牌出現在歐洲開始計算，長達五個世紀，殘酷的象徵就是宗教裁判所，宗教裁判所設置的目標就是誘捕、折磨，並且摧毀任何依然信奉舊信仰之人——主要是女人。有時候，她們被稱為女德魯伊；希臘人則稱之為樹妖（Dryad）。在古代，樹妖的意思是崇拜樹的女祭司。每一位樹妖都有自己的樹，樹妖的神諭神靈就住在裡面。《聖經》中提到的樹妖例子是女占卜者與部族統治者底波拉

（Deborah），她住在聖樹之下，聖樹就以她的名字為名（士師記第四章第五節）。根據《荷馬史詩》，樹妖的壽命與她的聖樹一樣悠久，如此她才能逐年累積增長智慧。[1] 長壽的橡樹特別受到重視。印度人也有樹的寧芙，寧芙的魔法孕育了樹的花朵與果實，因為印度文明相信「女人是具生育力的容器，擁有豐沛活力的生命，也是繁衍後代的潛在來源。」[2]

十一世紀的學者麥可‧普賽勒斯（Michael Psellus）曾說，樹妖或女德魯伊是塵世間身體之中的永恆心智神靈，能夠知道男人的想法並且預言未來。[3] 教會人士當然害怕擁有這種力量的女人。他們設立宗教裁判所，獵捕並且追殺她們，砍斷鄉村居民過去崇拜的神聖之樹。

然而，即使在教會的建築之中，異教的樹靈依然神祕地出現了，其形式就是被樹葉圍繞的樹幹上出現人臉。[4] 高盧人崇拜的德魯伊「黑色女神」與處女瑪利亞融合為一，於是黑色女神與神聖之子都在沙特爾主教座堂於前基督教時代建立的地下室獲得崇拜，這個地下室就是人們所知道的德魯伊洞穴。[5]

雖然德魯伊的宗教崇拜被融合了，但樹木崇拜的女祭司依然被視為女巫，基督教會用極為殘酷的方式消滅她們。歷史上從來沒有任何人的殘忍程度超過宗教裁判所的可怕統治，九座宗教裁判所也非常巧妙地在塔羅牌寶劍九插上九支寶劍。寶劍九其他的相關意義包括：醜聞、不幸、憎恨、殘酷的忽略或拋棄，或者不講理的暴力行為。

寶劍十：毀滅

Ten of Swords:

Ruin

寶劍牌組的最大點數牌可能也是小祕儀牌組中最殘酷的預兆，或許就是這個原因，讓傳統撲克牌的玩家認為黑桃十是死神之牌。寶劍十代表毀滅、荒蕪、痛苦、苦惱、最貧困的時刻，以及某種程度的殉道。

在基督教社會中，殉道的終極典範就是耶穌為了天父而犧牲，沒有上帝之子的鮮血，上帝拒絕原諒人類。凱爾特異教也用相似的觀點看待處女產下的救世主英雄庫胡林之死。庫胡林被捆綁在陽具之柱，遭到多支劍刃刺死。他曾經出現在愛爾蘭高威（Galway）的諾克梅（Knockmay）古代石廟，是一位年輕的神祇，被捆綁於樹上，遭到弓箭刺穿而死。[1] 高盧也有相似的人物，締造殉道者聖賽巴斯丁（St. Sebastian）的傳說，賽巴斯丁從來不是基督教聖人，只是古代垂死之神古老雕像的新名字。[2]

庫胡林與他對應的基督教救世主一樣，由「不是人類的男人所生；他的母親養育了他的父親，他是死去的孩子，但不曾真正的死去。」[3] 就像基督教將神子視為其神聖之父，庫胡林的父親是魯格〔Lug；魯格度努姆（Lugdunum）或倫敦的庇護之神〕，經由同一位神聖之母重新轉世，因此有些愛爾蘭學者堅持庫胡林其實是基督

的化身。其他學者認為庫胡林是敵基督，因為庫胡林的靈魂以蒼蠅的型態進入母親體內，也就是凱爾特民間故事常見的懷孕行為。[4]《聖經》曾說，惡魔巴力西卜是「蒼蠅王」，原本的意思只是表示巴力西卜是靈魂的指引者，因為蒼蠅曾經被視為靈魂。

庫胡林的神話保存了耶穌福音故事遺漏的元素：賜予庫胡林生命的三女神，她的老嫗型態驅逐了英雄，並且宣判庫胡林的死亡季節。作為幽靈之后，在愛爾蘭三女神安娜、貝德（Babd），以及瑪查（Macha）之中，老嫗女神就是第三位，瑪查女神。愛爾蘭的三女神也以三位摩利根女神的型態出現，又稱為瑪布的三女巫，她們宣判庫胡林的死期。[5]

老嫗女神有時候被稱為 Bean-Sidhe，意思是「墳塚的女人」，*Bean-Sidhe* 的讀音就是女妖（Banshee）。女妖來自地下世界，經由墳塚之山抵達塵世，呼喚男人迎接死亡。沒有人可以抵抗女妖的聲音。[6] 她的呼喚令人害怕，但傳說故事認為「如果女妖喜歡她呼喚的男人，歌聲就會變成低沉柔和的詠唱，讓男人確實知道死亡降臨，但女妖會安撫必定死亡之人」。[7] 其他的傳統則將女妖的聲音描述為令人毛骨悚然的尖叫或哭喊。女妖就是布列塔尼人所知的「Bandrhude」，意思是德魯伊之禍，或稱死亡的樹妖。[8]

因此，眾所皆知的死亡女神下令讓庫胡林承受獻祭之死。根據異教哲學，她也是讓所有男人迎接死亡的黑暗神祇。在這張擁有最黑暗預兆的塔羅牌中，黑暗女神也自然地與瀕臨死亡的英雄一起出現，中立看待他的命運。然而，在週期循環之中，死亡女神的另外一個型態是同一位瀕臨死亡英雄的母親，黑色長袍暗示黑暗女神早

已懷孕，可能也代表未來的希望。正如瀕死的眾神將會輪迴重生，太陽行經冬至的最低點之後就會迎向圓滿，即使寶劍十也可以代表絕望之中的新生希望。

寶劍公主：詩寇蒂

Princess of Swords:

Skuld

塔羅牌的寶劍公主應該是一位在神祕學上與死亡有關係的女士。詩寇蒂（Skuld）就是一個很好的例子。她是第三位諾倫女神，她代表未來，藏在神祕帷幕之後，等待所有男人的死亡。根據寶劍公主的末日啟示之書《沃魯斯帕》（*Völuspá*），詩寇蒂是女武神的領導者，她的意思是「死者的遴選者」。[1]

女武神（Valkyrie）與薩克遜的女武神（Walcyrie）有關，也與斯拉夫的女預言家、維拉，或者維列有關係，她們都是死亡女神的女祭司，據說能夠讓瀕死的神祇覺得輕鬆愉快。[2] 她們的天賦就像密宗傳統的荼吉尼，以「天堂般的喜悅」（vilasa）為臨死之人帶來幸福。[3] 女武神的經典圖片是她們騎著黑馬盤旋在雲端，將死亡的英雄從戰場帶往英靈神殿。她們只會選擇英勇戰死的男人。女武神也是異教的靈魂引導者，有時候是

英雄的「天堂之妻」，正如伊斯蘭教的天堂女神（houri）。[4]

　　一直到公元十世紀，塵世的女武神或維拉都是管理北歐和冰島神殿的女祭司，教會開始將她們視為無法消除的基督教之敵，決定宣布女神詩寇蒂的魔法是邪惡的「詭計」（skulduggery）。[5] 到了十四世紀，女武神已經等於女巫。[6] 女巫在東歐地區的對照者維拉，也遭到相似的命運，被重新定義為女巫。[7]

　　由於女巫經常在浸水裁決或水刑中遭到溺斃致死，民間故事也相信維拉是遭到水刑處死的女性靈魂，居住在深水之中。在異教慶典節日的夜晚，維拉會出現於月光下，並在大地舞蹈。她們跳舞之處的穀物生長富足，鮮草變得更為濃密，即使男人也不敢觀看維拉展現充滿生命力的魔法。[8] 在經典芭蕾舞劇《吉賽爾》（Giselle）中，維拉依然以維列的身分跳舞。北歐的女武神也出現在音樂舞台，特別是華格納（Wagner）創作的歌劇。

　　身為女武神的領導者，詩寇蒂代表思維迅速、充滿警覺，以及行為積極的人，特別是作為密使或間諜。詩寇蒂與另外兩位女神姊妹一樣令人畏懼，因為她帶來險峻的挑戰，而其試煉難以克服。她的眼光銳利得能一眼看出一個人的弱點。幾乎沒有男人有足夠的勇氣面對詩寇蒂的挑戰，因為想要通過詩寇蒂的挑戰，必須付出自己的生命。為了贏得女武神的注意，男人必須效法朗納爾·洛德布羅克（Ragnar Lodbrok），他征戰多年，用最後一口氣唱出自己的死亡之歌，宣示自己的無懼：「生命的時光荏苒；我已衰亡，但我將帶著微笑而死。」[9]

　　塔羅牌寶劍公主牌面上的人物，也可以詮釋為一位與女武神相

似，心思敏銳的女人，擁有銳利的判斷力以及崇高的精神，如果無法面對她的挑戰，她可能會顯得非常危險。她也被視為「屹立不搖而且充滿力量」。她的黑馬是民間故事常見的困境象徵。據說，夢見黑馬代表悲傷、損失，或者死亡。[10] 這個觀念來自女武神騎著黑馬的意象，她從旋風之中而來，審判並且拯救死者的靈魂。正如寶劍公主，女武神也是一位「征戰之女」，只能取悅她，永遠不能征服她。

寶劍王子：提爾

Prince of Swords:

Tyr

在北歐神話，提爾（Tyr）的意思是戰爭，女武神領導者詩寇蒂承諾了天堂，戰爭就是通往天堂的常見方式。提爾被稱為戰爭之神，戰士應向他祈禱，因為他「毫無疑問是眾神中最大膽與勇敢之神」。他從來不是和平使者。[1]

羅馬人將提爾等同於他們的戰神馬斯。星期二就是馬斯的神聖之日，在拉丁文是「dies Martis」（戰神之日），法文則為「mardi」。英文的星期二（Tuesday）來自 Tiw，提爾的古英文名字。所以星期二就是提爾之日。[2]

提爾與馬斯都曾經是天空眾神之父，最後分別遭到奧丁和朱比特逐出天堂。萬神之父融合了諸神特質，更為古老的眾神成了萬神之父暴力、復仇，以及殘忍的一面。古老眾神代表風暴、突如其來帶來死亡的閃電、古羅馬軍團教派、狂戰士，有時候也是戰爭中出現的傳染疾病。

　　早期亞利安文化中，可怕戰神是穿著黑色衣物的風暴國王娑摩（Sama）或「剷除者」娑摩納（Samana），他掃除世間所有生命，就像拿著鐮刀的死神。[3] 凱爾特人的薩溫節崇拜娑摩納，這是死者的節日，後來成為萬聖節。在《聖經》中，他的名字是薩邁爾（Sammael）或撒母耳（Samuel）。而他在不列顛的女性對照者是死亡女神莎摩西亞（Samothea），也就是斯卡蒂或詩寇蒂的另外一個名字。

　　寶劍王子（或騎士）永遠都被詮釋為一位好戰的人，「喜歡統治他人，宛如風暴席捲他人。」[4] 寶劍王子也能看作一位充滿領袖魅力的暴君，例如希特勒，口若懸河使用充滿憤怒的詞彙，訴諸聽眾的情緒反應，卻不會引發他們的不悅。寶劍王子常見的特質是殘忍，至少是不在乎他人的感受。塔羅牌寶劍王子也能代表一種非人類的力量，能夠導致巨大的傷害，例如嚴重的疾病、意外、天災，或者充滿壓迫的環境。寶劍王子揮舞代表傳染病的黃色旗子，暗示致命的疾病。塔羅牌寶劍王子的另外一個詮釋則是欺凌他人，因為自己欺壓他人的能力而感到快樂。這張牌幾乎所有的面向，都像提爾本人一樣，代表戰爭精神。

寶劍王后：卡利

Queen of Swords:

Kali

寶劍王后的毀滅者形象如此堅定，甚至進入了撲克牌的現代圖片，黑桃王后通常被視為危險人物。[1] 在西方世界，毀滅者老嫗女神的現身只會引起恐懼，引發男性潛意識對於女性力量根源的害怕；因為即使是父權宗教，也無法消除恐怖之母的原型意象。

時母卡利（Kali Ma）象徵恐懼之母最古老也最強大的其中一種原型。[2] 但是，西方學者堅持不肯承認時母卡利的普世性質。倫敦博物館展示她的雕像時，只是輕描淡寫地貼上「卡利——毀滅惡魔」的標籤。[3]《大英百科全書》對於她也只有一小段描述，主張她是溼婆神的妻子與疾病女神。[4]

在家鄉，卡利代表的不只是毀滅與疾病，而是創世紀偉大三位一體女神最原始的模樣。她是創造、保存與摧毀的女神，「生育一切……並且奪走一切」。她的崇拜者也應該熱愛她的黑暗面。「人類的女神，人類熱愛的時間之母，卡利生育人類，也愛人類的身體，同時摧毀人類的身體。如果人不明白她的撕裂者與吞沒者形象，她的形象就不完整。」[5]

卡利女神的傳統意象是她蹲在愛人溼婆神之上，男性崇拜者將

自己視為圖中的溼婆神。卡利露出眾多面容之中最可怕的一種，她從溼婆神的肚子拉出內臟後吃掉。[6] 她的手（有時候是四隻手，不見得永遠都是四隻）握著元素的符號，代表正確的時間到了，卡利女神摧毀的不是一個人的生命，而是整個宇宙——也就是溼婆神象徵的宇宙——末日降臨，她即將進行第二次的創世紀。[7] 卡利女神創世神話是自然世界的無盡循環。「生命和出生，永遠都用一種深層的方式連結至死亡與毀滅。」[8]

　　卡利女神信徒聚集在火葬的可怕氛圍之中，一起崇拜她，在死亡的氣味中感受她，學習熱愛她最醜陋的一面。上述的傳統或許能夠解釋中世紀為何謠傳「女巫」都在墳場聚會。歐洲異教知道誰是時母卡利。芬蘭人稱她為卡爾瑪（Kalma），墳場的盤旋者。她的名字直譯就是「屍體的氣味」。[9] 她的眾多特質也被歸類於凱瑞德溫，凱爾特異教文化中吞食屍體的女神；珀羅普斯（Pelops）的吞食者狄蜜特；化為禿鷹，吞食歐西里斯的伊希絲；艾斯塔特與以希塔也會吞食屍體。史詩《貝奧武夫》將卡利女神視為薩克遜人的大地母神伊歐斯特，也就是復活節的名字由來。伊歐斯特的第一個家園據說位於恆河之水流向未知海洋（印度洋）的地方。[10]

　　雖然印度的父權社會思想家想要用三男神取代卡利三女神，依然無法抹滅卡利女神的存在，正如她也存在於西方世界。卡利女神的經文曾說，三男神的成員只是用卡利身體的一小部分創造而成，而三男神與卡利三女神的關係，就像牛蹄印中的小池水與汪洋大海的關係。「正如牛蹄形成的空洞不可能形成深不可測的大海意象，梵天與其他神祇也不可能明白卡利女神的本質。」[11]

無法理解的女性根源產生了一種原型的恐懼，也加深人對於寶劍王后的害怕，寶劍王后代表一種宛如卡利女神的存在：複雜、難以理解、迅速行動，以及看起來非常殘酷，卻是邏輯思考之後的必須行動。卡利女神與寶劍王后都擁有深邃的知識，對於一般男性而言，深邃的知識過於可怕，根本無法面對。但是，所有的男人都曉得一個令人恐懼的終極事實，卻想要假裝自己不明白：每個人都要接受無可避免的死亡。在這個意義上，寶劍王后代表思考不可思考之事，表達不可言說之物。這張牌也代表分離、孤獨、匱乏，或者守寡；因為卡利女神永遠都是一位寡婦，正如她永遠都是新娘與母親。她是永恆的女性難解之謎。

寶劍國王：閻摩

King of Swords:

Yama

　　閻摩（Yama）的名字，其實是卡利女神的處女、可愛，以及賜允生命的繁衍力型態瑪雅（Maya）之反轉音節。閻摩也是溼婆神的另外一個轉世化身，成為死者之王。閻摩的常見外表是公牛之神，配戴公牛面具，在祭品公牛的屍體之上跳舞，而祭品公牛代表閻摩在塵世的肉身。公牛神閻摩放棄自己的生

命，在來生成為一位國王：「閻摩選擇死亡，替許多人找到道路，讓死者的亡魂擁有歇息之地。」[1]

吠陀文化時代的人主張，無論葬禮採用何種形式，火葬或土葬，亡者的靈魂都會來到閻摩身邊。[2] 有時候，閻摩充滿善意。有時候，閻摩則是亡者靈魂的嚴苛審判者，要求亡者接受死後的懲罰，就像復仇的耶和華。事實上，閻摩就是耶和華的眾多原型之一。早期的以色列人、迦南人，以及腓尼基人崇拜的亞姆就是閻摩，也是海洋女神瑪利亞（艾斯塔特）的配偶。亞姆和瑪利亞結合的男女之神則是瑪利一亞姆或瑪利安。[3] 時至今日，西藏人依然曉得同一位雌雄同體神祇，名字是閻摩瑪利。[4]

據說，身為諾斯底教派造物主的耶和華擁有「深藍色的肌膚」。[5] 閻摩的膚色也是深藍色。印度的藝術家繪製等同於溼婆神的眾多神祇時，同樣使用深藍色的膚色，眾神猶如身穿夜天，即「披天衣者」（digambara），指印度神聖的裸體信仰。[6] 古代的亞利安習俗也出現在不列顛的皮克特人（Pict），皮克特人為了宗教儀式以及獲得戰場上的神聖保護，將自己的身體塗為深藍色。「藍色之血」也是希臘眾神的不朽生命象徵，來自母神的禮物。中世紀的煉金術士將神祕的藍色血液視為第五元素，一種衍生於「神」血的靈藥；是異教的神，而不是基督教的上帝。

正如所有犧牲獻祭的神祇，閻摩將自己的生命獻給死亡，並且向所有崇拜者分享自己的血液，因而獲得了永生。就像被屠殺的公牛，閻摩也是密特拉教派與阿提斯教派自生獻祭公牛的原型。羅馬人在柵欄上屠殺公牛，公牛滴下的血就能施洗下方坑洞的崇拜者。

信徒獲得獻祭動物之血的施洗，例如基督教的「羔羊」，祭司就會宣布完成受洗的異教信徒「獲得永恆的新生」。[7]

基督教後來發展了自己的受洗儀式，也就是牛祭（Taurobolium），直到公元四世紀，教會依然在梵蒂岡的山丘上定期舉行。[8] 西藏的贖罪慶典依然有一位與閻摩相似的人物，稱為「宗教聖王」，他配戴公牛面具，將刀子刺進與自己相似的小人偶，假裝將內臟拉出，交給主持人，作為向崇拜者分享的聖餐。[9]

身為寶劍國王，閻摩展現男性的寶劍符號與女性的蓮花符號，數字 8 的無限符號共同象徵男女性的結合。寶劍國王被詮釋為強大的裁決者、宛如神祇的權威人士、體現紀律和秩序，就像地下世界的古代之王。在邪惡的層面，寶劍國王也可以代表危險、不近人道的殘忍，或者墮落邪惡。

雖然閻摩通常被視為殘忍的人物，就像西方世界的地獄之王，但閻摩的經文暗示了一種非常有諾斯底教派特色的哲學，或許能夠概括表達塔羅牌符號的教誨以及歐洲非正統宗教的最後啟示，有些教派相信，人用自己的形象創造了神：「不要害怕，不要顫抖，不要畏懼死亡之神。你的身體屬於虛空，審判之主與他的復仇天使也屬於虛空；他們都是你內心的幻覺。」[10]

就像死亡，閻摩永遠都是最後的裁決者。

文獻索引

1. 神聖的塔羅

1. Moakley, 35.　2. Moakley, 98.　3. Cavendish, T., 17.　4. Kaplan, 24.
5.Hargrave, 101.　6. Cavendish, T., 11, 15.　7. Douglas, 20.　8. Hargrave, 224.
9. Hargrave, 27.　10. *Bardo Thodol*, 3.　11. Dumezil, 572-73.　12. Dumezil, 386,
393.　13. Potter & Sargent, 49.　14. Dumezil, 231; Kaplan, 2.　15. Dumezil, 572.
16. Funk, 54.　17. Moakley, 55.　18. Hargrave, 27.　19. Zimmer, 127.
20. Tuchman, 104, 109.　21. Coulton, 202.　22. Male, 270.　23. Ashe, 203, 236.
24. Bullough, 169-70.　25. Wilkins, 193.　26. Montagu, 273.　27. Tuchman, 224.
28. Lea (unabridged), 21.　29. Coulton, 44.　30. Lea (unabridged), 599.
31. Coulton, 38, 61.　32. Lea (unabridged), 489.　33. Borchardt, 272.　34. Reinach,
294.　35. Lea (unabridged), 656-60.　36. Spinka, 34.　37. Briffault 3, 487-88; H.
Smith, 256-57.　38. Ravensdale & Morgan, 105.　39. Campbell, C. M., 390, 629.
40. Coulton, 20.　41. H. Smith,292-93　42. Lea (unabridged), 60.　43. Oxenstierna,
68-9.　44. Borchardt, 290.　45. Coulton, 27.　46. Dreifus, 4.　47. J. H. Smith, D.
C.P.,238-41.　48. Borchardt, 282.　49. Leland, 142.　50. Wilkins, 81.
51. Cavendish, T., 16.　52. Keightley, 81.　53. Waite, O.S., 131.　54. Coulton, 305-6.
55. H. Smith, 253.　56. Coulton, 123.　57. Hazlitt, 89.　58. Leland, 65.　59. Tatz &
Kent, 19, 32.　60. Hargrave, 247.　61. Hazlitt, 460.　62. Funk, 320.　63. Trigg, 4-8,
47.　64. *Mahanirvanatantra*, 146.　65. Elworthy, 194.　66. Lawson, 226.
67.Waddell, 467, 471.　68. Lehner, 60.　69. Avalon, 173.　70. Waddell, 468-69.
71. Vetter, 256.　72. *Bardo Thodol*, 207.　73.Hawkins, 140.　74. Briffault 2, 602.
75. Phillips,160.　76. H. Smith, 201.　77. Turville-Petre, 227.　78. O'Flaherty, 49,
344.　79. Tatz & Kent, 18.　80.Keightley, 20.　81. Derlon, 217-21.　82. Derlon,
144, 159.　83. Trigg, 184.　84. Neumann, G.M., 152.　85. Esty, 79.　86. Derlon,
210.　87. Leland, 107.　88. Trigg, 137.　89. Derlon, 132, 135.　90. Rawson, T.,

112. 91. *Mahanirvanatantra*, 295-96. 92. Trigg, 186, 203. 93. Trigg,47. 94. Douglas, 43. 95. *Bardo Thodol*, 3. 96. Summers, G.W., 488-91. 97. Groome, iv, lxi. 98. Trigg, 11, 202. 99. Papus, 32 *et seq*. 100. Shirley, 31-32. 101. Douglas, 24. 102. Hargrave, 160. 103. Leland, 211. 104. Papus, 9.

2. 四大元素

1. Campbell, M.I., 90. 2. Lindsay, O.A., 20-21. 3. Cumont, A.R.G.R.,68. 4. Agrippa, 43. 5. d'Alviella, 240. 6. Waddell, 484. 7. *Mahanirvanatantra*, 262-63. 8. Avalon, 229, 233. 9. Rawson, T., 70. 10. *Book of the Dead*, 273. 11. Lindsay, O.A., 75, 116, 120. 12. Augstein, 209. 13. Campbell, Oc.M., 181; Agrippa, 43, 49. 14. Cavendish, P.E., 71. 15. *Encyc. Brit.*, s.v. "Welsh Literature." 16. Gaster, 787. 17. Turville-Petre, 276. 18. Budge, G.E. 2, 103. 19. Rawson, E.A., 57. 20. Dumezil, 319. 21. Neumann, G.M., 312. 22. Waddell, 258. 23. Rawson, T., 75. 24. Malory 1, 377. 25. Gelling & Davidson, 150. 26. Davidson, 112. 27. Hollander, 26; Turville-Petre, 178. 28. Graves, G.M. 1, 148; 2, 25. 29. Dumezil, 289. 30. Huson, 138. 31. Leland,99. 32. Campbell, P.M., 430. 33. Potter & Sargent, 28. 34. Fodor, 290; *Larousse,* 359. 35. Vermaseren, 10, 49. 36. Tacitus, 728. 37. Lederer, 22-24. 38. Hauswirth, 21. 39. Campbell, P.M., 240, 314. 40. de Riencourt, 23. 41. Robbins, 133. 42. Lindsay, O.A., 122; Wedeck, 236. 43. *Bardo Thodol,* 15-16; Agrippa, 57. 44. Hays, 223. 45. Funk, 301. 46. Tatz & Kent, 140. 47. Douglas, 37. 48. Budge, E.M., 89. 49. Waddell, 81. 50. Lethaby, 74-75. 51. Neumann, G.M., 267,295-96. 52. Baring-Gould, 539. 53. Lethaby, 125. 54. Lindsay, O.A., 137. 55. Jung, P.R., 109. 56. *Bardo Thodol,* 11. 57. Budge, G.E. 1, 286. 58. *Book of the Dead,* 623. 59. Moakley, 46. 60. Menen, 93. 61. Pagels, 37. 62. Guignebert, 367-68. 63. Jung & von Franz, 137, 204. 64. Coulton, 18-20.

3. 流變之輪

1. *Encyc. Brit.,* s.v. "Numerals." 2. Keightley, 438. 3. Avalon, 164. 4. *Assyr. & Bab.* Lit., 420. 5. O'Flaherty, 148; *Larousse,* 371. 6. Douglas, (frontispiece).

7. Cavendish, T., 97. 8. Jung, M.H.S., 42. 9. H Smith, 487-88. 10. Cavendish, T., 15, 73. 11. Wedeck, 155. 12. Gettings, 87. 13. Tuchman, 41. 14. Scot, 348; Male, 235. 15. Wilkins, 44. 16. Campbell, P.M., 293-94. 17. *Bardo Thodol,* lxvii, 53, 188. 18 Rose, 292. 19. *Bardo Thodol,* lxvi. 20. Angus, 151-54, 202. 21. *Bardo Thodol*, 234. 22. *Waite,* 0.5., 195. 23. *Waddell,* 226. 24. *Bardo Thodol,* frontispiece. 25. Waddell, 109. 26. Graves, G.M. 2, 404. 27. Legge 1, 133. 28. Angus, 154. 29. Campbell, M.I., 388-90. 30. Huson, 71, 147. 31. Campbell, M.I., 391. 32. Dumezil, 116. 33. Goodrich, 157. 34. *Mabinogion,* 243. 35. Goodrich, 67. 36. Loomis, 315-19. 37. Pagels, 57-58. 38. H. Smith, 228. 39. Doane, 436. 40. Angus, 280. 41. Campbell, Oc.M., 455. 42. Male, 355. 43. de Camp, 264. 44. J. H. Smith, D.C.P., 4. 45. Goodrich, 96. 46. Angus, vii. 47. Phillips, 152.

4. 女陰符號

1. Simons, 141. 2. Briffault 3, 494. 3. Campbell, Oc.M., 509. 4. H. Smith, 250; Cavendish, P.E., 27. 5. Russell, 284. 6. J. H. Smith, C.G., 287. 7. *Mahanirvanatantra,* 127; Silberer, 170. 8. Avalon, 428. 9. *Book of the Dead,* 204. 10. Larousse, 37. 11. Koch, 8-9, 54. 12. Lederer, 141. 13. Trigg, 48-49. 14. Elworthy, 407. 15. Dumezil, 94. 16. Cavendish, P.E., 51. 17. Leland, 67; *Larousse,* 293. 18. James, 135. 19. Rawson, A.T., 74. 20. Jung, M.H.S., 240. 21. *Encyc. Brit.*, s.v. "Magen David." 22. Silberer, 197; *Encyc. Brit.*, s.v. "Cabala." 23. Lederer, 186-88. 24. Cavendish, T., 30, 142. 25. *Mahanirvanatantra,* xxiv. 26. Brasch, 70. 27. Shah, 380. 28. Rawson, T., 32. 29. Tatz & Kent, 128-29. 30. Briffault 2, 444. 31. Bullough, 105. 32. Campbell, C.M., 159. 33. Pagels, 57. 34. Malvern, 43. 35. Legge 2, 69. 36. Malvern, 53. 37. *Larousse,* 371. 38. Knight, D.W.P., 173. 39. Guerber, L.M.A., 238. 40. Knight, D.W.P., 236. 41. Haining, 77. 42. Rawson, T., 78. 43. Wilkins, 122. 44. Baring-Gould, 652. 45. Harding, 41. 46. Briffault 3, 80-81. 47. Campbell, Oc.M., 445-46. 48. *Encyc. Brit.,* s.v. "Templars." 49. Douglas, 21. 50. Knight, D.W.P., 193. 51. Campbell, C.M., 168. 52. Reinach, 310. 53. Russell, 197. 54. *Encyc. Brit.,* s.v. "Templars." 55. Coulton, 245. 56. Robbins, 208. 57. Knight, D.W.P.,186, 202.

5. 大祕儀牌組

0 號牌：愚者

1. Gettings, 111. 2. *Larousse,* 213. 3. Cavendish, T., 62. 4. Rose, 209. 5. Knight, D.W.P., 78. 6. Davidson, 134. 7. Campbell, Or.M., 73. 8. Silberer, 87. 9. Waddell, 483. 10. Hazlitt, 548. 11. Graves, G.M. 1, 283-84. 12. Shah, 223-24. 13. Cavendish, T., 66. 14. Frazer, 146. 15. de Lys, 360. 16. Campbell, M.I., 245. 17. Cavendish, T., 64. 18. Waddell, 113. 19. Tatz & Kent, 23. 20. Gettings, 111. 21. Cavendish, T., 66. 22. *Bardo Thodol,* 234.

1 號牌：魔術師

1. Gettings, 29. 2. Cavendish, T., 68. 3. Gettings, 26. 4. Shah, 196. 5. Shumaker, 232, 242-43. 6. Maspero, 118. 7. Budge, A.T., 196-98. 8. Angus, 99, 243. 9. Angus, 102, 110, 112. 10. Campbell, C.M., 154. 11. *Encyc. Brit., s.v.* "Hermes." 12. Graves, G.M. 1, 66-67. 13. Summers, V., 154-57.

2 號牌：女教皇

1. Cavendish, T., 15, 73. 2. Pagels, 22, 64. 3. Malvern, 47-49. 4. de Voragine, 355-57. 5. Pagels, 64-65. 6. Malvern, 60. 7. *Encyc. Brit.,* s.v. "Women in Religious Orders." 8. *Larousse,* 311. 9. Brasch, 25. 10. Briffault 3, 2. 11. Lehner, 89. 12. Huson, 148. 13. Morris, 19, 71, 142. 14. Morris, 157; Bullough, 191. 15. Bullough, 163. 16. Gettings, 33. 17. Chamberlin, 25. 18. Baring-Gould, 172-73. 19. Durrell, 11. 20. Baring-Gould, 173. 21. Chamberlin, 25. 22. *Encyc. Brit.,* s.v. "Papacy." 23. Durrell, 8-9. 24. Simons, 116. 25. Moakley, 72-73. 26. Gettings, 33. 27. Shumaker, 183. 28. Collins, 54, 220. 29. Graves, G.M. 2, 203. 30. Legge 2, 69. 31. Attwater, 312. 32. Brewster, 440. 33. Rose, 250. 34. Waddell, 114.

3 號牌：女皇帝

1. Campbell, M.I., 388. 2. Bachofen, 192. 3. Summers, V., 226. 4. Gettings, 33. 5. Budge, G.E. 1, 423. 6. *Larousse,* 202. 7. Elworthy, 105. 8. James, 198.

9. Graves, W.G., 159.　10. Potter & Sargent, 185.　11. H. Smith, 127.　12. Lawson, 577.　13. Angus, 97.　14. Lawson, 563.　15. Angus, 116.　16. *Larousse*, 208. 17. *Encyc. Brit.*, s.v. "Demeter."　18. Lawson, 79.　19. *Encyc. Brit.*, s.v. "Demeter." 20. Graves, W.G., 159.　21. Cavendish, T., 79.　22. Kaplan, 155.

4 號牌：皇帝

1. *Larousse,* 371.　2. O'Flaherty, 34.　3. Graves, G.M. 1, 73.　4. Cumont, M.M., 95.　5. Campbell, Or.M., 202.　6. *Assyr. & Bab. Lit.,* 420.　7. O'Flaherty, 130. 8. Cavendish, T., 80.　9. Kaplan, 45.　10. Tuchman, 41.　11. Campbell, Oc.M., 334. 12. Gaster, 769.　13. Gettings, 41; Cavendish, T., 81.　14. Cumont, M.M., 128. 15. Gettings, 41.

5 號牌：教皇

1. Cavendish, T., 85.　2. Gettings, 43.　3. Kaplan, 155.　4. Cavendish, T., 82. 5. Guerber, L.R., 206-7.　6. Gettings, 45.　7. Waite, C.M., 275.　8. Budge, A.T., 50.　9. Frazer, 61.　10. Huson, 155.　11. Cumont, M.M., 105, 165.　12. H. Smith, 130, 252.　13. Reinach, 240.　14. Brewster, 5.　15. Attwater, 45.　16. Attwater, 275. 17. H. Smith, 102.　18. Dumezil, 323, 583.　19. Douglas, 64.　20. Cavendish, T., 83.　21. Scott, 254.　22. Cavendish, T., 83.　23. Woods, 89.　24. Gaster, 771. 25. White 1, 386.

6 號牌：戀人

1. Waddell, 116.　2. Kaplan, 113.　3. Avalon, 172.　4. Waddell, 117.　5. Avalon, 466.　6. Campbell, M.I., 388.　7. Eliade, 78.　8. Briffault 3, 20.　9. O'Flaherty, 34.　10. Budge, E.L., 57-58.　11. Baring-Gould, 652.　12. Campbell, C.M., 181-82. 13. Briffault 3, 490, 494.　14. Hughes, 203.　15. Bullough, 113.　16. Lederer, 162. 17. Fielding, 82, 114.　18. Briffault 3, 248.　19. *Encyc. Brit.*, s.v. "Marriage." 20. Rose, 144.　21. Guerber, L.M.A., 240.　22. Derlon, 134; Bowness, 25; Trigg, 88.　23. Gettings, 49.　24. Douglas, 67; Cavendish, T., 86.　25. Baring-Gould, 169. 26. Goodrich, 18, 65, 69.　27. Tatz & Kent, 140.　28. Funk, 301.

7 號牌：戰車

1. Gettings, 52.　2. Douglas, 70.　3. Elisofon & Watts, 79.　4. *Encyc. Brit.*, s.v. "Juggernaut."　5. Dumezil, 566.　6. Cavendish, T., 90.　7. *Larousse*, 342, 369. 8. *Epic of Gilgamesh,* 27.　9. Turville-Petre, 163.　10. Oxenstierna, 214-16. 11. Dumezil, 17.　12. Lindsay, O.A., 125.　13. *Mahanirvanatantra*, cxli. 14. Menen, 70.　15. *Mahanirvanatantra,* cxii.　16. Jung, M.H.S., 174.　17. Budge, E.L., 61.　18. Rawson, T., 193.　19. Moakley, 44.

8 號牌：正義

1. Cavendish, T., 104.　2. von Franz, 23.　3. Budge, E.L., 68.　4. *Larousse,* 41. 5.Lindsay, O.A., 277.　6. Graves, G.M. 2, 341-42.　7. Knight, S.L., 156. 8. Cavendish, T., 105.　9. *Larousse,* 84.　10. Gettings, 55.　11. Pagels, 22, 49, 64-65. 12. Malvern, 39, 47.　13. Pagels, 55-56.　14. Malvern, 82.　15. *Larousse,* 54; *Assyr. & Bab. Lit.*, 287.　16. *Larousse,* 86.　17. Graves, G.M. 1, 125.　18. Wainwright, 97. 19. Moakley, 111.

9 號牌：隱士

1. Avalon, xliii.　2. Legge 1, 133.　3. Cavendish, T., 99.　4. Silberer, 244. 5. Douglas, 76.　6. Augstein, 108.　7. Edwardes, 111-12.　8. Cavendish, T., 100. 9. Baring-Gould, 92.　10. Baring-Gould, 226.　11. Wilkins, 40.　12. Graves, W.G., 394-95.　13. *Bardo Thodol*, 204.

10 號牌：命運之輪

1. Graves, G.M. 1, 126.　2. Cumont, M.M., 111.　3. Elworthy, 195.　4. Cumont, M.M., 95-97.　5. Rose, 228.　6. Lawson, 13.　7. *Larousse,* 29.　8. Budge, G.E. 2, 50.　9. Budge, E.L., 57.　10. Case, 123.　11. Elworthy, 183, 194.　12. Norman, 123.　13. Moakley, 86.　14. Male, 95.　15. von Franz, pl. 13.　16. Cavendish, T., 103.　17. Huson, 115.　18. Male, 95-97, 395.　19. Lehner, 60.　20. Moakley, 87. 21. Briffault 3, 366.　22. Spence, 152-153, 65.　23. Butler, 147.　24. Avalon, 40. 25. Hazlitt, 346.　26. de Riencourt, 261.　27. Douglas, 45.　28. Douglas,40.

11 號牌：力量

1. Branston, 87. 2. Hollander, 32. 3. Huson, 177. 4. Massa, 104; Ashe, 30.
5. Gettings, 66. 6. *Bardo Thodol,* 147. 7. Gray, 80. 8. *Larousse,* 37; Budge, G.E.
1, 451. 9. Ashe, 31, 59. 10. Budge, D.N., 34. 11. Graves, W.G., 405; Briffault 3,
110. 12. Knight, S.L., 130. 13. Budge, G.E. 2, 253. 14. Graves, W.G., 245; G.M.
1, 244. 15. Budge, G.E. 1, 459. 16. Cavendish, T., 105. 17. Kaplan, 272.
18. *Encyc. Brit.*, s.v. "Illuminated Manuscripts." 19. *Larousse,* 77. 20. Cavendish,
T., 98; Kaplan, 38.

12 號牌：倒吊人

1. Douglas, 85. 2. Branston, 114. 3. Frazer, 412. 4. Oxenstierna,223. 5. Butler,
154. 6. Moakley, 95. 7. Budge, E.L., 44. 8. *Book of the Dead,* 410. 9. Ross, 32;
Menen, 70. 10. *Mahanirvanatantra,* xix. 11. Pagels, 74. 12. Jung & von Franz,
100. 13. Zimmer, 205.

13 號牌：死神

1. Cavendish, T., 110. 2. Gettings, 75. 3. Guerber, L.M.A., 119. 4. *Encyc. Brit.*,
s.v. "Scythians." 5. Graves, W.G., 225. 6. Steenstrup, 149. 7. Waddell, 524-25.
8. Shah, 208, 210, 218. 9. Rose, 283. 10. Pagels, 90. 11. Tennant, 189, 207.
12. H. Smith, 234, 238. 13. Mumford, 255. 14. Lindsay, A.W., 207-8. 15. Avalon,
137-38. 16. von Franz, pl. 28. 17. Kaplan, 148-50.

14 號牌：節制

1. Silberer, 352. 2. *Larousse,* 49. 3. Tatz & Kent, 140. 4. Zimmer, 34.
5. Neumann, G.M., 267. 6. *Assyr. & Bab. Lit.,* 249. 7. Elworthy, 187, 301.
8. Budge, E.M., 60. 9. Budge, E.L., 84. 10. Budge, D.N., 218; Briffault 3, 314.
11. Gettings, 79. 12. Gettings, 78. 13. Funk, 301. 14. Gettings, 49

15 號牌：惡魔

1. *Larousse*, 323. 2. Larousse, 317. 3. Elworthy, 384. 4. Campbell, M.I., 388.
5. Rose, 240. 6. Briffault 2, 564. 7. Wedeck, 95, 155. 8. Campbell, Oc.M., 513.

9. Scot, 323-25.　10. Spence, 95.　11. Ashe, 15.　12. *Book of the Dead*, 544-45.
13. O'Flaherty, 274.　14. Campbell, Or.M., 183.　15. Budge, G.E. 1, 24.
16. O'Flaherty, 348.　17. Graves, W.G., 367.　18. Campbell, M.I., 294; Enslin, 91.
19. Robinson, 174.　20. Robinson, 175.　21. de Givry, 49.　22. Potter & Sargent,
176.　23. Cavendish, T., 118.　24. Rawson, E.A., 25.　25. Kramer & Sprenger, 167.

16 號牌：上帝之家
1. Tuchman, 41.　2. Borchardt, 69.　3. Gettings, 87.　4. O'Flaherty, 130.
5.Cavendish, T., 123.　6. Rawson, E.A., 57.　7. Legge 2, 239.　8. Douglas, 100.
9. White 1, 367.　10. White 1, 364-66.　11. Male, 271.　12. Attwater, 57.　13. Jung
& von Franz, 121.　14. Neumann, G.M., 311.　15. Campbell, C.M., 5.　16. Kaplan,
149.

17 號牌：星星
1. Cavendish, T., 125.　2. Budge, G.E. 2, 103.　3. *Book of the Dead,* 297.
4. Lindsay, O.A., 184, 327.　5. H. Smith, 201.　6. Briffault 1, 377.　7. Graves,
G.M. 2, 405.　8.Knight, S.L., 48.　9. Graves, W.G., 124.　10. *Larousse,* 348.
11. O'Flaherty, 346.　12. Tannahill, 82.　13. Waddell,509-10.　14. Gettings, 91.
15. Graves, G.M. 1, 86.　16. *Larousse,* 226.　17. Elworthy, 424.　18. Massa, 101.

18 號牌：月亮
1. Douglas, 107.　2. Budge, G.E. 2, 34.　3. Briffault 2, 599; Cumont, A.R.G.R., 19,
69.　4. Briffault 3, 78.　5. Knight, S.L., 99.　6. Hallet, 115,152.　7. Briffault 2, 670;
3, 76.　8. Briffault 2, 601; Campbell, M.T.L.B.,43.　9. Cumont, A.R.G.R., 107.
10. de Lys, 458.　11. Harding, 100.　12. Malvern, 121.　13. Hazlitt, 191.
14. Briffault 2, 587-89.　15. Summers, V., 238.　16. Avalon, 423.　17. Briffault 3,
132.　18. Cumont, A.R.G.R., 96, 107.　19. Gettings, 91.　20. Lindsay, O.A.,222.
21.Douglas, 105　22. Gettings, 95.　23. Turville-Petre, 76.　24. *Larousse,* 213, 305.
25. Spence, 126, 158.　26. Davidson, 34.　27. Eliade, 327.　28. Zimmer, 60.
29. Cumont, A.R.G.R., 186; Agrippa, 217.　30. Briffault 2, 605.　31. Douglas, 106.
32. Budge, G.E. 1, 19.　33. Lethaby, 193-94.　34. O'Flaherty, 352.
35. Robertson, 115.　36. Sturluson, 39.　37. *Book of the Dead,* 182.

38. *Mahanirvanatantra,* 113.　39. Graves, W.G., 406-7.　40. Graves, G.M. 2, 385. 41. Gettings, 95.　42. Campbell, M.I., 149.　43. Gifford, 31.

19 號牌：太陽

1. Branston, 290; Sturluson, 92.　2. Legge 2, 63.　3. Cavendish, T., 135. 4. Gettings, 100.　5. Knight, S.L., 98; Baring-Gould, 286.　6. Graves, W.G., 309. 7. Hawkins, 139-40.　8. Graves, W.G., 310.　9. Hitching, 213.　10. Graves, W.G., 144.　11. Baring-Gould, 201.　12. Wilkins, 119.　13. Baring-Gould, 539-40. 14. Gettings, 100.　15. *Mahanirvanatantra*, xl.　16. Cavendish, T., 133. 17. Douglas, 109.

20 號牌：審判

1. H. Smith, 176.　2. Pfeifer, 133.　3. Black, 3.　4. O'Flaherty, 339, 349.　5. Barret, 97.　6. H. Smith, 129-30.　7. Turville-Petre, 147-48, 150, 154.　8. Encyc. Brit., s.v. "Dalai Lama."　9. Turville-Petre, 164, 284.　10. *Mahanirvanatantra*, 49-50, 295-96. 11. Douglas, 112; Cavendish, T., 136.

21 號牌：世界

1. Gettings, 109.　2. *Bardo Thodol,* xxxv.　3. Campbell, C.M., 488. 4. *Mahanirvanatantra*, xxxi.　5. Zimmer, 25, 178.　6. Avalon, 27, 31.　7. Campbell, C.M., 347.　8. Shirley, 42.　9. Collins, 113.　10. *Encyc. Brit.,*s.v. "Plotinus." 11. Angus, 71.　12. Budge, G.E. 1, 519.　13. Angus, 71,119, 240.　14. Shirley, 46. 15. Agrippa, 65.　16. Douglas, 113.　17. Waddell, 359, 435.　18. Graves W.G., 64. 19. Menen, 149.　20. Douglas, 114.　21. Neumann, G.M., 233.

7. 聖杯牌組

聖杯一：愛

1. Briffault 3, 494.　2. Jung & von Franz, 75, 114, 121.　3. Neumann, A.P., 6. 4.Campbell, C.M., 13.　5. Erman, 252.

聖杯二：浪漫

1. Turville-Petre, 76.　2. Guerber, L.M.A., 26.　3. H. Smith, 266; Hughes, 211.
4. Shah, 121.　5. Campbell, C.M., 44.　6. Silberer, 212.　7. Shah, 98; Wilkins, 128.
8. Loomis, 251, 276.

聖杯三：恩典

1. Dumezil, 166.　2. Graves, G.M. 1, 53-55.　3. Elisofon & Watts, 118.　4. Lindsay,
0.A., 391.　5. Pagels, 50.　6. Larousse, 132, 138.　7. Guerber, L.M.A., 267

聖杯四：下沉

1. Neumann, A.P., 87.　2. Briffault 3, 94.　3. Neumann, A.P., 31.　4. Angus, 251.
5. Reinach, 77.　6. Harrison, 174.　7. Graves, W.G., 75.

聖杯五：後悔

1. Budge, E.L., 75.　2. Douglas, 174.

聖杯六：童年

1. Mahanirvanatantra, xlvii-xlviii.　2. Tennant, 134.　3. Turville-Petre, 144, 231.
4. Cavendish, T., 134.　5. Larousse, 83.　6. Larousse, 85.　7. Larousse, 170.

聖杯七：夢想

1. Graves, G.M. 1, 55;2, 401.　2. Avalon, 164; Campbell, Or.M., 202-3.　3.Rawson,
E.A., 255.　4. Ross, 141.　5. Malory 1, xxi.　6. Baring-Gould, 620; Briffault 3, 451.
7. Pepper & Wilcock, 258.　8. Larousse, 208.　9. Leland, 206.　10. Douglas, 176.

聖杯八：失去

1. Graves, G.M. 1, 115.　2. Graves, W.G., 230, 392.　3. Merivale, 64, 72, 119.

聖杯九：幸福

1. Wilkins, 128.　2. Spence, 78.　3. Piggott, 72.

聖杯十：救贖

1. Guerber, L.M.A., 185, 200.　2. *Mabinogion*, 243.　3. Goodrich, 64.　4. Goodrich, 81.　5. Tuchman, 177.

聖杯公主：艾琳

1. Malory 2, 130.　2. Campbell, C.M., 535-36.　3. *Larousse*, 234; Cavendish, V.H.H., 49.　4. Loomis, 209-11.　5. Jung & von Franz, 114, 181.　6. Russell, 69. 7. Keightley, 295.

聖杯王子：加拉哈德

1. Malory 1, 91; 2, 171.　2. Malory 2, 199, 268.　3. Graves, G.M. 2, 136.　4. Frazer, 387.

聖杯王后：處女

1.*Larousse,* 333.　2. Briffault 2, 391-96.　3. Guerber, L.M.A., 115.　4. Neumann, G.M., 152.　5. Jung, M.H.S., 189.　6. de Riencourt, 250-51.

聖杯國王：迪威

1. Attwater, 102-3.　2. Brewster, 121.　3. Spence, 158.　4. Rees, 47.　5.Baring-Gould, 619.　6. Guerber, L.M.A., 182-83.

8. 權杖牌組

權杖一：權力

1. O'Flaherty, 348.　2. Graves, W.G., 367.　3. *Assyr. & Bab. Lit.*, 4.　4. O'Flaherty, 274, 131.　5. *Encyc. Brit.,* s.v. "Precession of the Equinoxes."　6. Hitching, 242. 7. Brandon, 360.　8. Graves, G.M. 1, 27.

權杖二：結盟

1. Hays, 339.　2. Graves, G.M. 1, 55-57.　3. Baring-Gould, 57.　4. Graves, G.M. 1, 113.　5. Groome, 131-32.

權杖三：命運

1. Campbell, C.M., 121-22; Goodrich, 32.　2. Waddell, 169.　3. Avalon, 328-29.
4. Rawson, E.A., 160; *Mahanirvanatantra,* xxxiv.　5. Wedeck,66.　6. Graves, W.G.,
61.　7. Goodrich, 65.　8. Silberer, 280.　9. Budge, E.M., 121.　10. *Book of the
Dead,* 205.　11. Graves, G.M. 1, 52.　12. Malvern, 39.　13. Ashe, 76, 135.
14. Briffault 2, 625.　15. Hazlitt,379.　16. Briffault 3, 160; Trigg, 80.

權杖四：成功

1. *Book of the Dead,* 427.　2. Briffault 1, 374.　3. de Riencourt, 187.　4. Angus, 183.
5. Daly, 99.　6. *Mabinogion,* 90.　7. Briffault 3, 406.　8. *Larousse,* 335.
9. Hollander, 39.　10. Turville-Petre, 187.　11. Lawson,563, 586.　12. Graves, G.M.
2, 277.　13. Groome, xlviii, lxvii.

權杖五：僵局

1. *Larousse,* 335.　2. Wilkins, 113-14, 124.　3. Wilkins, 106-8.　4. Tatz &Kent,
84.　5. Wilkins, 81.　6. Frazer, 671.

權杖六：光榮

1. Waddell, 497.　2. *Bardo Thodol,* 70.　3. Graves, G.M. 2, 202.　4. Lindsay, 0.A.,
333.　5. H. Smith, 183.　6. Knight, S.L., 98.　7. H. Smith, 135-36.　8. Campbell,
Or.M., 73.

權杖七：挑戰

1. Graves, G.M. 1, 114.　2. *Encyc. Brit., s.v.* "Damocles."　3. Frazer, 328.

權杖八：隕落

1. Graves, G.M. 1, 254-55.　2. Graves, G.M. 1, 239.　3. Budge, D.N., 276.
4. Budge, G.E. 2, 158.　5. Lindsay, O.A., 191-92.

權杖九：防衛

1. Budge, G.E. 1, 504.　2. *Larousse,* 63.　3. Edwardes, 23.　4. Budge, E.M., 84;

Book of the Dead, 145, 194, 205.　5. James, 135-39.　6. Douglas, 168.　7. Kaplan, 333.

權杖十：壓迫

1. Albright, 232.　2. Lindsay, O.A., 24, 29.　3. Douglas, 169.

權杖公主：阿塔嘉提絲

1. Potter & Sargent, 180.　2. *Assyr. & Bab. Lit.,* 338-39.　3. Chagnon, 47. 4.Neumann, G.M., 174.　5. Rawson, E.A., 260.　6. Farb, 93.　7. Spence, 95-96. 8.Stone, 164.

權杖王子：達貢

1. Waddell, 364.　2. Ashe, 48.　3. Campbell, M.I., 294.

權杖王后：赫爾

1. Turville-Petre, 55.　2. Johnson, 165.　3. Wainwright, 113.　4. Rank, 73.　5. Potter & Sargent, 52, 73.　6. Oxenstierna, 191; Baring-Gould,579.　7. Keightley, 93. 8. Frazer, 3.　9. Turville-Petre, 202.　10. Graves,G.M. 1, 229.　11. Campbell, Oc.M., 398.　12. Neumann, G.M., 286.

權杖國王：華瑞文

1. Hays, 412.　2. Graves, W.G., 87.　3. Turville-Petre, 58.　4. Guerber, L.M.A., 274-75.　5. Campbell, M.I., 389.　6. Rose, 289.　7. Lethaby, 244 45.　8. Koch, 74.

9. 金幣牌組

金幣一：獎勵

1. Budge, E.L., 75.　2. Brewster, 343.　3. Hooke, 112; d'Alviella, 153; Campbell, Oc.M., 210.　4. d'Alviella, 166-67; Graves, G.M. 2, 277; Lindsay, 0.A., 54. 5. Pagels, 30-31.　6. Turville-Petre, 187.　7. Groome, 18,28.　8. O'Flaherty, 196. 9. Groome, xlviii; Derlon, 157.　10. Waddell, 245.　11. Koch, 6; Hornung, 212.

金幣二：改變

1. Hazlitt, 176. 　2. Kramer & Sprenger, 25. 　3. de Givry (frontispiece). 　4.Silberer, 128-29. 　5. Maspero, 123-25. 　6. Tatz & Kent, 79.

金幣三：勞力

1. Cavendish, T., 168. 　2. Larousse, 220, 224. 　3. Malory 1, 115.

金幣四：貪婪

1. *Larousse*, 204. 　2. Frazer, 229. 　3. Briffault 3, 276.

金幣五：困苦

1. Coulton, 42. 　2. Lea, 599. 　3. Guerber, L.R., 255.

金幣六：慈善

1. Malvern, 49. 　2. Briffault 3, 169. 　3. Avalon, 175. 　4. Durnezil, 94. 　5.Lindsay, A.W., 33. 　6. *Mahanirvanatantra*, 328.

金幣七：失敗

1. Campbell, C.M., 388, 394. 　2. Jung & von Franz, 75, 202. 　3. Graves, W.G., 194.

金幣八：學習

1. Avalon, 203; Shah, 389. 　2. *Mahanirvanatantra,* 88. 　3. Wilkins, 110. 　4. Shah, 108. 　5. Lederer, 181. 　6. Campbell, Oc.M., 445. 　7. Wilkins, 42. 　8. Campbell, M.I., 235. 　9. *Mahanirvanatantra,* 360.

金幣九：成就

1. Lederer, 137. 　2. Campbell, Or.M., 307. 　3. H.Smith, 227. 　4. Briffault 2, 447-48; Graves, W.G., 179. 　5. Rose, 229.

金幣十：保護

1. Wedeck, 50.　2. Graves, G.M. 2, 374-75, 404.　3. Campbell, P.M., 101; Ashe, 201.
4. Gifford, 87-88.

金幣公主：尼慕

1. Piggott, 72.　2. Baring-Gould, 539.　3. Spence, 57.　4. Graves, W.G., 491-92.
5. Loomis, 107, 324-42.

金幣王子：梅林

1. Turville-Petre, 147-48.　2. Rees, 193, 293.　3. Potter & Sargent, 89.　4. Guerber,
L.M.A., 205-8.　5. *Encyc. Brit.,* s.v. "Merlin."　6. Rose, 209.　7. Jung & von Franz,
367.

金幣王后：伊爾達

1. Neumann, G.M., 85.　2. Graves, G.M. 1, 11.　3. Neumann, G.M., 94.
4.Campbell, C.M., 121; Turville-Petre, 150.　5. *Larousse,* 89.　6.Campbell, P.M.,
240.

金幣國王：巴爾

1. Briffault 3, 106.　2. Gray, 108.

10. 寶劍牌組

寶劍一：終結

1. Keightley, 45.　2. Guerber, L.M.A., 138.　3. Loomis, 387; Malory 1,8.
4. Loomis, 342.　5. Graves, G.M. 2, 76.　6. Goodrich, 217.　7.Guerber, L.R., 219.

寶劍二：均衡

1. Wainwright, 97.　2. Bachofen, 186, 189.　3. Erman, 121.　4. Avalon, 93.
5.*Bardo Thodol,* 236.

寶劍三：悲傷

1. Campbell, Or.M., 272.　2. Rose, 40.　3. Herodotus, 270.　4. Lederer, 126-27.
5. Cavendish, T., 165.

寶劍四：孤立

1. Agrippa, 159.　2. *Larousse*, 208.　3. Cavendish, T., 165.　4. Graves,G.M. 1, 80.

寶劍五：挫敗

1. Baring-Gould, 247.　2. Turville-Petre, 42, 48, 115.　3. Turville-Petre, 40,46.
4. Branston, 208.　5. Cavendish, T., 165.

寶劍六：旅程

1. Harrison, 73.　2. Graves, W.G., 405-7.　3. Harrison, 72-73.　4. Hallet, 401.

寶劍七：對立

1. Gifford, 26.　2. Scot, 550.　3. Tatz & Kent, 148; Waddell, 129.　4. Rees, 41;
Frazer, 467.　5. Keightley, 431-32.　6. Potter & Sargent, 71.　7. de Lys, 94.
8. Agrippa, 159.

寶劍八：幻滅

1. Turville-Petre, 48.　2. Douglas, 187

寶劍九：殘酷

1. Keightley, 446.　2. Zimmer, 69.　3. Scot, 417.　4. Knight, D.W.P., 221, 229.
5.Derlon, 210.

寶劍十：毀滅

1. Spence, 85.　2. Attwater, 304.　3. Rees, 235.　4. Spence, 95-96.　5. *Larousse*,
233.　6. Goodrich, 177, 192.　7. Pepper & Wilcock, 275.　8. Baring-Gould, 493

寶劍公主：詩寇蒂

1. Branston, 184-85.　2. Woods, 156; *Larousse,* 293.　3. Avalon, 199.　4. Eliade, 381-82.　5. Turville-Petre, 227, 261.　6. Branston, 191.　7. Leland, 143. 8. *Larousse,* 292-93.　9. Guerber, L.M.A., 266.　10. Hazlitt, 191.

寶劍王子：提爾

1. Branston, 135.　2. Branston, 109, 136.　3. Frazer, 78; *Larousse,* 346. 4.Cavendish, T., 166.

寶劍王后：卡利

1. Cavendish, T., 166.　2. Neumann, G.M., 149-53.　3. Wilson, 257.　4. *Encyc. Brit.,* s.v. "Kali."　5. Rawson, T., 112.　6. Neumann, G.M., pl.66.　7. *Mahanirvanatantra,* 49-50, 295-96.　8. Neumann, G.M., 153.　9. *Larousse,* 306.　10. Goodrich, 18. 11. Rawson, T., 184.

寶劍國王：閻摩

1. Rees, 108.　2. Dumezil, 63.　3. Ashe, 48.　4. Waddell, 364.　5. Lindsay, 0.A., 137.　6. Campbell, Or.M., 219.　7. Angus, 239.　8. Clodd, 79.　9. Waddell, 531. 10. Campbell, M.I., 408-9.

參考文獻

Agrippa, Henry Cornelius. *The Philosophy of Natural Magic.* Secaucus, N.J.: University Books, 1974.

Albright, William Powell. *Yahweh and the Gods of Canaan.* New York: Doubleday & Co., 1968.

Angus, S. The *Mystery-Religions.* New York: Dover Publications Inc., 1975.

Ashe, Geoffrey. The Virgin. London: Routledge & Kegan Paul, 1976.

Assyrian and Babylonian Literature: Selected Translations. New York: D. Appleton & Co., 1901.

Attwater, Donald. *The Penguin Dictionary of Saints.* Baltimore, Md.: Penguin Books Inc., 1965.

Augstein, Rudolf. *Jesus Son of Man.* New York: Urizen Books, 1977.

Avalon, Arthur. *Shakti and Shakta.* New York: Dover Publications Inc., 1978.

Bachofen, J. J. *Myth, Religion and Mother-Right.* Princeton, N.J.: Princeton University Press, 1967.

Bardo Thodol (Tibetan Book of the Dead). London: Oxford University Press, 1927.

Baring-Gould, Sabine. *Curious Myths of the Middle Ages.* New York: University Books, 1967.

Barrett, C. K. *The New Testament Background.* New York: Harper & Row, 1961.

Black, Matthew. *The Scrolls and Christian Origins.* New York: Charles Scribner's Sons, 1961.

Book of the Dead. New York: Bell Publishing Co.

Borchardt, Frank. *German Antiquity in Renaissance Myth.* Baltimore, Md.: Johns Hopkins Press, 1971.

Bowness, Charles. *Romany Magic.* New York: Samuel Weiser Inc., 1973.

Brandon, S. G. F. *Religion in Ancient History.* New York: Charles Scribner's Sons, 1969.

Branston, Brian. *Gods of the North.* London: Thames & Hudson, 1955.

Brasch, R. *How Did Sex Begin?*. New York: David McKay Co., 1973.

Brewster, H. Pomeroy. *Saints and Festivals of the Christian Church.* New York: Frederick A. Stokes Co., 1904.

Briffault, Robert. *The Mothers.* 3 vols. New York: Macmillan, 1927.

Budge, Sir E. A. Wallis. *Amulets and Talismans.* New York: University Books Inc., 1968.

_____. *Gods of the Egyptians.* 2 vols. New York: Dover Publications Inc., 1969.

_____. *Egyptian Magic.* New York: Dover Publications Inc., 1971.

_____. *Dwellers on the Nile.* New York: Dover Publications Inc., 1977.

_____. *Egyptian Language.* New York: Dover Publications Inc., 1977.

Bullough, Vern L. *The Subordinate Sex.* Chicago: University of Illinois Press, 1973.

Butler, Bill. *Dictionary of the Tarot.* New York: Schocken Books, 1975.

Campbell, Joseph. *The Masks of God: Primitive Mythology.* New York: Viking Press, 1959.

_____. *The Masks of God: Oriental Mythology.* New York: Viking Press, 1962.

_____. *The Masks of God: Occidental Mythology.* New York: Viking Press, 1964.

_____. *The Masks of God: Creative Mythology.* New York: Viking Press, 1970.

_____. *Myths To Live By.* New York: Viking Press, 1972.

_____. *The Mythic Image.* Princeton, N.J.: Princeton University Press, 1974.

Case, Paul Foster. *The Tarot.* Richmond, Va.: Maccy Publishing Co., 1947.

Cavendish, Richard. *Visions of Heaven and Hell.* New York: Harmony Books, 1977.

_____. *The Tarot.* New York: Harper & Row, 1975.

_____. *The Powers of Evil.* New York: G. P. Putnam's Sons, 1975.

Chagnon, Napoleon *A. Yanomamo: The Fierce People.* New York: Holt, Rinehart & Winston, 1968.

Chamberlin, E. R. *The Bad Popes.* New York: Dial Press, 1969.

Clodd, Edward. *Magic in Names and in Other Things.* London: Chapman & Hall, Ltd., 1920.

Collins, Joseph B. *Christian Mysticism in the Elizabethan Age.* New York: Octagon Books, 1971.

Coulton, G. G. *Inquisition and Liberty.* Boston, Mass.: Beacon Press, 1959.

Cumont, Franz. *The Mysteries of Mithra.* New York: Dover Publications Inc., 1956.

_____. *Astrology and Religion among the Greeks and Romans.* New York: Dover Publications Inc., 1960.

d'Alviella, Count Goblet. *The Migration of Symbols.* New York: University Books, 1956.

Daly, Mary. *Beyond God the Father.* Boston, Mass.: Beacon Press, 1973.

Davidson, H. R. Ellis. *Pagan Scandinavia.* New York: Frederick A. Praeger, 1967.

de Camp, L. Sprague. *The Ancient Engineers.* New York: Ballantine Books, 1960.

de Givry, Grillot. *Witchcraft, Magic and Alchemy.* New York: Dover Publications Inc., 1971.

de Lys, Claudia. *The Giant Book of Superstitions.* Secaucus, N.J.: Citadel Press, 1979

de Riencourt, ourt, Amaury. *Sex and Power in History.* New York: Dell Publishing Co., 1974.

Derlon, Pierre. *Secrets of the Gypsies.* New York: Ballantine Books, 1977.

de Voragine, Jacobus. *The Golden Legend.* New York: Longmans, Green & Co., 1941.

Doane, T. W. *Bible Myths and Their Parallels in Other Religions.* New York: University Books, 1971.

Douglas, Alfred. *The Tarot.* New York: Taplinger Publishing Co., 1972.

Dreifus, Claudia., ed. *Seizing Our Bodies.* New York: Vintage Books, 1978.

Dumezil, Georges. *Archaic Roman Religion.* 2 vols. Chicago, Ill.: University of Chicago Press, 1970.

Durrell, Lawrence. *Pope Joan.* London: Derek Verschoyle, 1954.

Ebon, Martin. *Witchcraft Today.* New York: New American Library, 1971.

Edwardes, Allen. *The Jewel in the Lotus.* New York: Lancer Books, 1965.

Eliade, Mircea. *Shamanism.* Princeton, N.J.: Bollingen Series, 1964.

Elisofon, Eliot, and Watts, Alan. *Erotic Spirituality.* New York: Macmillan, 1971.

Elworthy, Frederick. *The Evil Eye.* New York: Julian Press Inc., 1958.

Encyclopedia Britannica, 1970 edition.

Enslin, Morton SCott. *Christian Beginnings.* New York: Harper & Bros., 1938.

Epic of Gilgamesh. Harmondsworth, England: Penguin Books Ltd., 1960.

Erman, Adolf. *The Literature of the Ancient Egyptians.* New York: Benjamin Blom Inc., 1971.

Esty, Katharine. *The Gypsies, Wanderers in Time.* New York: Meredith Press, 1969.

Farb, Peter. *Word Play.* New York: Alfred A. Knopf, 1974.

Fielding, W. J. *Strange Customs of Courtship and Marriage.* New York: Garden City Co., 1942.

Fodor, Nandor. *The Search for the Beloved.* New York: University Books Inc., 1949.

Frazer, Sir James. *The Golden Bough.* New York: Macmillan, 1922.

Funk, Wilfred. *Word Origins and Their Romantic Stories.* New York: Bell Publishing Co., 1978.

Caster, Theodor. *Myth, Legend and Custom in the Old Testament.* New York: Harper & Row, 1969.

Gelling, Peter, and Davidson, Hilda Ellis. *The Chariot of the Sun.* New York: Frederick A. Praeger, 1969.

Gettings, Fred. *The Book of Tarot.* London: Triune Books, 1973.

Gifford, Edward S., Jr. *The Evil Eye.* New York: Macmillan, 1958.

Goodrich, Norma Lorre. *Medieval Myths.* New York: New American Library, 1977.

Graves, Robert. *The Greek Myths.* 2 vols. New York: Penguin Books Inc., 1955.

_____.*The White Goddess.* New York: Vintage Books, 1958.

Gray, John. *Near Eastern Mythology.* London: Hamlyn Publishing Group Ltd. 1963.

Groome, Francis Hindes. *Gypsy Folk Tales.* London: Herbert Jenkins, 1963.

Guerber, H. A. *Legends of the Rhine.* New York: A. S. Barnes & Co., 1895.

_____. *Legends of the Middle Ages.* New York: American Book Co., 1924.

Guignebert, Charles. *Ancient, Medieval and Modern Christianity.* New York: University Books, 1961.

Haining, Peter. *Witchcraft and Black Magic.* New York: Grosset Sr Dunlap, 1972.

Hallet, Jean-Pierre. *Pygmy Kitabu.* New York: Random House, 1973.

Harding, M. Esther. *Woman's Mysteries, Ancient and Modern.* New York: G. P. Putnam's Sons, 1971.

Hargrave, Catherine Perry. *A History of Playing Cards.* New York: Dover Publications, 1966.

Harrison, Jane Ellen. *Epilegomena to the Study of Greek Religion.* New York: University Books, 1962.

Hauswirth, Frieda. *Purdah: The Status of Indian Women.* New York: Vanguard Press, 1932.

Hawkins, Gerald S. *Stonehenge Decoded.* New York: Dell Publishing Co., Inc., 1965.

Hays, H. R. *In the Beginnings.* New York: G. P. Putnam's Sons, 1963.

Hazlitt, W. Carew. *Faiths and Folklore of the British Isles.* 2 vols. New York: Benjamin Blom, 1965.

Herodotus. *The Histories.* New York: D. Appleton & Co., 1899.

Hitching, Francis. *Earth Magic.* New York: Pocket Books Inc., 1978.

Hollander, Lee M. *The Skalds.* Ann Arbor, Mich.: University of Michigan Press, 1968.

Hooke, S. H. *Middle Eastern Mythology.* Harmondsworth, England: Penguin Books Ltd., 1963.

Hornung, Clarence P. *Hornung's Handbook of Designs and Devices.* New York: Dover Publications Inc., 1959.

Hughes, Robert. *Heaven and Hell in Western Art.* New York: Stein & Day, 1968.

Huson, Paul. *The Devil's Picturebook.* New York: G. P. Putnam's Sons, 1971.

Huxley, Francis. *The Way of the Sacred.* New York: Doubleday & Co., 1974.

James, E. 0. *The Ancient Gods.* New York: G. P. Putnam's Sons, 1960.

Johnson, Walter. *Folk-Memory.* New York: Arno Press, 1980.

Jung, Carl Gustay. *Psychology and Religion.* Yale University Press, 1938.

————. *Man and His Symbols.* New York: Doubleday & Co., 1964.

Jung, Emma, and von Franz, Marie-Louise. *The Grail Legend.* New York: G. P. Putnam's Sons, 1970.

Kaplan, Stuart R. *The Encyclopedia of Tarot.* New York: U.S. Games Systems Inc., 1978.

Keightley, Thomas. *The World Guide to Gnomes, Fairies, Elves and Other Little People.* New York: Avenel Books, 1978.

Knight, Richard Payne. *The Symbolical Language of Ancient Art and Mythology.* New York: J. W. Bouton, 1892.

————. *A Discourse on the Worship of Priapus.* Secaucus, N.J.: University Books Inc., 1974.

Koch, Rudolf. *The Book of Signs.* New York: Dover Publications Inc., 1955.

Kramer, Heinrich, and Sprenger, James. *Malleus Maleficarum.* New York: Dover Publications Inc., 1971.

Larousse Encyclopedia of Mythology. London: Hamlyn Publishing Group Ltd 1968.

Lawson, John Cuthbert. *Modern Greek Folklore and Ancient Greek Religion.* New York: University Books,Inc.,1964

Lea, Henry Charles. *The Inquisition of the Middle Ages.* New York: Citadel Press, 1954. New York: Macmillan, 1961 (unabridged version).

Lederer, Wolfgang. *The Fear of Women.* New York: Harcourt Brace Jovanovich, 1968.

Legge, Francis. *Forerunners and Rivals of Christianity.* 2 vols. New York: University Books Inc., 1964.

Lehner, Ernst. *Symbols, Signs and Signets.* New York: Dover Publications Inc.,1969.

Leland, Charles Godfrey. *Gypsy Sorcery and Fortune Telling.* New York: University Books, 1962.

Lethaby, W. R. *Architecture, Mysticism and Myth.* New York: George Braziller, 1975.

Lindsay, Jack. *The Ancient World.* New York: G. P. Putnam's Sons, 1968.

_____. *The Origins of Astrology.* New York: Barnes & Noble, Inc., 1971.

Loomis, Roger S. and Laura H. *Medieval Romances.* New York: Modern Library, 1957.

Mabinogion. London: Everyman's Library, J. M. Dent & Sons, 1970

Mahanirvanatantra. New York: Dover Publications Inc., 1972.

Male, Emile. *The Gothic Image.* New York: Harper & Row, 1958.

Malory, Sir Thomas. *Le Morte d'Arthur.* 2 vols. London: J. M. Dent & Sons Ltd., 1961.

Malvern, Marjorie. *Venus in Sackcloth.* Carbondale, Ill.: Southern Illinois University Press, 1975,

Maspero, Gaston. *Popular Stories of Ancient Egypt.* New York: University Books, 1967.

Massa, Aldo. *The Phoenicians.* Geneva: Editions Minerva, 1977

Menen, Aubrey. *The Mystics.* New York: Dial Press, 1974.

Merivale, Patricia. *Pan the Goat-God.* Cambridge, Mass.: Harvard University Press, 1969.

Moakley, Gertrude. *The Tarot Cards Painted by Bembo.* New York: New York Public Library, 1966.

Montagu, Ashley. *Touching.* New York: Columbia University Press, 1971.

Morris, Joan. *The Lady Was a Bishop.* New York: Macmillan 1973.

Mumford, Lewis. *Interpretations and Forecasts.* New York: Harcourt Brace

Jovanovich, 1973.

Neumann, Erich. *Amor and Psyche.* New York: Harper & Row, 1956.

_____. *The Great Mother: An Analysis of the Archetype.* Princeton, N.J.: Princeton
University Press, 1963.

Norman, Dorothy. *The Hero.* New York: World Publishing Co., 1969.

O'Flaherty, Wendy Doniger. *Hindu Myths.* Middlesex, England: Penguin Books Ltd.,
1975.

Oxenstierna, Eric. *The Norsemen.* Greenwich, Conn.: New York Graphic Society, 1965

Pagels, Elaine. *The Gnostic Gospels.* New York: Random House, 1979.

Papus. *The Tarot of the Bohemians.* New York: Arcanum Books, 1958.

Pepper, Elizabeth, and Wilcock, John. *Magical and Mystical Sites.* New York: Harper
& Row, 1977.

Pfeifer, Charles F. *The Dead Sea Scrolls and the Bible.* New York: Weathervane Books,
1969.

Phillips, Guy Ragland. *Brigantia.* London: Routledge & Kegan Paul, 1976.

Piggott, Stuart. *The Druids.* New York: Frederick A. Praeger, 1968.

Potter, Stephen, and Sargent, Laurens. *Pedigree.* New York: Taplinger Publishing Co.,
1974.

Rank, Otto. *The Myth of the Birth of the Hero.* New York: Vintage Books, 1959.

Ravensdale, T., and Morgan, J. *The Psychology of Witchcraft.* New York: Arco
Publishing, 1974.

Rawson, Philip. *Erotic Art of the East.* New York: G. P. Putnam's Sons, 1968.

_____. *The Art of Tantra.* Greenwich, Conn.: New York Graphic Society, 1973.

Rees, Alwyn and Brinley. *Celtic Heritage.* New York: Grove Press Inc., 1961.

Reinach, Salomon. Orpheus. Horace Liveright, Inc., 1930.

Robbins, Rossell Hope. *Encyclopedia of Witchcraft and Demonology.* New York:
Crown Publishers, 1959.

Robertson, J. M. *Pagan Christs.* New York: University Books Inc., 1967.

Robinson, J. M., genl. ed. *The Nag Hammadi Library in English.* San Francisco:
Harper & Row, 1977.

Rose, H. J. *Religion in Greece and Rome.* New York: Harper & Bros., 1959.

Ross, Nancy Wilson. *Three Ways of Asian Wisdom.* New York: Simon & Schuster,

1966.

Russell, J. B. *Witchcraft in the Middle Ages.* Ithaca, N.Y.: Cornell University Press, 1972.

Scot, Reginald. *Discoverie of Witchcraft.* Yorkshire, England: Rowman & Little-field, 1973.

Scott, George Ryley. *Phallic Worship.* Westport, Conn.: Associated Booksellers.

Shah, Idris. *The Sufis.* London: Octagon Press, 1964.

Shirley, Ralph. *Occultists and Mystics of All Ages.* New York: University Books Inc., 1972.

Shumaker, Wayne. *The Occult Sciences in the Renaissance.* Berkeley: University of California Press, 1972.

Silberer, Herbert. *Hidden Symbolism of Alchemy and the Occult Arts.* New York: Dover Publications, 1971.

Simons, G. L. *Sex and Superstition.* New York: Harper & Row, 1973.

Smith, Homer. *Man and His Gods.* Boston, Mass.: Little, Brown & Co., 1952.

Smith, John Holland. *Constantine The Great.* New York: Charles Scribner's Sons, 1971.

_____.*The Death of Classical Paganism.* New York: Charles Scribner's Sons, 1976.

Spence, Lewis. *The History and Origins of Druidism.* New York: Samuel Weiser Inc., 1971.

Spinka, Matthew. *A History of Christianity in the Balkans.* Archon Books, 1968.

Steenstrup, Johannes C. H. R. *The Medieval Popular Ballad.* Seattle, Wash.: University of Washington Press, 1968.

Stone, Merlin. *When God Was a Woman.* New York: Dial Press, 1976.

Sturluson, Snorri. *The Prose Edda.* Berkeley: University of California Press, 1954.

Summers, Montague. *The Geography of Witchcraft.* New York: University Books, 1958.

_____.*The Vampire, His Kith and Kin.* New York: University Books Inc., 1960.

Tacitus. *Complete Works.* New York: Modern Library, 1942.

Tannahill, Reay. *Flesh and Blood: A History of the Cannibal Complex.* New York: Stein & Day, 1975.

Tatz, Mark, and Kent, Jody. *Rebirth. New York:* Anchor Press/Doubleday, 1977.

Tennant, F. R. *The Sources of the Doctrines of the Fall and Original Sin.* New York: Schocken Books, 1968.

Trigg, Elwood B. *Gypsy Demons and Divinities.* Secaucus, N.J.: Citadel Press, 1973.

Tuchman, Barbara. *A Distant Mirror.* New York: Alfred A. Knopf, 1978.

Turville-Petre, E. 0. G. *Myth And Religion of the North.* New York: Holt, Rine-hart & Winston, 1964.

Vermaseren, Maarten J. *Cybele and Attis.* London: Thames & Hudson, 1977.

Vetter, George B. *Magic and Religion.* New York: Philosophical Library, 1973.

von Franz, Marie-Louise. *Time, Rhythm and Repose.* New York: Thames Sr Hudson, 1978.

Waddell, L. Austine. *Tibetan Buddhism.* New York: Dover Publications Inc., 1972.

Wainwright, F. T. *Scandinavian England.* Sussex, England: Phillimore & Co., Ltd., 1975.

Waite, Arthur Edward. *The Book of Ceremonial Magic.* New York: Bell Publishing Co., 1969.

_____.*The Occult Sciences.* Secaucus, N.J.: University Books Inc., 1974.

Wedeck, Harry E. *A Treasury of Witchcraft.* Secaucus, N.J.: Citadel Press, 1975.

White, Andrew D. *A History of the Warfare of Science with Theology in Christendom.* 2 vols. New York: George Braziller, 1955.

Wilkins, Eithne. *The Rose-Garden Game.* London: Victor Gallancz Ltd., 1969.

Wilson, Colin. *The Outsider.* Boston, Mass.: Houghton Mifflin Co., 1956.

Woods, William. *A History of the Devil.* New York: G. P. Putnam's Sons, 1974.

Zimmer, Heinrich. *Myths and Symbols in Indian Art and Civilization.* Princeton, N.J.: Bollingen/Princeton, 1946.

熄燈後請不要翻牌——塔羅祕典
The Secrets of the Tarot：Origins, History, and Symbolism

作　　　者	芭芭拉・沃克（Barbara G. Walker）
譯　　　者	林曉欽
審　　　定	星宿老師 Farris Lin
主　　　編	林玟萱

總 編 輯　李映慧
執 行 長　陳旭華（ymal@ms14.hinet.net）

出　　　版　大牌出版／遠足文化事業股份有限公司
發　　　行　遠足文化事業股份有限公司（讀書共和國出版集團）
地　　　址　23141 新北市新店區民權路108-2號9樓
電　　　話　+886- 2- 2218- 1417
郵撥帳號　19504465 遠足文化事業股份有限公司

封面設計　兒日設計
排　　　版　新鑫電腦排版工作室
印　　　製　通南彩色印刷有限公司
法律顧問　華洋法律事務所 蘇文生律師

定　　　價　520 元
初　　　版　2021年6月
有著作權　侵害必究（缺頁或破損請寄回更換）
本書僅代表作者言論，不代表本公司／出版集團之立場

電子書 E-ISBN
9789860741063（PDF）
9789860741025（EPUB）

國家圖書館出版品預行編目資料

熄燈後請不要翻牌——塔羅祕典 / 芭芭拉・沃克（Barbara G. Walker）著 ;
林曉欽 譯 . -- 初版 . -- 新北市：大牌出版：遠足文化發行 , 2021.06
384 面；14.8×21 公分
譯自：The Secrets of the Tarot：Origins, History, and Symbolism
ISBN 978-986-5511-67-8（平裝）
1. 占卜

292.96　　　　　　　　　　　　　　　　　　　110002971